Silberburg Wissenschaft 279

Frauen-Forschung

Ulla Terlinden

Gebrauchswirtschaft und Raumstruktur

Ein feministischer Ansatz in der soziologischen Stadtforschung

Silberburg-Verlag
Stuttgart 1990

1. Auflage April 1990.
© Copyright 1990 by Silberburg-Verlag Titus Häussermann GmbH,
  Seyfferstraße 44, D-7000 Stuttgart 1.
Alle Rechte vorbehalten.
Lektorat und Herstellung: Buchherstellung Horst Schöck, Stuttgart.
Printed in Germany.

ISBN 3-925344-73-X

Inhaltsverzeichnis

I. Theoretisch-methodischer Ansatz   7

  1   Problemstellung   7
  2   Kategorien, Interdependenzen und Methode   9
  3   Arbeit für den direkten Gebrauch, Arbeit für den Tausch
       in der »Ökonomie des ganzen Hauses«   15
  4   Geschlechtliche Arbeitsteilung   20

II. Arbeit, Arbeitsteilung und räumliche Nutzung in der vorindustriellen Gesellschaft   29

  1   Siedlungsstrukturen bäuerlicher Hausökonomien   29
  2   Städtische Nutzungen der Hausökonomien   34
  3   Häusliche Bedingungen bäuerlicher Hausökonomien   43
  4   Hausökonomien im städtischen Handwerk und Kleinhandel   42
  4.1   Die Arbeit für den direkten Gebrauch   54
  4.2   Bauweise und Ausstattung   64
  4.3   Einrichtung und Hausrat   68
  4.4   Raumaufteilung   73
  5   Herrschaftliche Hausökonomien   77
  5.1   Der Adel   78
  5.2   Die Patrizier   90
  6   Armenbehausungen   101

III. Hausarbeit, Hausfrauen und Wohnungsbau in der Industriegesellschaft   105

  1   Auflösung der »Ökonomie des ganzen Hauses«   106
  2   Erweiterte Stufe der geschlechtlichen Arbeitsteilung   111
  3   Räumliche Segregation   120
  3.1   Hausindustrie und Fabrikdorf   121
  3.2   Die Industriestadt   140
  4   Die Hausarbeit   161
  5   Die Hausfrau   170
  6   Wohnung und Wohnideologie   178

IV. Zusammenfassung und Folgerungen   196

Anmerkungen   209

Literaturverzeichnis   220

Der vorliegende Text ist eine überarbeitete Fassung meiner Dissertation, vorgelegt im Fachbereich Gesellschafts- und Planungswissenschaften der Technischen Universität Berlin. Die Referenten waren Herr Prof. Dr. Rainer Mackensen und Frau Prof. Dr. Marianne Rodenstein. Ihnen gilt mein Dank.
Für Anregungen und Kritik gilt mein besonderer Dank
Frau Prof. Dr. Kerstin Dörhöfer.

I. Theoretisch-methodischer Ansatz

1 Problemstellung

Während meiner Tätigkeit in der Auftragsforschung in den 70er Jahren, in der ich empirische Untersuchungen über die Verkehrsbedingungen spezifischer Bevölkerungsgruppen, die Umweltbelastungen großstädtischer Regionen und ihrer Bewohner, die Möglichkeiten und Chancen der Beteiligung von Bürgerinitiativen im Umweltbereich durchführte und stadtplanerische Lösungsmodelle zu entwickeln hatte, stieß ich erstmalig auf einen methodischen Widerspruch bzw. auf ein Defizit soziologischer Forschung, die sich dem Gegenstand der Stadt widmet: Die Fragestellung nach geschlechtsunspezifisch unterschiedlicher Betroffenheit durch baulich-räumliche Gegebenheiten und Planungen, nach geschlechtsspezifisch unterschiedlichen Möglichkeiten der Raumnutzung und Teilnahme an Entscheidungsprozessen zur Beeinflussung zukünftiger Umweltgestaltung blieb außer acht. So bildeten zwar im Forschungsprojekt über die Verkehrsbedingungen spezifischer Bevölkerungsgruppen erwerbstätige Mütter eine »empirische Fallgruppe«, und es stellte sich heraus, daß ihre Verkehrsbedingungen sich völlig von denen erwerbstätiger Väter unterschieden, daß ihre Bedürfnisse an räumlicher Mobilität aufgrund ihrer Lebensbedingungen ganz andere waren als die, die zum Maßstab statistischer Verkehrsentwicklungsmodelle gemacht wurden. Auch in der Untersuchung der Bürgerinitiativen im Umweltbereich wurden geschlechtsspezifische Formen politischer Aktivitäten offenbar: Während die Arbeit »vor Ort« vorwiegend von Frauen übernommen wurde, waren die »Zentralen« der Bürgerinitiativbewegung von Männern besetzt.

Doch trotz dieser Ergebnisse, die auf strukturelle gesellschaftliche Unterschiede zwischen den Geschlechtern verweisen, wurden die Bedingungen und Bedürfnisse von Frauen als einer »Gruppe« unter »allgemeingültige« Aussagen subsumiert – sowohl in der soziologischen Stadtforschung als auch in der stadtpolitischen Planung.

Dieser Fragestellung und diesem methodischen Widerspruch ging ich auch in meiner anschließenden Lehr- und Forschungstätigkeit als wissenschaftliche Assistentin für Stadt- und Regionalsoziologie nach, in der ich mich tiefer mit den Bereichen Stadtplanung, Städtebau und Architektur befaßte. Während in anderen »Teil«-Disziplinen der Soziologie (z.B. der Berufs- und Bildungsforschung) der »geschlechtsspezifische Faktor« – nicht zuletzt aufgrund der Frauenbewegung und ihres Kampfes um

Gleichberechtigung und Emanzipation der Frau – durchaus berücksichtigt wurde, gingen Stadtforschung und -planung darüber hinweg. Scheinbar barg der sächliche Gegenstand Stadt für die Soziologie keinen geschlechtsspezifischen Ansatz, obwohl die gesellschaftskritische Forschung klassen- und schichtenspezifische Unterschiede durchaus zum Schwerpunkt hatte. Räumliche Nutzungen, Bedürfnisse an die baulich-räumliche Umwelt wurden geschlechtsunspezifisch erforscht, interpretiert und geplant, und das Resultat der Planung orientierte sich folglich am dominanten »Lebensmodell« der Berufs- und Geschäftswelt, der klassen- und schichtenspezifisch durchgängig patriarchalisch bestimmten Arbeits- und Machtverteilung.

Mein Anliegen war es, in meiner Forschungsarbeit die Geschlechtsspezifik als wichtige Kategorie der Stadt- und Regionalsoziologie aufzuzeigen, als eine Kategorie, die bedacht werden muß, wenn die Sozialwissenschaft praxis- und politikorientierte Forschung betreibt. Da nicht allein der biologische Unterschied die strukturelle Differenz in der Gesellschaft schafft, schon gar nicht aus sozialwissenschaftlicher Sicht, müssen die sozioökonomischen Rollen, Aufgaben und Zuweisungen sowie ihre politisch-ideologischen Wertsetzungen einbezogen und analysiert werden.

Das Problem liegt also weitaus tiefer als auf der baulich-räumlichen Erscheinungsebene – wie weit sich diese auch immer in den verschiedenen historischen Epochen, in verschiedenen Regionen, in Stadt und Land gewandelt haben. Aus sozioökonomischer Sicht ist die Geschlechtsspezifik, die strukturell-gesellschaftliche Arbeits- und Machtverteilung zwischen Männern und Frauen, durch ihre gesellschaftlichen Aufgaben begründet: Die Frauen sind prinzipiell für die Hauswirtschaft zuständig, die Männer für die Erwerbswirtschaft. So einfach und alltäglich nachvollziehbar diese Aussage ist, so wenig ist sie doch Kategorie stadt- und regionalsoziologischer Forschung, worin sich die Wertesetzung zwischen beiden Wirtschaftsbereichen bereits zeigt. Wert und wichtig ist die geschäftliche, geldbringende Wirtschaft, nachrangig, fast vergessen die für die eigene Existenz arbeitende Hauswirtschaft – bis hin zu der gesellschaftlichen Weiterexistenz durch Kindergebären, -aufziehen und -erziehen.

Die Stadt- und Regionalsoziologie erklärt den Raum, seine Entwicklung und Veränderung allein aus der erwerbswirtschaftlichen Sicht, sieht die Erwerbswirtschaft als raumprägend. Stadtplanung, Städtebau und Architektur orientieren sich an ihren Erfordernissen. Hauswirtschaft und die daraus resultierenden Erfordernisse gerieten in Wissenschaft und Praxis zur nachrangigen, ja zu vernachlässigenden Komponente.

Somit stellt sich die Frage, wie weit die Hauswirtschaft den Raum strukturiert hat – vom Innerräumlichen über das Stadträumliche bis zum

Siedlungsräumlichen –, wie weit stadtsoziologische Forschung einseitig (besser: einäugig) vorging. Die Relevanz der Hauswirtschaft in früherer und heutiger Zeit haben Wissenschaftlerinnen und manche Wissenschaftler in ihren Arbeiten seit Anfang der 70er Jahre nachgewiesen[1] und damit wieder hervorgehoben, was schon um die Jahrhundertwende und in den 20er Jahren aufgezeigt und auch im historischen Bezug nachgewiesen wurde. Doch die Raumrelevanz dieses ökonomischen Bereichs blieb bisher unhinterfragt.

Mit der Raumrelevanz der Hauswirtschaft geht die geschlechtsspezifische Frage besonderer Betroffenheit, Verfügung und Einflußnahme einher. Eine demokratisch orientierte Stadtforschung und -planung kann die Frauen und die ihnen zugewiesene Aufgabe, die Hauswirtschaft, nicht unter »Allgemeines« subsumieren. Dies vor allem nicht zu einer Zeit, in der die Wichtigkeit der informellen Ökonomie neben der formellen entdeckt, die städtische Funktionstrennung von Arbeiten und Wohnen neu definiert und die Gebrauchsfähigkeit gebauter Räume als städtebauliche und architektonische Aufgabe der Zukunft postuliert wird.

Alle drei Punkte – der ökonomische, der baulich-räumliche und der soziale – sind inhaltsleer oder nur dürftig ohne die Berücksichtigung der Hauswirtschaft – wie immer auch sie selbst sich wandelt.

2 Kategorien, Interdependenzen und Methode

Als Grundkategorien der Erfassung beider Ökonomien – der der Hauswirtschaft und der der Erwerbswirtschaft – muß ich auf die klaren und einfachen Begriffe der »Arbeit für den Tausch« und der »Arbeit für den Gebrauch«, wie sie vor allem Marx in seiner Kritik der politischen Ökonomie verwandt hat, zurückgehen. Diese Begriffe implizieren eine Gleichgewichtigkeit beider Arbeiten, sie hatten jedoch geschichtlich unterschiedliche Bedeutung. So war zuerst die »Arbeit für den Gebrauch« materielle Grundlage gesellschaftlicher Entwicklung, in der frühen Warengesellschaft die »Arbeit für den Tausch« und später die »Mehrwert« schaffende Arbeit.[2]

Im Unterschied zu dieser von Marx beschriebenen Analyse der Wertform der Arbeit verbleibe ich in den ursprünglichen Kategorien der »Arbeit für den Tausch« und der »Arbeit für den Gebrauch«. Weil auch jede Arbeit für den Tausch einen Gebrauchswert hat, also auch immer Arbeit für den Gebrauch ist, wie Marx gezeigt hat, kennzeichne ich die Arbeit, die nicht für den Tausch produziert, als »Arbeit für den direkten Gebrauch«. Es ist also Arbeit, die der Selbstversorgung dient und deren Produkte und Dienste nicht über den Warenmarkt gehen, sondern direkt – im Hause – ge- und verbraucht werden. In dieser Gegenüberstellung hat die marxistische Ökonomie die beiden Kategorien nie gesehen. Vielmehr wurde die eine als eine die Arbeitskraft reproduzierende und die andere als eine produzierende Arbeit interpretiert, die Arbeit für den direkten Gebrauch sozusagen in den Kreislauf der Warenwirtschaft einbezogen, ohne ihr eine eigenständige Bedeutung zuzubilligen.

Eine weitere ökonomische Grundkategorie, die sich durch die gesamte Arbeit zieht, ist die »Ökonomie des ganzen Hauses«, jene Wirtschaftsorganisation also, die in sich beide Formen der Arbeit vereinigt. Im Unterschied zur heutigen Hauswirtschaft wurden in der alten »Ökonomie des ganzen Hauses« sowohl »Arbeit für den Tausch« als auch »Arbeit für den direkten Gebrauch« geleistet. Weber, Tönnies und Sombart beziehen diese Ökonomieform in ihre Analyse der Herausbildung der kapitalistischen Gesellschaft Mitteleuropas ein.[3] Die Ware Arbeitskraft, Teil der Hauswirtschaft im Kapitalismus, existierte noch nicht.

Im Zusammenhang mit den Kategorien der »Arbeit für den Tausch« und der »Arbeit für den direkten Gebrauch« ermöglicht die Verwendung der Kategorie der »Ökonomie des ganzen Hauses« die Verfolgung des »anderen Strangs« der Entwicklung, der von der alten »Ökonomie des ganzen Hauses« hin zur heutigen Hauswirtschaft und nicht – wie der übliche – von der einfachen Tauschproduktion zur kapitalistischen Erwerbswirtschaft führt.

Diese »ökonomische Dimension« der Erklärung von Raumnutzung ergänze ich durch eine »soziale Dimension«, und meine Kategorie dabei ist die der »geschlechtlichen Arbeitsteilung«. Nicht von ungefähr habe ich diese Kategorie gewählt, denn gerade sie korrespondiert mit den Begriffen der »Arbeit für den Tausch« und der »Arbeit für den direkten Gebrauch«. Eine ökonomisch begründete, nach sozialen Regeln festgelegte Zuständigkeit für die eine oder andere Form hat auch eine räumliche Dimension: die der passiven und aktiven Verfügung über Fläche und Raum. Diesen Zusammenhang von Arbeit, geschlechtlicher Arbeitsteilung und Raumnutzung und -strukturierung versuche ich zu ermitteln. Mit der »sozialen Dimension« meiner Analyse soll auf gesellschaftlich bedingte Potentiale und Restriktionen räumlicher Nutzung aufmerksam gemacht werden, wobei ich davon ausgehe, daß Raumverfügung und Raumaneignung wesentlich durch die ökonomische Dimension bestimmt sind.

Die Verwendung der Kategorie der »geschlechtlichen Arbeitsteilung« bereitet besondere Probleme und braucht weitere Erläuterung. Während die bislang genannten Kategorien wissenschaftlich eingeführt und somit operationalisierbar sind, gilt dies nicht in dem Maße für die »geschlechtliche Arbeitsteilung«. Die dazu bislang veröffentlichte Literatur enthält m.E. keine angemessene Operationalisierung der »geschlechtlichen Arbeitsteilung«, die eine Bearbeitung auf einer allgemeineren Ebene und in geschichtlicher Perspektive zuläßt. Da mir jedoch gerade diese Kategorie im Zusammenhang mit der »Ökonomie des ganzen Hauses« und im Hinblick auf baulich-räumliche Wirkungen wichtig ist, muß ich eine Arbeit leisten, die eigentlich nicht Inhalt dieses Forschungsvorhabens ist (vgl. Kap. 4). Die »geschlechtliche Arbeitsteilung« soll sich als Maßstab sowohl an die vorindustrielle wie auch an die industrielle Gesellschaft anlegen lassen und gleichzeitig eine Basis für den ideologischen Überbau dieses Zusammenhangs bilden.

Da die Wirkung der sozialökonomischen Entwicklungen auf die baulich-räumlichen Strukturen untersucht werden soll, beansprucht die Analyse der »räumlichen Dimension« einen Großteil der Arbeit. Hierunter verstehe ich räumliche Siedlungs- und bauliche Gestaltungsstrukturen im weitesten Sinne. Dabei unterscheide ich in solche, die auf der Makroebene liegen (also die großräumigen Siedlungs- und die gesamtstädtischen Nutzungsstrukturen), und in solche der Mikroebene (also die innerhäuslichen und hausnahen räumlichen Nutzungsstrukturen). Diese Unterscheidung macht es möglich, Nutzungen und damit bauliche und räumliche Verfügung sowohl im Großflächigen als auch im Detail ausführlich zu analysieren.

Der Zusammenhang von gesellschaftlichen und baulich-räumlichen Strukturen ist immer wieder in der Stadtsoziologie thematisiert worden. Im Unterschied zu den meisten anderen »Bindestrich«-Soziologien beschäftigt sich die Stadt-Soziologie mit »toter Materie«, mit der physischen Umwelt. Dieser thematische Gegenstand der Stadt- und Regionalsoziologie fordert geradezu eine definitorische Klarstellung des Zusammenhangs von gesellschaftlicher Welt und physischer Welt heraus.

Der von mir in dieser Arbeit verfolgte Ansatz setzt die Priorität in der gesellschaftlichen Entwicklung, die aus ihrer Dynamik die baulich-räumliche Struktur bewirkt. Sieht man jedoch die Entwicklung in einer historischen Perspektive, so trifft eine soziale Erneuerung immer auch auf gegebene alte baulich-räumliche Strukturelemente. Beide zusammen ergeben erst die Basis für eine ausreichende Klärung stadt- und regionalsoziologischer Fragestellungen. Oder wie Elias es formuliert: »Nicht alle sozialen Einheiten oder Integrationsformen der Menschen sind zugleich Wohn- oder Behausungseinheiten. Aber sie alle sind durch bestimmte Typen der Raumgestaltung charakterisierbar. Sie sind ja immer Einheiten aufeinander bezogener, ineinander verflochtener Menschen; und wenn auch Art oder Typus dieser Beziehungen gewiß niemals bis ins letzte und wesentliche durch räumliche Kategorien ausdrückbar sind, so sind sie doch immer auch durch räumliche Kategorien ausdrückbar. Denn jeder Art eines ›Beisammenseins‹ von Menschen entspricht eine bestimmte Ausgestaltung des Raumes, wo die zugehörigen Menschen, wenn nicht insgesamt, dann wenigstens in Teileinheiten tatsächlich beisammen sind oder sein können. Und so ist also der Niederschlag einer sozialen Einheit im Raume, der Typus ihrer Raumgestaltung eine handgreifliche, eine – im wörtlichen Sinne – sichtbare Repräsentation ihrer Eigenart.«[4]

Deshalb sind nach Elias Wohnstrukturen als Anzeiger gesellschaftlicher Strukturen zu sehen. Allgemeiner ausgedrückt: Räumliche Strukturen sind Anzeiger gesellschaftlicher Strukturen. In dem hier verfolgten Ansatz gehe ich deshalb davon aus, daß die Strukturen und Entwicklungen in den ökonomischen und sozialen Dimensionen Determinanten der Nutzungsvorgänge in der räumlichen Dimension bilden. Auf der Makro- wie auf der Mikroebene haben gesellschaftliche Entwicklungen prägenden Charakter für die räumliche Struktur, welche umgekehrt Anzeiger gesellschaftlicher Vorgänge ist.

War die Soziologie im 19. Jahrhundert vorwiegend eine Wissenschaft, die sich mit Problemen langfristiger gesellschaftlicher Entwicklung beschäftigte, ist sie »im 20. Jahrhundert im hohen Maße zu einer Zustandssoziologie geworden, aus deren Forschungsbetrieb das Bemühen um die weitere Aufhellung langfristiger gesellschaftlicher Prozesse so gut wie völlig verschwunden ist«[5]. Dieser Aussage von Elias ist zuzustimmen. Allerdings mehren sich in den letzten Jahren soziologische Arbeiten, die ausdrücklich einen historischen Ansatz verfolgen.[6] Vor allem Elias selbst widmet sich der »Aufhellung langfristiger gesellschaftlicher Prozesse«.

Die bekannten soziologischen Theorien des 19. Jahrhunderts waren theoretische Modelle langfristiger gesellschaftlicher Erfahrung. Bei Marx und Comte bestehen sie aus jeweils drei Entwicklungsschritten.[7]

Diese »klassischen Entwicklungstheorien« unterscheiden sich wesentlich von dem Vorgehen zur Erfassung sozialer Entwicklung, das Elias verfolgt. Sind die Entwürfe gesellschaftlicher Entwicklung bei Marx und Comte eher philosophischer Art, basiert der Ansatz von Elias auf Quellenforschung. Die Forschung nach historischem Material und die Auswertung historischer Quellen stützen die Aussagen von Elias auf einer empirischen Basis ab. Sie verfolgen einen Strang gesellschaftlichen Werdens; sie konstatieren nicht gegenwärtige Zustände und projizieren nicht gesellschaftliche Zustände für morgen.

Um die Jahrhundertwende untersuchten einige bedeutende Soziologen – wie Weber, Simmel, Tönnies – städtisches Leben und seine spezifischen Eigenarten. Dies taten sie, um eine allgemeine Theorie der Gesellschaft zu entwickeln, wobei das städtische Leben beispielhaften Charakter für die Industriegesellschaft hatte. Dabei arbeiteten sie mit einer weiten historischen Perspektive. Max Webers Anliegen bestand darin, anhand der Entwicklung von der mittelalterlichen Stadt zur Industriestadt die sich im Okzident herausbildende technisch-ökonomische Rationalität zu erforschen.[8] Auch Georg Simmel, der die Geldwirtschaft als wesentliches Element der Neuerung ansah, verfolgte in seinem Artikel »Die Großstädte und das Geistesleben« eine historische Argumentationskette. Die »seelische, intellektualistische Verfassung« der modernen Zeit sei nur in den neuen großen Städten zu finden.[9] Bei Ferdinand Tönnies rückte das Stadt-Land-Verhältnis in den Vordergrund. Er begründete den Unterschied zwischen dem dörflichen »Wesensverband«, der »Gemeinschaft«, und dem städtischen »Zweckverband«, der »Gesellschaft«, historisch.[10]

Diese historisch orientierten Anfänge stadtsoziologischer Theoriebildung gerieten im Laufe der Entwicklung dieser Disziplin in den Hintergrund. Das Augenmerk der Forscher, geprägt von den großen amerikanischen Untersuchungen der 30er bis 50er Jahre, richtete sich auch hierzulande auf empirische Untersuchungen gegenwärtiger sozialer Strukturen. Als spätere Vertreter historisch angelegter Stadt- und Regionalsoziologie sind Lewis Mumford und Gideon Sjoberg zu nennen, die jeweils Abhandlungen zur Geschichte der Stadt schrieben.[11]

In seiner Kritik an den Strukturalisten in der Soziologie führt Elias an, diese versuchten in ihren strukturell-funktionalen Theorien verschiedene Gesellschaftstypen in ihre elementaren Bestandteile zu zerlegen. Strukturen der Gesellschaft werden als Zustände begriffen und in Anlehnung an naturwissenschaftliche Systematiken wird Gesellschaft als eine von herauszulösenden Elementen zusammengesetzte Struktur gesehen. Diese Struktur hat idealtypisch einen Gleichgewichtszustand und polarisierende Elementbeziehungen.[12] Wehler, ein Historiker, der sich bereits in den 70er Jahren um ein Zusammengehen von Geschichtswissenschaft und Soziologie bemühte, kennzeichnet die »unhistorische« Situation in der Soziologie folgendermaßen: »Es gilt unter Soziologen meist als ausgemacht, daß es so etwas wie Gegenwart gibt. Aber wo beginnt sie? 1789, 1971, 1945, 1969, gestern? Und wo endet sie?«[13]

Generell sind die Aussagen von Elias und Wehler zu bestätigen, wenn man aber genauer hinschaut, so sind in der strukturalistisch orientierten Soziologie über die Analyse gegenwärtiger Gegebenheiten hinaus Hinweise auf die Herausbildung und Entwicklung, also auf das Prozeßhafte dieser Strukturen zu finden. So kann ich mich Heidi Rosenbaum anschließen, die meint, wenn Soziologie die Gegenwart zum Untersuchungsgegenstand macht, betreibt sie »die Analyse der gegenwärtigen Entwicklung«[14].

Rosenbaum unterscheidet zwei Typen von Betrachtungsweisen in der sozialwissenschaftlichen Forschung. Entweder wird gesellschaftlicher Wandel als Teil eines in stetigem Fluß befindlichen Entwicklungsprozesses oder als relativ stabile Struktur begriffen. Für beide Herangehensweisen besteht in gleicher Weise die Notwendigkeit historischer Analyse, denn, so meint Rosenbaum, wenn die Gegenwart als relativ stabile Struktur aufgefaßt wird, erfordert dies zunächst die Herausarbeitung ihrer spezifischen strukturellen Eigenart, durch die sie sich von anderen Strukturen unterscheidet. Auch für den Ansatz, der die Gegenwart als Teil eines sich ständig verändernden Prozesses betrachtet, ist die Frage zu klären: »Wie haben sich die gesellschaftlichen Strukturen herausgebildet und wie entwickeln sie sich weiter? Das heißt, sowohl jene Betrachtungsweise, die die Kontinuität der historischen Entwicklung in den Vordergrund stellt, als auch jene, die im Gegensatz dazu sich konzentriert auf die Hervorhebung der Diskontinuitäten, durch die die Identifizierung von relativ stabilen gesellschaftlichen Strukturen erst möglich ist, sind auf historische Erforschung notwendig angewiesen.«[15]

Die Frage nach der Herausbildung und Entwicklung gesellschaftlicher Strukturen, also eine strukturalistisch orientierte Gesellschaftsanalyse, ist weder eine Zustandsermittlung noch erlaubt sie eine Zerlegung in einzelne, elementare Bestandteile, sie ist weder durch empirische Erhebungen noch durch ins einzelne gehende Quellenforschung, die sich auf einen begrenzten Zeitraum und eine begrenzte Region beschränken müssen, zu beantworten. So muß das in dieser Arbeit verfolgte methodische Vorgehen zwar ein historisches sein, gründet sich jedoch auf die Analyse bereits Primärquellen darstellender, zusammenfassender und reflektierender Literatur vorwiegend aus den Bereichen der Sozial-, Stadt- und Hausgeschichte sowie der Soziologie, insbesondere der Stadt-, Regional- und Wohnsoziologie, es ist also ein historisch-strukturelles Vorgehen.

So läßt sich der zeitliche Rahmen nur vage abstecken. Die Burg des frühen Mittelalters ist dabei ebenso wichtig wie das Leben in einem französischen Palais des 17. Jahrhunderts; beide bilden Formen der »Ökonomie des ganzen Hauses«, einer Hauptkategorie der Untersuchung. Dies gilt auch für die frühmittelalterlichen bäuerlichen Wirtschaften und die spätmittelalterlichen Lebensformen der Patrizier und Handwerker, während andererseits die Trennung der »Arbeit für den Gebrauch« von der »Arbeit für den Tausch«, der historische Bruch der Kontinuität über Jahrhunderte und in vielen Regionen, zwar zeit-, raum- und schichtenüber-

greifend stattfand, aber dennoch nicht einheitlich datierbar oder zu verorten ist. So gibt es noch heute Relikte der »Ökonomie des ganzen Hauses« und ganz gewiß Kontinuitäten in der »Arbeit für den direkten Gebrauch« und der »Arbeit für den Tausch« und in der »geschlechtlichen Arbeitsteilung«.
Dies und anderes mehr bilden Gegenstände der Untersuchung, es geht also nicht darum, eine historisch begrenzte und räumlich detaillierte Analyse zu erarbeiten – sei es auf der Makro-, sei es auf der Mikroebene –, sondern darum, grundlegenden Fragestellungen nachzugehen, die bisher aus dem Themenfeld sozialer und ökonomischer Determination räumlicher Nutzung und Strukturierung ausgeblendet waren. Deshalb bewegt sich der historische Zeitrahmen, der herangezogen wird, vom frühen Mittelalter bis zur Industrialisierung. Dennoch läßt sich der Untersuchungsraum grob bestimmen und auch untergliedern: Die Darstellung und Analyse der traditionellen Gesellschaft der vorindustriellen Zeit in Mitteleuropa bildet den größten Teil der Untersuchung, weil die Hauptkategorien – »Arbeit für den direkten Gebrauch« und »Arbeit für den Tausch« und ihre Verbindung in der »Ökonomie des ganzen Hauses« – hier ihren Ursprung haben (jedenfalls für die abendländische Gesellschaft) und erst ihre Kenntnis die weitere Entwicklung erklärlich machen.

3 Arbeit für den direkten Gebrauch, Arbeit für den Tausch in der »Ökonomie des ganzen Hauses«

Die »Ökonomie des ganzen Hauses« war über mehrere Jahrhunderte hinweg die dominante und vorherrschende Wirtschaftsform. Wie zu zeigen sein wird, betraf dies alle Stände des Mittelalters in Stadt und Land. Die »Ökonomie des ganzen Hauses« bestimmte sowohl Art und Form geschlechtlicher Arbeitsteilung wie auch baulich-räumliche Nutzungsstrukturen.

Der Begriff der »Ökonomie des ganzen Hauses« stammt von Otto Brunner. Er greift in seiner Definition auf antike Wirtschaften zurück und sieht den Ursprung der »Ökonomie des ganzen Hauses« im oikos. »Die Ökonomie als Lehre vom oikos umfaßt eben die Gesamtheit der menschlichen Beziehungen und Tätigkeiten im Hause, das Verhältnis von Mann und Frau, Eltern und Kindern, Hausherr und Gesinde und die Erfüllung der in Haus- und Landwirtschaft gestellten Aufgaben.«[16]

Für Max Weber ist die Hausgemeinschaft oder der Hausverband die ursprüngliche Form der Vergemeinschaftung. »Der Hausverband ist die

Gemeinschaft, welche den regulären Güter- und Arbeitsbedarf des Alltags deckt.«[17]

Obwohl für Weber die Struktur des sozialen Handelns im Vordergrund steht, betont er die ökonomische Basis dieser Beziehungen. »Die sexuellen und die durch Gemeinsamkeit beider Eltern oder eines von ihnen zwischen den Kindern gestifteten Beziehungen gewinnen ihre normale Bedeutung für die Erzeugung eines Gemeinschaftshandelns nur dadurch, daß sie die normalen, wenn auch nicht die einzigen Grundlagen eines spezifisch ökonomischen Verbandes werden: der Hausgemeinschaft.«[18]

Henning, wie Brunner ein Historiker, betont die Wirtschaftsordnung, die Villikation der »Ökonomie des ganzen Hauses«. Er sieht die Villikationsverfassung für einen großen Teil der ländlichen Bevölkerung bis ins 17. Jahrhundert als übliche Wirtschaftsorganisation an. Diese Villikationsordnung zeichnete sich nach Henning durch zwei wesentliche Elemente aus:
– durch weitgehende Arbeitsteilung innerhalb einer Wirtschaftseinheit und
– durch das Fehlen einer Arbeitsteilung zwischen diesen selbständigen Wirtschaftseinheiten.[19]

Die »Ökonomie des ganzen Hauses« ist eine Produktionsgemeinschaft, die für den eigenen Bedarf und u.U. für den gewerblichen Tausch produziert. Das wesentliche Element dieser Wirtschaftsform ist die Verzahnung der Arbeit für den direkten Gebrauch und der Arbeit für den Tausch innerhalb einer Wirtschaftsorganisation. Dies kennzeichnet sie als grundsätzlich unterschiedlich zu Arbeitsorganisationen der Industriegesellschaft.[20] Die Betonung liegt also auf der ökonomischen Ebene, jedoch werden auch soziale und räumliche Dimensionen dieser Wirtschaftsform mit in die folgende Analyse einbezogen.

Beide Kategorien, die der Arbeit für den Gebrauch und die der Arbeit für den Tausch, sind Begriffe der von Marx entwickelten Analyse der kapitalistischen Gesellschaft.[21] Die Entwicklung von der Gebrauchsproduktion zu einer Waren- und zuletzt zu einer erweiterten Warenproduktion zeigt Marx u.a. anhand dieser beiden Kategorien. In unserem Zusammenhang sind sie relevant, um die grundsätzlich ökonomisch unterschiedene Art der Hauswirtschaft und ihrer spezifischen Arbeitsform und der Erwerbswirtschaft und ihrer Arbeitsform zu verdeutlichen.

Die Hausarbeit ist auf den direkten Gebrauch gerichtet, während die Erwerbswirtschaft auf den Tausch, Arbeit gegen Lohn, Arbeit gegen Ware, zielt. In dieser Gegenüberstellung hat die marxistische Ökonomie die beiden Kategorien nie gesehen. Vielmehr wurde die eine als eine reproduzierende und die andere als eine produzierende Arbeit im Kapitalismus interpretiert. Diese Interpretation erweist sich aber gerade bei differenzierter Betrachtung der »Ökonomie des ganzen Hauses« als falsch. So sehr beide verzahnt sind, hat doch jede eine eigenständige Gewichtigkeit und ist nicht »abgeleiteter« Bestandteil der anderen.

In Qualität und Umfang unterscheiden sich die »Ökonomien des ganzen Hauses« voneinander. Dies gilt für Arbeitsinhalte, Arbeitszwecke und das Verhältnis zwischen direkter Gebrauchsarbeit und Tauscharbeit. Nach dem Zusammenbruch des Römischen Reiches bis zu den Anfängen der Industrialisierung lassen sich für Mitteleuropa grob zwei Epochen mit unterschiedlicher Sozialstruktur erkennen. Diese beiden Epochen sind begründet durch den Übergang vom Feudalstaat zum Ständestaat, der bereits im 12. und 13. Jahrhundert seinen Anfang nahm. In dieser Zeit formierten sich die neuen Stände – das städtische Handwerk, der städtische Handel und der unabhängige Bauernstand. Doch bis zum 15. Jahrhundert konnten die neuen Stände erst allmählich die Beziehungen zu den alten Herrschaften abstreifen, wie Bosl in seiner Untersuchung zur Gesellschaftsentwicklung im Mittelalter ausführt.[22]

Für den alten dualen Feudalstaat der ersten Epoche waren zwei »Ökonomien des ganzen Hauses« prägend: Dies war zum einen die herrschaftliche Großökonomie, der Fronhof, der auch von Abgaben abhängig wirtschaftender bäuerlicher Häuser lebte, und zum anderen die bäuerliche Hausökonomie, die diese Abgaben an den Feudalherrn obendrein produzierte. In beiden – in der abhängig arbeitenden bäuerlichen Hausökonomie wie auch in der herrschaftlichen »Ökonomie des ganzen Hauses« – lag der Hauptanteil bei der Arbeit für den direkten Gebrauch. Die meiste Arbeit in der umfangreichen und arbeitsteilig bereits differenzierten feudalen Hausökonomie diente dem eigenen Bedarf, nur ein kleiner Teil produzierte für den Tausch, um auf Handelsplätzen ihre Produkte gegen andere, die in der eigenen Wirtschaft nicht hergestellt wurden, zu tauschen. Die Tauscharbeit hatte also den Zweck, sich zusätzliche (Luxus-)-Güter zu beschaffen.

Das Verhältnis der Arbeit für den direkten Gebrauch und derjenigen für die Abgaben an den Feudalherrn in der abhängigen, bäuerlichen »Ökonomie des ganzen Hauses« richtete sich nach den jeweiligen Tributforderungen des Feudalherrn. Die hier geleistete Arbeit für die Abgaben hatte existenzielle Bedeutung für die Menschen in dieser Hausökonomie.

Die feudale Gesellschaftsstruktur wurde unterstützt durch die vorherrschende Mentalität zur Arbeit. Soziale Unterschiede waren gottgegeben und im frühen und hohen Mittelalter nahm niemand dagegen Anstoß, »weil trotz der Kluft zwischen den gesellschaftlichen Rängen die

Betonung auf dem gemeinsamen Grundprinzip lag, der Unterordnung des einzelnen unter den einzelnen«[23]. Die quasi Natürlichkeit dieser sozialen Beziehung wurde nicht in Frage gestellt, vielmehr versuchte jeder, seinen Nutzen daraus zu ziehen. Für Marc Bloch bedeutete dies das stärkste gesellschaftliche Band der Feudalgesellschaft. Wirtschaftlicher Aufstieg bewegte sich nur innerhalb der Standesgrenzen, soziale Mobilität gab es nicht. Wenn ein Mensch die Überwindung dieser Grenzen anstrebte, versündigte er sich gegen Gott. Die festgefügte Gesellschaftsordnung ließ ein Bewußtsein bei den Menschen entstehen, das über die vorgegebenen Möglichkeiten des Lebens nicht hinausstrebte. Diese »alte Wirtschaftsmentalität« schlug sich auf die Motivation der Arbeitenden nieder.

Das wandelte sich allmählich in der zweiten Epoche, der der städtischen Ständeordnungen, die sich im hohen Mittelalter (13. – 14. Jahrhundert) herausbildeten. In der Periode der mittelalterlichen Städtegründungen zwischen dem 12. und 14. Jahrhundert änderte sich zunächst wenig an der Fronherrschaft. Viele Städte waren Städte der Feudalherren, die zu ihrem eigenen Nutzen auf ihrem Grund und Boden die Entstehung einer Marktsiedlung förderten. Erst später, als die Stadtbewohner gegenüber dem Grundherrn stärker geworden waren und über eigene Machtpositionen verfügten, änderte sich das Verhältnis.[24]

Das, was ich als »alte Wirtschaftsmentalität« bezeichnet habe, stellt nicht allein ein allgemeines gesellschaftliches Merkmal dar, sondern ist auch für die Bewertung von Arbeiten für den direkten Gebrauch relevant, denn erst, wenn Profit sozialen Aufstieg verheißt, gewinnt die Arbeit für den Tausch die soziale Vormacht gegenüber der Arbeit für den direkten Gebrauch.

Dieses läßt sich nun an den städtischen Handwerksökonomien ablesen. Zunächst wurden sie durch die »alte Wirtschaftsmentalität« bestimmt. Später, als die alte Wirtschaftsordnung zusammenbrach, die »gottgegebenen« Schranken brüchig wurden und der soziale Aufstieg als Ziel möglich, stieg die Arbeit für den Tausch auf der Skala gesellschaftlicher Bewertung.

Während Elias den wesentlichen Grund für den Übergang vom Feudal- zum Ständestaat im Bereich der Verteilung der Waren sieht, hält Mottek die Entwicklung der Produktivkräfte für das Wesentliche.[25] In der städtischen »Ökonomie des ganzen Hauses« gewann die Arbeit für den Tausch gegenüber der für den direkten Gebrauch zunehmend an Wichtigkeit. Doch noch prägt die »alte Wirtschaftsmentalität« auch die städtische Hausökonomie und die soziale Ordnung. So regelten Zunftverfassungen Qualität und Quantität, Herstellungszeit und Absatz der Waren, ihren Preis, notwendige Ausbildung und Kenntnisse und die Vergütung der Arbeitsleistungen der Gesellen, Lehrlinge und Tagelöhner sowie Betriebsgrößen und Wirkungsbereiche. Wie auch bei den abhängig arbeitenden bäuerlichen Hausökonomien gab es eine Schranke des sozialen Aufstiegs.

Diese Schranke des Aufstiegs, bedingt durch die festgefügten gesellschaftlichen Strukturen, gab es nicht bei dem dritten Typ der »Ökonomie des ganzen Hauses«, denn dieser Typ entstand in der Phase des Umbruchs von der alten feudalen Gesellschaft zur kapitalistischen Industriegesellschaft. Obwohl in der alten ländlichen Hausökonomie wirtschaftlich und sozial gebunden, war die Arbeit für den Tausch außerhalb des Hauses organisiert. Einerseits bestand also die Wirtschaftsform der »Ökonomie des ganzen Hauses«, andererseits war die Zulieferung von Rohmaterial und Absatz zentral organisiert. Dieser eminente Gegensatz innerhalb einer Wirtschaftseinheit hatte nicht lange Bestand und sobald die politisch-administrativen Voraussetzungen geschaffen waren, reduzierte sich dieser ländliche Typ der »Ökonomie des ganzen Hauses« und die Arbeit für den Tausch konzentrierte sich auf die Stadt. Bemerkenswert ist, daß der Anfang der zentralisierten Tauscharbeit nicht in städtischen, sondern in ländlichen Strukturen begann.

Insgesamt können wir von drei grundsätzlich verschiedenen Typen der Hausökonomie sprechen, die sich den verschiedenen Epochen gesellschaftlicher Entwicklung angleichen.

- Der Typ der »Ökonomie des ganzen Hauses«, der vorwiegend und fast ausschließlich für den eigenen Bedarf produzierte, war für die alte duale Feudalordnung prägend, und zwar in zwei unterschiedlichen Varianten, der der ritterlich-feudalen, herrschaftlichen Hausökonomie und der bäuerlichen, abhängigen Hausökonomie, wobei Teile der Arbeit der bäuerlichen als Abgabenpflichten an die herrschaftliche Hausökonomie zu leisten waren. Ohne diesen sozialen Unterschied herunterzuspielen – seine Relevanz ist in vielen wissenschaftlichen Untersuchungen gezeigt worden –, ist für die hier genannten Kategorien eine Ähnlichkeit festzuhalten. Dies auch trotz differierender quantitativer Größe und dem Grad der inneren Arbeitsteilung.
- Der zweite Typ der Hausökonomie bestand nicht in erster Linie aus Arbeit für den direkten Gebrauch, sondern – gleichwertig – aus Arbeit für den Tausch. Dies war das Neue der zweiten historischen Epoche in der vorindustriellen Gesellschaft, die durch neue Stände, d.h. den neuen Typ der Hausökonomie gekennzeichnet war. Er war allein ein städtischer. Doch auch die alten Typen der Hausökonomie bestanden weiterhin auf dem Lande, wenn auch modifiziert: Während die herr-

schaftlichen Hausökonomien sich schnell auf die neue Existenzart einstellten, indem sie als Herrn eine Stadt auf ihrem Grund und Boden gründeten, um an Handel und Handwerk zu partizipieren, bleiben die bäuerlichen Ökonomien in ihrer alten Form bestehen. Auch bei diesem zweiten Grundtyp der Hausökonomie gab es Varianten in Umfang und Art der Tauscharbeit. Zum einen waren die Hausökonomien des städtischen Adels und der Patrizier weitaus umfangreicher und arbeitsteiliger organisiert als handwerkliche und kleinhändlerische Hausökonomien, zum anderen unterschieden sie sich durch die Inhalte der Arbeit für den Tausch. Insgesamt kann man von drei Varianten sprechen: In der adeligen Hausökonomie bestand die Tauscharbeit auf der Repräsentation, mit dem die eigene Herrschaft vertreten und gefestigt wurde. Die Tauscharbeit der patrizischen »Ökonomie des ganzen Hauses« galt im wesentlichen dem Fernhandel und diejenige in den kleineren Hausökonomien dem Handwerk und Kleinhandel.

- Kurzfristig und für den gesamten gesellschaftlichen Prozeß der Auflösung der »Ökonomie des ganzen Hauses« wenig prägend verbreitete sich im 18./19. Jahrhundert ein auf dem Verlagssystem basierender neuer dritter Typ der Hausökonomie. Denn die »hausindustrielle« Form der Arbeit für den Tausch blieb in der alten »Ökonomie des ganzen Hauses« verhaftet, obwohl bereits Zulieferung und Absatz herausgelöst und zentral organisiert waren. Dieser erste qualitative Sprung zur Auflösung der alten Hausökonomie – man spricht auch von der Phase der Proto-Industrialisierung[26] – fand auf dem Lande statt.

Die Tabelle (Seite 21) stellt – in schematischer Vereinfachung – die Typen und ihre Varianten dar.

Diese Typologisierung der »Ökonomie des ganzen Hauses« soll nicht darüber hinwegtäuschen, daß es auch Zwischenformen gab. Doch sie waren nicht die Regel, sondern die Ausnahme. Die räumliche Zuordnung der Typen der Hausökonomie ist offensichtlich. Der Typ, der vorwiegend für den direkten Gebrauch arbeitete, war ein ländlicher, derjenige, der auch für den Tausch produzierte, war ein städtischer.

4 Geschlechtliche Arbeitsteilung

Während die beiden Kategorien der Arbeit – die Arbeit für den direkten Gebrauch und die Arbeit für den Tausch – eine ökonomische Dimension benennen, ist mit der geschlechtlichen Arbeitsteilung eine gesellschaftli-

»Ökonomie des ganzen Hauses«

	Varianten	Stadt/ Land	Arbeit für den direkten Gebrauch	Arbeit für den Tausch
1. Typ Epoche der dualen Feudalordnung (9.-13. Jahrh.)	– ritterlich-feudale herrschaftliche »Ökonomie des ganzen Hauses« (Luxus-)Güter	Land	fast ausschließlich	nur im geringen Maße für den Erhalt zusätzlicher
	– abhängige, bäuerliche »Ökonomie des ganzen Hauses«	Land	fast ausschließlich	für Abgaben, je nach Tributforderung des Feudalherrn
2. Typ Epoche der Ständeordnung (13. Jh. bis Mitte 19. Jh.)	– aristokratische-herrschaftliche »Ökonomie des ganzen Hauses«	Stadt	-hoher, gleichwichtiger und -wertiger Anteil, umfangreich und arbeitsteilig organisiert	zu Repräsentationszwecken
	– patrizische »Ökonomie des ganzen Hauses«	Stadt		für den Fernhandel
	– handwerkliche u. kleinhändlerische »Ökonomie des ganzen Hauses«	Stadt	hoher, gleichwichtiger und -wertiger Anteil	für Handwerk und lokalen Handel
3. Typ Epoche der Proto-Industrialisierung (18./19. Jahrh.)	– hausindustrielle »Ökonomie des ganzen Hauses«	Land	geringerer und ungleichwertiger Anteil	für den Verlag

che Zuteilung, eine soziale Dimension angesprochen. Die Arbeitsteilung zwischen den Geschlechtern hat grundlegende soziale Relevanz, denn daran schließen sich geschlechtsspezifische Sozialisationsmuster und Identitätsbildungen an.

Der sozialen Dimension soll im folgenden Abschnitt nachgegangen werden. Wie verteilt sich die Arbeit in der »Ökonomie des ganzen Hauses«? Wie sieht die Arbeitsteilung zwischen Männern und Frauen aus? Gibt es eine Beziehung zwischen den von mir zugrundegelegten ökonomischen Kategorien und der sozialen – hier der geschlechtsspezifischen – Dimension und der räumlichen Struktur? Dieser Frage ist bislang wenig nachgegangen worden.

»Während die Teilung der Arbeit in Hand- und Kopfarbeit, die Aufteilung der Arbeit in verschiedene Zweige und Branchen und schließlich die Arbeitsteilung, die durch unterschiedliche technische Niveaus (Handwerk und Industrie) und die kapitalistische Anwendung von Technik selbst entsteht, eine unübersehbare Flut von Beiträgen hervorgerufen hat, bleibt das gesellschaftlich so grundlegende Phänomen der geschlechtlichen Arbeitsteilung ausgespart.«[27] Morgan und Bachofen widmeten sich dieser Frage. Engels, darauf aufbauend, setzte im vorigen Jahrhundert einen vorläufigen Schlußpunkt in der »offiziellen« Diskussion.[28]

Ihre Begründung geschlechtsspezifischer Arbeitsteilung hatte starke biologische Aspekte, da sie diese im Kern auf die biologische Möglichkeit von Frauen, Kinder zu gebären und anschließend direkt zu ernähren, zurückführten. Es blieb der Frauenbewegung überlassen, diesen wichtigen gesellschaftlichen Aspekt wieder hervorzuheben. Dies geschah um die Jahrhundertwende bis in die 20er Jahre, kam dann aber mit dem Nationalsozialismus fast zum Erliegen. Erst seit Anfang der 70er Jahre – mit der zweiten Frauenbewegung – nahm die wissenschaftliche Bearbeitung und Literatur zur geschlechtlichen Arbeitsteilung wieder zu. Insbesondere die theoretischen und historischen Arbeiten zur Hausarbeit, zu Bedingungen und Wandel der Frauenarbeit im Erwerbssektor sowie zur geschlechtsspezifischen Sozialisation bilden hierbei Schwerpunkte der Studien.[29]

Ein Teil dieser Arbeiten befaßt sich mit den Zuständen der vorindustriellen Zeit in Mitteleuropa. Diese Studien bewegen sich zeitlich vom späten Mittelalter (15. Jh.) bis in die frühe Neuzeit (17. Jh.). Im wesentlichen treffen sie folgende Aussagen zur geschlechtlichen Arbeitsteilung in vorindustrieller Zeit: Getreideanbau, Pflügen und Aussaat waren Männerarbeit. Aus der Sichtung historischer Quellen geht hervor, daß hierbei Mitarbeit von Frauen nur vereinzelt vorhanden war. Eindeutig Frauenarbeit in der bäuerlichen »Ökonomie des ganzen Hauses« war die gesamte

Weiterverarbeitung des Getreides zu Mehl, Fladen, Grützen, Brot und Bier. Auch die Herstellung von Met, Obst- und Beerenweinen war Arbeit der Bäuerin und des weiblichen Gesindes. Gartenanbau von Hülsenfrüchten, Wurzel- und Knollengewächsen, Kohl, Hirse, Kräutern, Gespinst- und Färbepflanzen sowie Obstbäumen galten ebenfalls als frauenspezifische Arbeitsbereiche. Das Federvieh und das in den Stallungen gehaltene Vieh wurde von ihnen gemästet und geschlachtet. Allein Zugtiere, Pferde und Ochsen, wurden von Männern betreut. »Die Milchwirtschaft mit der Erzeugung von Butter, Käse und Quark fiel in die alleinige Zuständigkeit der Frauen, während das Hüten des Viehs Sache der Männer bzw. der männlichen Kinder und Jugendlichen war.«[30] Auch die Textilproduktion lag von der Gewinnung des Rohproduktes bis zur Fertigstellung des Gewandes in der Hand von Frauen. Das Zubereiten der Speisen, das Reinigen der Kleider, Räume und Gegenstände war Frauenarbeit. Auch das Entfachen des häuslichen Feuers fiel in ihre Zuständigkeit.

In der Produktion für die feudalen Abgaben war keine geschlechtsspezifische Konzentration erkennbar. Die feudalen Abgaben waren sowohl Produkte von Frauen- wie auch von Männerarbeit. Allein vom Arbeitsinhalt, dem wirtschaftlichen Zuständigkeitsbereich und der räumlichen Zuordnung war eine geschlechtsspezifische Differenz auszumachen: die Zuständigkeit der Männer für die Landwirtschaft und die der Frauen für die Hauswirtschaft, also für die hausnahen Produktionen. Wesentliche Kriterien waren also die räumlichen: »hausnah« und »hausfern«. Das galt für beide Varianten ländlicher Hausökonomien, für die des feudal-ritterlichen Herrschaftsstandes und für die des bäuerlichen, abgabepflichtigen Standes. Die feudalen großbäuerlichen Hausökonomien waren teilweise so arbeitsteilig organisiert, daß sie bereits im hohen Mittelalter, dem 12./13. Jahrhundert, Textilien manufaktoriell produzierten. Diese häusliche, aber für den Tausch bestimmte Produktion war Frauenarbeit. Die Angaben, wieviele Frauen in solchen »genetien« genannten Kleinmanufakturen arbeiteten, sind unterschiedlich. Es wird in der historischen Forschung von sieben bis 40 Frauen und von bis zu hundert gesprochen.[31] Deutlich verbinden sich Ökonomie und Raum in diesem ersten Grundtyp der »Ökonomie des ganzen Hauses« und deutlich korrespondiert damit die soziale Dimension der geschlechtlichen Arbeitsteilung.

Erst durch die Weiterentwicklung technischer Geräte tritt ein neuer, bislang in bezug auf die geschlechtliche Arbeitsteilung unbekannter Faktor hinzu. Für sich genommen ist er ohne große wirtschaftliche und soziale Bedeutung, jedoch im Zusammenhang mit der Produktivitätssteigerung, die die Arbeit für den Tausch ermöglichte und wichtig werden ließ, ist ein Bruch in der Zuweisung und Bewertung geschlechtsspezifischer Arbeit zu erkennen. So war das Mahlen des Getreides, als es noch mit zwei Steinen betrieben wurde, Frauenarbeit. Der Entwicklung der Wassermühle im 12. Jahrhundert folgte »die Herauslösung des Getreidemahlens aus der Hauswirtschaft und die Herausbildung des Mühlengewerbes, das in erster Linie von Männern betrieben wurde«[32]. Backen und Bierbrauen nahmen die gleiche Entwicklung: Solange diese Arbeiten für den direkten Gebrauch verrichtet wurden, waren sie Arbeiten der Frauen in der Hausökonomie, sobald sie aufgrund technischer Weiterentwicklung der Arbeitsgeräte und der damit verbundenen Erhöhung der Produktivität Arbeit für den Tausch wurden, übersprangen sie die geschlechtsspezifische Barriere und wurden zur Männerarbeit. Edith Ennen weist im Zusammenhang mit der Stadtwanderung auf diesen Vorgang hin: »Vier Hörige aus der gleichen Villikation verdienten sich jetzt ihr Brot als textores, Weber, in Warburg, das bedeutet den Umschlag vom Weben als einer Frauenarbeit in der – für Westfalen noch im 11. Jahrhundert bezeugten – grundherrlichen Manufaktur zu einem von Männern in der Stadt betriebenen Berufshandwerk.«[33] Also erst mit der Entwicklung produktiverer Arbeitsmittel und der Möglichkeit auch kleinerer bäuerlicher Hausökonomien, durch höhere Arbeitsproduktivität Güter zu tauschen und damit einen Gewinn zu erwirtschaften, bildete sich ein neues Kriterium geschlechtlicher Arbeitsteilung heraus: die Arbeit für den Tausch wurde Männerarbeit, die Arbeit für den direkten Gebrauch Frauenarbeit. Die räumlichen Kriterien »hausnah« und »hausfern« waren jetzt nicht mehr ausschlaggebend, auch wenn sie indirekt, und zwar über die nach außen gerichtete Tauscharbeit und die nach innen, ins Haus gerichtete Gebrauchsarbeit, noch eine Rolle spielten.[34]

An zwei Bereichen lassen sich die hier aufgestellten Merkmale der Veränderung geschlechtlicher Arbeitsteilung überprüfen: an der Gesundheitsversorgung und an der Kinderaufzucht. Die Gesundheitsversorgung war in den bäuerlichen Hausökonomien Teil der hauswirtschaftlichen und hausnahen Arbeit und somit Frauenarbeit. Hauptarbeitsgebiete waren Geburtshilfe und Geburtenregelung. Schon früh (sogar schon in archaischen Kulturen) gab es eine von »weisen Frauen« betriebene Gesundheitshilfe, die jedoch noch nichts mit der späteren, auf Gewinnstreben gerichteten Tauscharbeit zu tun hatte. Trotz der tiefen Verwurzelung, die dieser Arbeitsbereich als Frauenarbeit hatte, nahm er den gleichen Verlauf. Naturwissenschaftliche Erkenntnisse im 15. Jahrhundert und die Entwicklung technischer Gerätschaften für eine neue Medizin wurden Grundlage der Gesundheitsversorgung, die als spezialisierte Arbeit Tauschwert gewann und Gewinn versprach. Die »weisen Frauen« und

Hebammen wurden als Hexen verfolgt und verbrannt, die neue Medizin wurde von Männern betrieben.[35]

Auch die Kinderversorgung wurde, sobald sie als Tauscharbeit verrichtet wurde, zu Männerarbeit. Aus Untersuchungen von Ariès, Shorter und Rosenbaum wird deutlich, daß, solange die Kinderaufzucht ausschließlich Arbeit für den direkten Gebrauch innerhalb der Hausökonomie war, sie Frauenarbeit war.[36] Erst mit der Professionalisierung der Kinderaufzucht im Bereich Erziehung und Bildung wurde sie Tausch- und damit Männerarbeit. Frauen waren als Lehrende und Lernende aus den frühen Bildungseinrichtungen des 16. und 17. Jahrhunderts ausgeschlossen. So schreibt Ariès in seiner historischen Untersuchung: »Wenn die Schulbildung im 17. Jahrhundert auch noch nicht das Monopol einer Klasse war, so blieb sie doch weiterhin das Monopol eines Geschlechts.«[37] Erst im 20. Jahrhundert öffneten sich Schulen und Universitäten für Frauen.

Mitterauer hat eine Zusammenstellung der »Übernahme von ehemals Frauenarbeit durch die Männer« angefertigt (siehe Tabelle S. 26).[38] Es gab auch Überschneidungen zwischen den Arbeitsbereichen. So waren vereinzelt Frauen in der gewerblichen Arbeit zu finden. Diese Frage wird in mehreren historischen Untersuchungen thematisiert.[39] Obwohl in diesen Untersuchungen unterschiedliche Aussagen zur gewerblichen Tätigkeit von Frauen zu finden sind[40] – dies auch im Hinblick auf den gesellschaftlichen Status der Frauen in den Zünften –, sind doch folgende Aussagen zur Frauenarbeit für den Tausch in den alten Städten zu treffen: Wie wir wissen, waren Handwerk und Handel zünftig organisiert und damit auch reglementiert. Die ausdrückliche, im einzelnen unterschiedliche Regelung der Frauenarbeit weist auf ihre Ungewöhnlichkeit hin und bestärkt die These, daß Arbeit für den Tausch in der Regel Männerarbeit war.[41]

Hauptsächliche gewerbliche Arbeitsgebiete der Frauen waren Nahrungs- und Textilbereich. Im Bäckerhandwerk z.B. waren sie zu finden, jedoch in untergeordneten Positionen und vor allem beim Verkauf der Backwaren. Wurden Meisterinnen in den Zunftrollen aufgeführt, so waren sie Witwen von Bäckern und hatten die ausdrückliche Erlaubnis der Zunft, dieses Gewerbe weiterzuführen. Die Zünfte verfügten über eine Fülle von Regeln und Privilegien, sie waren damit auch eine Sozialversicherung. Hinsichtlich dieser Funktion der Zünfte, der Gebetsfürbitte, Beerdigung, Unterstützung bei Krankheit, blieben die Witwen in der Zunft und nutzten die Vorrechte. In fast allen Zünften war die Aufnahme von Meisterinnen auf diese soziale Versicherung im Sterbefall des Meisters zurückzuführen. Doch Müllerei, Fischerei und Fleischerei blieben reine Männerzünfte. Nach Durchsicht der vorhandenen Urkunden und

Häusliche Arbeit von Frauen	Männerhandwerk
Weben	Weber
Färben	Färber
Walken	Walkmüller
Stampfen	Stampfmüller
Mahlen von Getreide mit der Handmühle	Müller
Brennen von irdener Ware	Hafner
Kleidung nähen	Schneider
Betreuung des Hausgartens	Gärtner
Verkauf von Eiern, Geflügel und Milchprodukten	Kleinhändler
Sammlung von Heilkräutern	Apotheker
Wundbehandlung	Bader
Brotbacken	Bäcker, Lebzelter
Bierbrauen	Brauer
Gästebeherbergung	Gastwirt

Zunftlisten erfolgte in diesen Gewerben der Nahrungsproduktion keine Ausbildung von Frauen.[42]

In vielen Gewerbesparten, überwiegend im Nahrungsbereich, existierte neben der zünftig organisierten Arbeit ein sogenanntes freies Gewerbe. Dort wurden solche Produkte hergestellt, die nicht in der Zunftordnung aufgeführt waren und an denen die Zünfte vorerst kein Interesse zeigten. Im freien Gewerbe wurde Frauenarbeit vielfach bezeugt. Dies galt beispielsweise für das Brauereigewerbe, das ursprünglich in der bäuerlichen Hausökonomie als hausnahe Arbeit Frauenarbeit war. In den alten Städten wurden in jeder Hausökonomie Schweine gehalten. Die Haltung diente in erster Linie dem direkten Gebrauch, in Ausnahmefällen wurden die Tiere verkauft. Gleiches galt für Geflügel, für Hühner, Gänse, Enten und Tauben. Auch diese Arbeit war Frauenarbeit. Vor und innerhalb der mittelalterlichen Stadtmauern lagen die Gärten und Felder der Hausökonomien. Als Arbeit für den direkten Gebrauch war ihre Bestellung und Pflege Frauenarbeit. Aber Produkte aus dem Garten- und Feldanbau wurden vereinzelt auch zum Verkauf angeboten und auch hierbei gab es Frauenarbeit für den Tausch. Alles dies zählte zum freien Gewerbe.

In der Textilherstellung und -verarbeitung, die in der bäuerlichen »Ökonomie des ganzen Hauses« Arbeit der Frauen war, waren sie auch in der zünftigen gewerblichen Textilproduktion der städtischen Hausökonomien stark vertreten. Hier gab es sogar reine Frauenzünfte. Die Garnmacherinnenzunft und die Zunft der Goldspinnerinnen in Köln werden von Wensky ausführlich beschrieben.[43]

Die Beurteilung des Stellenwertes der Arbeit von Frauen im gewerblichen Handel offenbart die Probleme wissenschaftlicher Interpretation der Quellen. Es ist beispielsweise nicht eindeutig, ob selbständige Handelsführung von Frauen auf Verheiratung mit dem Meister oder auf eigenständiger Ausübungskompetenz beruhte. Üblich war es, daß die Meisterin die Produkte der Hausökonomie verkaufte, also den Handel betrieb. Ihnen oblag also neben der Arbeit für den direkten Gebrauch der Verkauf der Produkte im Bereich der Tauschwirtschaft.

Nach Auswertung der historischen Arbeiten war die Frauenarbeit insgesamt in handwerklicher Herstellung gering. Die handwerkliche Arbeit für den Tausch war vorwiegend Männerarbeit. Zweifelsfrei gab es in den mittelalterlichen Städten auch Frauen, die für den Tausch produzierten.[44] Insgesamt jedoch existierte eine geschlechtliche Arbeitsteilung, die sich nach den Kriterien Arbeit für den Tausch und Arbeit für den direkten Gebrauch ausrichtete. Waren die Merkmale geschlechtlicher Arbeitsteilung in der bäuerlichen Hausökonomie räumlicher Art und blieben es dort vorwiegend, so teilte sich die Arbeit zwischen den Geschlechtern in der städtischen Hausökonomie nach ökonomischen Kriterien auf, sie bildeten das neue Strukturprinzip geschlechtlicher Arbeitsteilung. Arbeit für den Tausch erstrebte Profit und verhieß sozialen Aufstieg, und es kennzeichnet patriarchalische Strukturen, wenn Männer die gesellschaftlich lohnenderen Arbeiten übernehmen.

Betrachtet man zusammenfassend die Grundtypen der »Ökonomie des ganzen Hauses« bezüglich der Verteilung der Arbeit auf Männer und Frauen, so lassen sich deutlich Prinzipien geschlechtlicher Arbeitsteilung erkennen:
- In der bäuerlichen »Ökonomie des ganzen Hauses«, die vornehmlich für den direkten Gebrauch arbeitete und daneben Natural-, später Geldabgaben an die Hausökonomien der Feudalklasse zu entrichten hatte, richtete sich die Arbeitsteilung zwischen den Geschlechtern im wesentlichen nach den Kriterien »hausnah« und »hausfern«. Gleiches galt für die umfangreichere herrschaftliche »Ökonomie des ganzen Hauses«. Arbeiten, die im Haus und in seiner Nähe verrichtet wurden, waren Frauenarbeit, landwirtschaftliche Arbeit auf den Feldern und in den Wäldern war Männerarbeit. Ein neuer Faktor gewann allmäh-

lich immer mehr Relevanz für die geschlechtliche Arbeitsteilung: die Weiterentwicklung von technischen Arbeitsinstrumenten, die zu höherer Arbeitsproduktivität führte und das neue Prinzip geschlechtlicher Arbeitsteilung einleitete.
- In den städtischen »Ökonomien des ganzen Hauses« bestand ein wesentlicher Teil der Arbeit – im Unterschied zur bäuerlichen Hausökonomie – aus Arbeit für den Tausch. Arbeit für den Tausch und Arbeit für den direkten Gebrauch wurden dort die Kriterien geschlechtlicher Arbeitsteilung. Arbeit für den direkten Gebrauch war Frauenarbeit, Arbeit für den Tausch war Männerarbeit.
- In der hausindustriellen »Ökonomie des ganzen Hauses« dominierte die Arbeit für den Tausch. Die Relevanz der Tauscharbeit in der Hausindustrie führte zu einer teilweisen jedoch nicht prinzipiellen Aufhebung der geschlechtlichen Arbeitsteilung.

II. Arbeit, Arbeitsteilung und räumliche Nutzung in der vorindustriellen Gesellschaft

Die räumlichen Konsequenzen der »Ökonomie des ganzen Hauses«, der spezifischen Siedlungs- und Hausstrukturen durch die Arbeit für den direkten Gebrauch und die Arbeit für den Tausch sowie die damit verbundene geschlechtsspezifisch unterschiedliche Nutzung und Aneignung sind Themen des folgenden Kapitels. Es geht mir in der Darstellung der räumlichen Strukturen darum aufzuzeigen, wie weit sie durch die Arbeit für den direkten Gebrauch bestimmt werden und nicht allein – wie es nach vorliegenden wissenschaftlichen Untersuchungen zu sein scheint – durch die Arbeit für den Tausch. Damit im Zusammenhang steht die Frage nach dem Anteil der Arbeit der Frauen am räumlichen Strukturierungsprozeß bzw. ihrer Nutzung- und Aneignungsräume. Die Trennung makrosozial-räumlicher Prozesse von sozial-räumlichen Mikrostrukturen dient der Differenzierung in der Beschreibung und Erklärung räumlicher Prozesse und Strukturen (Siedlungsstrukturen und Hausstrukturen).

1 Siedlungsstrukturen bäuerlicher Hausökonomien

Die ersten Besiedlungen des frühen Mittelalters sind bis heute prägend. Die Standorte von Städten und Dörfern lassen sich auf diese Siedlungsperiode zurückführen.

Die Völkerwanderungen brachten für Mitteleuropa in etwa den Zustand zur Zeit der menschlichen Seßhaftwerdung. Germanische Sippen- und Stammesverbände verschafften sich durch Landeroberungen ihre materielle Existenz. Die alten römischen Festungen waren verwüstet. »Die römischen Städte hatten sich seit dem 5. Jahrhundert entvölkert und zur Zeit Karl des Großen, also im 8./9. Jahrhundert, war das städtische Leben nahezu vollständig erloschen. Was von den römischen Städten noch übrig war, wurde oft nur als Steinbruch benutzt.«[1]

Erst mit Karl dem Großen konsolidierten sich die Bevölkerung, die ökonomische und räumliche Situation. Es wurden feste Siedlungspunkte, die Pfalzen und Klöster geschaffen. Doch der Hofstaat Karls des Großen blieb nicht an einem Ort, sondern wanderte von Pfalz zu Pfalz, von Kloster zu Kloster, von Bischofssitz zu Bischofssitz.[2] Nach seinem Tod erfuhr die Stabilisierung erneut Irritationen. Kriege innerhalb des römischen Reiches deutscher Nation zwischen den Nachfolgern Karls des Großen und

Überfälle der Normannen und Sarazenen wie auch Seuchen und Hungersnöte verursachten eine Unterbrechung der gesellschaftlichen und räumlichen Entwicklung. »Das germanische Wirtschaftsleben stand im 9. und zu Anfang des 10. Jahrhunderts auf einer tieferen Stufe als je in der Zeit nach der Völkerwanderung.« So beurteilte Gustav Schmoller die Situation.[3] Auch Wilhelm Abel betont: »Man muß mithin, obwohl die Nachrichten noch dürftig sind, mit einer Stockung längeren Ausmaßes in den beiden letzten Jahrhunderten des 1. Jahrtausends rechnen.«[4]

Dennoch hatte die Neubesiedlung Mitteleuropas durch bäuerliche Hausökonomien und Hausökonomien der weltlichen und kirchlichen Herrschaft, den Fronhöfen, Bischofssitzen und Klöstern begonnen. Aus der Notwendigkeit bäuerlicher Reproduktion wurden Waldgebiete gerodet, um sie für landwirtschaftlichen Anbau zu nutzen. Die »große Rodungsperiode« dauerte von der Merowingerzeit (von 500 bis 700), begann also bereits vor Karl dem Großen, bis zu Anfang des 14. Jahrhunderts.[5] Insgesamt ging damit eine durch die verbesserten Reproduktionsmöglichkeiten bedingte Bevölkerungszunahme und verstärkte Besiedlung einher.[6]

Das gerodete Land in Nähe der häuslichen Siedlungen wurde für den Ackerbau und das weiter entfernt liegende für die Weide genutzt. Der wesentliche Fortschritt in der Nutzbarmachung des Landes bestand in der Anwendung der Dreifelderwirtschaft. Damit konnte die für den Boden notwendige Brache auf jedes dritte Jahr beschränkt werden (1. Jahr Wintergetreide, 2. Jahr Sommergetreide, 3. Jahr Brache). Die bäuerlichen Hausökonomien teilten das gerodete Land in der Gewannverfassung auf. Jeder Ackerflur wurde in gleiche Abschnitte unterteilt, die Gewanne; diese wurden dann an die Hausökonomien verteilt. »Das jeder Familie so zugewiesene Ackerland setzte sich somit aus den zerstreut liegenden Abschnitten in den verschiedenen Gewannen der Flure zusammen, befand sich in einer sog. Gemengelage mit den anderen Äckern.«[7]

Ziel dieser Art der Verteilung war es, eine möglichst gleiche Aufteilung der Felder in Quantität und Qualität zu erreichen. Mottek führt diese gleiche Verteilung des Ackerlandes auf genossenschaftliche Ursprünge zurück, wohingegen Abel die Gewannverfassung als eine vom Grundherrn verordnete Regel betrachtet. Die zerstreuten Orte landwirtschaftlicher Arbeit für den direkten Gebrauch waren aufgrund der räumlichen Entfernung vom Haus, dem Kern der Hausökonomie, Arbeitsräume der Männer. Die direkten Siedlungspunkte, das Haus und seine Umgebung, waren Arbeitsplätze der Frauen (Abb. 1, Seite 31).

Diese Siedlungspunkte hatten verschiedene räumliche Formationen: So gab es Einzelhofanlagen wie räumliche Konzentrationen der Höfe:

Abb. 1: oben: Bauer beim Pflügen (Holzschnitt aus dem 15. Jahrhundert); unten: Buttern mit dem Stampfbutterfaß (aus einem Holzschnitt von 1607)
Quelle: Informationen zur Ausstellung des Kreisheimatmuseums Gifhorn 1983, Bände II und IV, S. 14 und 12

- Straßen- oder Gassendörfer. Die Gehöfte wurden dicht an dicht auf beiden Seiten der Dorfstraße errichtet.
- Angerdörfer. Hierbei wurde die Straße in der Mitte der Besiedlung so erweitert, daß dort ein Platz, ein Anger entstand. Dort stand die Kirche oder lag der Dorfteich.
- Hufendörfer. Dieser Dorftyp beruhte auf der Hufenverfassung, die im Unterschied zur Gewannverfassung den bäuerlichen Hausökonomien zusammenhängendes Ackerland zuteilt. Sie waren seltener, aber das Prinzip hausnah und hausfern galt auch hier für die Organisation der »Ökonomie des ganzen Hauses«.
- Rundlinge. Diese Besiedlungsform war vorwiegend im Grenzgebiet von Germanen und Slaven, im Elbe-Saale-Raum zu finden. Die Errichtung der Höfe um einen runden Platz bot dem Vieh Schutz in der Nacht (siehe Abb. unten).

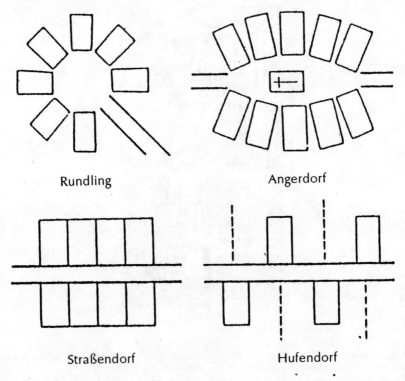

Abb. 2: Siedlungsformen[8]

Alle diese Siedlungsursprünge – abgesehen von den Relikten des römischen Imperiums – waren Orte großbäuerlicher oder kleinbäuerlicher »Ökonomien des ganzen Hauses«. Sie waren Orte der Arbeiten für den direkten Gebrauch auch für jene bäuerlichen Hausökonomien, die Abgaben an Feudalherren zu leisten hatten (Abb. 3, siehe unten).

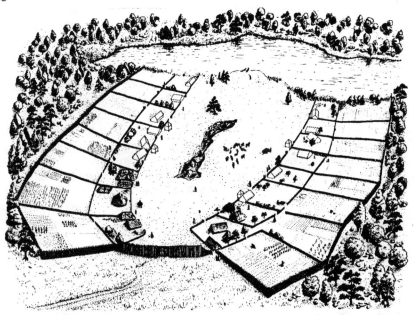

Abb. 3: Rekonstruktionszeichnung des Dorfes (1200–1220) Düppel (Berlin)
Quelle: Ansichtspostkarte des Museumsdorfes Düppel (Berlin)

Es gab große Züge der Besiedlung des mitteleuropäischen Raumes, hier ist vor allem die Ostkolonisation zu nennen. Viele bäuerliche Hausökonomien suchten neue Standorte. Ausschlaggebend für die Neubesiedlung waren die besseren Rechtspositionen gegenüber dem Grundherrn. Die Feudalherrn versprachen den bäuerlichen Hausökonomien weniger Abgabeleistungen und mehr eigenständige Wirtschaftsführung. »Im Nordosten überwand die Bewegung erst im 12. Jahrhundert die Elbe-Saale-Linie. Die Franken drangen am Rande des Erzgebirges, weiter nördlich die Thüringer vor. In Mecklenburg und Pommern siedelten Niedersachsen, begleitet von Holländern und Flamen, die in dem niederungs- und sumpfreichen Küstengebiet der Ostsee und weiter landeinwärts im seenreichen Brandenburg ein Wirkungsfeld fanden, das ihren

Erfahrungen angepaßt war. Bis zum Ende des 12. Jahrhunderts war vom Alpenrand bis zur Ostsee ein Streifen von 80–100 Kilometer Tiefe gewonnen.«[9]

Die großen Besiedlungsströme fanden im 12. und 13. Jahrhundert statt. »Man kann wohl davon ausgehen, daß insgesamt in das Gebiet östlich der Elbe und Saale bis hin nach Pommern, Ostpreußen und Schlesien kaum mehr als 200 000 Menschen bis ins 14. Jahrhundert ausgewandert sind, d.h., die Zuwanderung lag bei etwa 1 bzw. 1,2 Menschen je Quadratkilometer.«[10]

Deutlich an diesen Zitaten wird, daß der Prozeß der Besiedlung einen langen Zeitraum (ca. 600 Jahre) und weite Gebiete, wenn auch in unterschiedlicher Dichte, umfaßte. Betrachtet man die Besiedlung unter den hier verwendeten Kategorien Arbeit für den direkten Gebrauch und Arbeit für den Tausch, so ist festzustellen, daß die Arbeit für den direkten Gebrauch, die die maßgebende Nutzung bei der ländlichen Besiedlung nach der Zerstörung des Römischen Reiches in Mitteleuropa war, für lange Zeit und weite Regionen die räumliche Struktur determinierte.

In Hinblick auf die geschlechtliche Arbeitsteilung in den bäuerlichen Hausökonomien mit ihren Kriterien »hausnah« und »hausfern« wurden die Besiedlungskerne vorwiegend von Frauen genutzt, die »Randlagen« von Männern.

2 Städtische Nutzungen der Hausökonomien

Die Gründung der Städte in Mitteleuropa (1100–1350) basierte auf einem neuen Typ der »Ökonomie des ganzen Hauses«. Im Unterschied zu den bäuerlichen, ländlichen Hausökonomien, die fast ausschließlich aus der Arbeit für den direkten Gebrauch existierten, waren die städtischen Hausökonomien auch durch Handwerk und Handel, also durch Arbeit für den Tausch bestimmt. Die Arbeit für den Tausch war neben der für den direkten Gebrauch konstituierender Bestandteil städtischer »Ökonomien des ganzen Hauses«. Die neu hinzukommende Relevanz der Arbeit für den Tausch konnte nur auf der Basis der Arbeit für den direkten Gebrauch entstehen, denn erst die Existenzsicherung erlaubte eine Produktion von Gütern, die getauscht werden konnten. Die Arbeit für den Tausch ist aus der für den Gebrauch heraus entstanden, letztere der ersten vorausgesetzt.

Auf breiter Front nahmen die Arbeiten für den Tausch zu. Neu war, daß der Boden für Handwerk und Handel kein unmittelbares Produktionsmittel mehr darstellte. »Und das bedeutet, sie können einen anderen

Standort einnehmen, d.h. es besteht für sie die Möglichkeit der Mobilität.«[11] Beim Handel ist der Fernhandel vom Lokalhandel zu unterscheiden. Der Fernhandel hatte sich bereits vor der Gründung der Städte etabliert bzw. war Relikt aus römischer Zeit, er war ein Handel mit Luxusgütern für die feudalen Hausökonomien. Der Lokalhandel entfaltete sich erst im Laufe der Entwicklung zu einer breiten Palette von Tauscharbeiten.

Für Max Weber bildete vorwiegend der Markt als Austauschort des lokalen Handels den Ausgangspunkt städtischer Siedlungen. Er faßte die Entwicklung der Stadtbildung zusammen: »Die (Stadt) kann grundsätzlich in zweierlei Art begründet sein. Nämlich (a) in dem Vorhandensein eines grundherrlichen vor allem Fürstensitzes als Mittelpunkt, für dessen ökonomischen oder politischen Bedarf unter Produktionsspezialisierung gewerblich gearbeitet (wird) und Güter eingehandelt werden. [...] Ein weiteres Merkmal, welches hinzutreten muß, damit wir von ›Stadt‹ sprechen, (b) das Bestehen eines nicht nur gelegentlichen, sondern regelmäßigen Güteraustausches am Ort der Siedlung als wesentlicher Bestandteil des Erwerbs und der Bedarfsdeckung der Siedler: eines Marktes.«[12] Auch Edith Ennen betont, daß der lokale Handel Ausgangskern städtischer Ansiedlungen war. »Nicht der Fernhandel, sondern der Markt macht die Stadt zum zentralen Ort des Wirtschaftslebens.«[13] Planitz unterstützt die Aussagen von Ennen und Weber, daß der Fernhandel im 13. Jahrhundert als Stadtgründungsursache nicht relevant war und daß der »Typus der neuen Stadt« des 13. Jahrhunderts vom lokalen Markt ausging. Sie war gewerbliches Zentrum eines landwirtschaftlichen Gebietes[14]. Dörfliche Ansiedlungen bildeten keine städtischen Siedlungskerne. »In der Tat können wir anhand der Stadtpläne und der gleichzeitigen schriftlichen Nachrichten nachweisen, daß Dorf und Marktsiedlung getrennt waren.«[15]

Nur kurz will ich auf die politischen Ursachen der Gründung neuer Städte hinweisen. Im 13. Jahrhundert – der Mitte der Städtegründungsperiode – waren die Städte fast durchweg »Landesstädte« – wie Planitz sie nennt –, d.h. der Feudalherr hatte die Städte gegründet und war ihr Grundherr. Nur die sog. freien Reichsstädte waren unmittelbar dem Reich unterstellt und genossen seinen Schutz. Für das 14. Jahrhundert nennt Planitz zehn Reichsstädte. Neben ökonomischen spielten territoriale und militärische Aspekte eine wichtige Rolle. Später, mit dem Aufschwung der Städte, verlagerte sich die Macht: aus grundherrschaftlich gebundenen Städten wurden freie Bürgerstädte.

Ob »Landesstädte« oder freie Reichsstädte – für beide gilt, daß die Herausbildung der Arbeit für den Tausch Anlaß der Entstehung städtischer Siedlungen war. Die Gründung wurde jedoch wirtschaftlich von der

»Ökonomie des ganzen Hauses« getragen. Beide, die Arbeit für den direkten Gebrauch und die Arbeit für den Tausch sowie ihre Verbundenheit in einer Hausökonomie bestimmten Nutzungsstruktur und Gestalt der vorindustriellen Städte. Die Betonung, die Weber, Ennen und Planitz auf die händlerische Tauscharbeit als wirtschaftliche Grundlage städtischer Siedlungen legen, ist zu kurz gegriffen, weil sie die Voraussetzungen der Gründung und einen für die Städtegründung notwendigen Bestandteil, die Arbeit für den direkten Gebrauch, vernachlässigt. Diese Betonung sieht den Erklärungszusammenhang der Herausbildung städtischer Strukturen ausschließlich in der Tauscharbeit.

Gleiche Kritik gilt für die marxistische Interpretation der »territorialen Arbeitsteilung«, die ebenfalls die Kombination beider Arbeitsformen innerhalb der »Ökonomie des ganzen Hauses« übersieht. So erscheint dann die Arbeit für den direkten Gebrauch als ländliche Arbeit und die Arbeit in der Stadt als Tauscharbeit.[16] Hinzu kommt, daß gesellschaftlicher Fortschritt allein aus der Tauscharbeit interpretiert und ein Gegensatz zwischen der Arbeit für den direkten Gebrauch und der für den Tausch konstruiert wird. Doch bis heute sind sie aufeinander angewiesen, hat gesellschaftlicher Fortschritt in beiden seine Basis.

Aufschwung und Ausdehnung der Städte beherrschen die folgenden Jahrhunderte. »Zur ungefähren Anzahl der Städte gibt Bechtel für das 9. Jh. 40, für das 10. Jh. 90, für das 11. Jh. 140 und für das 14 Jh. 3000 an. Bei der Gesamtbevölkerung von 12-13 Millionen Einwohnern lebten im 13. und 15. Jh. ca. 10-15 Prozent der Menschen in den Städten, die sich wiederum ganz grob auf folgende Größenklassen verteilten: ca. 0,5-1 Prozent (oder 15-25) haben über 10 000 (und allerhöchstens 25-30 000) Einwohner und maximal 8 Prozent (oder 240 Städte) haben zwischen 2000 und 15 000 Einwohner, während die Zahl der größeren Kleinstädte zwischen 1000 und 2000 Einwohnern nicht zu ermitteln ist und die große Masse der Städte agrarische Gemeinden mit kleinen Einwohnerzahlen waren.«[17] Diese Angaben entsprechen dem von Henning dargestellten Verhältnis der Stadtbevölkerung zur Gesamtbevölkerung sowie der Zahl der Städte.[18]

Die Städte wurden immer mehr zu Konzentrationspunkten des neuen Typs der Hausökonomie. Gerade in der Zeit des 13. und 14. Jahrhunderts hatte sich die Position der Städte gegenüber dem Land verändert. Sie gewannen immer mehr an wirtschaftlicher und politischer Macht. Ihre Vorteile lagen nicht allein in der vielfältigen Entfaltungsmöglichkeit wirtschaftlicher Tätigkeiten, sondern auch in dem damit verbundenen Reichtum für die Stadtbewohner. Die zunächst grundherrschaftlich festgelegten Grenzen der Tauscharbeit verloren immer mehr an Relevanz. Grund

Zahl der Städte und Anteil der Stadtbevölkerung an der Gesamtbevölkerung von 800 bis 1400 in Deutschland (Schätzung)

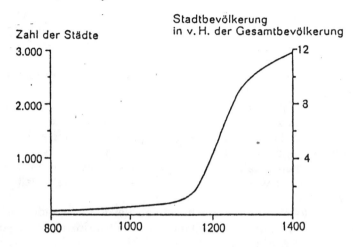

dafür war die mit dem wirtschaftlichen Aufstieg verbundene politische Macht der städtischen Hausökonomien, die über ihre städtischen Belange mitbestimmen wollten und sich Rechte erkämpften.

Das Land, d.h. die bäuerlichen, vorwiegend auf den direkten Gebrauch ausgerichteten Hausökonomien, die mit dem Einsatz ihrer Arbeitskräfte vor allem die Sicherung und Fortsetzung ihrer Existenz anstrebten, gerieten – trotz dieser Selbstversorgung – in Abhängigkeit zur Stadt, deren Hausökonomien auf die Erhöhung der Arbeitsproduktivität und Gewinn ausgerichtet waren. Zu dieser Abhängigkeit führten vor allem zwei Entwicklungen: Zum einen hatten sich die Städte durch das Marktrecht eine monopolartige Bedeutung für das Land geschaffen. Nur in den Städten und innerhalb ihrer Bannmeilen durften Produkte getauscht werden. Teilweise hatten sich die Städte von den Landesherren das »Stapelrecht« erkämpft. Alle landwirtschaftlichen Güter, die überschüssig erwirtschaftet und zum Tausch angeboten wurden, mußten erst einmal durch die Stadt transportiert, dort gelagert und dort zum Tausch angeboten werden. Zum anderen hatten die Zünfte erreicht, daß nur in dem Gebiet der Stadt und ihrer Bannmeile handwerkliche Produktion betrieben werden durfte. Die städtischen Hausökonomien hatten also – im städtischen Verbund – eine gewisse Eigenständigkeit gegenüber dem Grundherrn errungen und gewannen dadurch neben der ökonomischen eine politisch-rechtliche Überlegenheit gegenüber dem Land und der bäuerlichen Hausökonomie. Auch dies verhalf zum Aufschwung der Städte.[19]

Aufgrund technischer Erneuerungen erhöhte sich die Produktivität der Arbeit. Die Herstellungszeiten verringerten sich und die Herstellungskosten wurden weniger. Es befähigte »die Stadt, mit einem kleineren Quantum ihrer Arbeit das Produkt einer größeren Arbeitsmenge des Landes zu kaufen«[20]. Jeder technische Fortschritt diente der Taucharbeit, dort zumindest wurde er eingesetzt. Innerhalb der Tauschwirtschaft gerieten die bäuerlichen Güter unter Preisdruck. Die »Preisschere« zwischen Stadt und Land wurde immer größer.

Mumford führt die Dominanz der Städte gegenüber dem Land auf die Geldwirtschaft zurück.[21] Die Arbeit für den Tausch und die Tauschwirtschaft führten dazu, daß ein gleiches Äquivalent für ungleiche Güter eingesetzt wurde, das den Handel erleichterte: das Geld. Es ist folgerichtig, daß die Geldwirtschaft in der Stadt als Ort des Tausches entstand und in dieser festgelegt wurde, welche Geldmengen für die jeweiligen Güter äquivalent waren.

Damit verstärkte sich noch einmal die dominierende Stellung der Städte gegenüber dem Land. Die ländlichen Hausökonomien gerieten in Abhängigkeit von der Geldwirtschaft, gleich ob sie dies für den Erwerb von Luxusgütern benötigten (wie die feudalen ländlichen Hausökonomien) oder für Abgaben an die Grundherren (wie die abhängigen bäuerlichen Hausökonomien). Mit der Dominanz, die die städtische Hausökonomie gegenüber der ländlichen gewann, dominierte auch der zweite Typ der »Ökonomie des ganzen Hauses« gegenüber dem ersten.

Es setzten sich neue Kriterien geschlechtsspezifischer Arbeitsteilung durch: Arbeit für den direkten Gebrauch blieb Frauenarbeit, die neu aufkommende Taucharbeit wurde Männerarbeit. In den Städten galten die Kriterien »hausnah« und »hausfern« für die geschlechtliche Arbeitsteilung nicht mehr. Die enge Verzahnung von Gebrauchsarbeit und Taucharbeit schlug sich auch außerhalb des Hauses nieder und mit der Mischung der Funktionen vermischten sich die von Frauen und Männern genutzten Orte. Wesentliches Element damaliger Stadtstruktur war, daß es keine geschlechtsspezifische Segregation im Stadtraum gab.

Die städtischen Hausökonomien hatten ihren Standort zunächst an den für den Handel günstigen Erschließungsstraßen errichtet. Die baldige Bodenknappheit in diesen bevorzugten Lagen führte zu einer dichten Bebauung und schmalen Parzellierung. Auch die Lage am Markt oder Standorte, die für bestimmte Gewerbe wichtig waren, führten später auch dort zu hohen Bodenpreisen, schmaler Parzellierung und dichter Bebauung. Hierbei spielte also die Arbeit für den Tausch die ausschlaggebende Rolle. In diesem Zusammenhang sollte auch die »Umkehrung« der Häuser gesehen werden. Vormals war es üblich, die Traufseite, später, die

Giebelseite zur Straße hin zu bauen.«Die schmalen Parzellen entlang der Torstraßen waren in der Regel der Ausgangspunkt der städtischen Parzellenstruktur, die das gesamte Stadtgebiet rasterartig aufteilt.«[22]

Am Beispiel der kurkölnischen Städte, die im 13. Jahrhundert gegründet wurden, soll die städtische Parzellierung im 13. und 14. Jahrhundert dargestellt werden. Dies Beispiel reiht sich in eine allgemeine Entwicklung der Städtegründungen ein. Die durchschnittliche Größe dieser Gründungsanlagen betrug etwa 16 ha. Ihre Umrisse waren rechteckig, annähernd kreisförmig, elliptisch oder trapezförmig. Wie für alle Stadtgründungen waren für ihre Grundrißgestaltungen die Erschließungswege wichtig. Bei kleineren Stadtanlagen war es meist eine durchführende Straße, die sich mit Fußwegen kreuzte, bei größeren Stadtansiedlungen lagen die Märkte an der Kreuzung zweier (oder mehrerer) durchgehender Straßen aus verschiedenen Richtungen. Mit Hilfe von Meßruten und Maßseilen und einer groben Skizze wurden an den Straßen und Gassen Grundstücke abgesteckt. Durch dieses Verfahren entstand eine rasterartige Binnenstruktur des Stadtgrundrisses, der meist »gerechtet« war. Im Stadtzentrum und an den Straßen, die zu den Stadttoren führten, hatte sich zumeist eine kleinteilige Parzellierung und dichte Bebauung durchgesetzt, wohingegen die Randgebiete der Städte relativ großflächig parzelliert und nur zum Teil bebaut waren (Abb. 4, Seite 40).

Für Köln ist erforscht worden, daß die Stadt im 10. Jahrhundert 96 ha umfaßte, aber zunächst nur ein kleiner Teil, nämlich der dem Rhein zugewandte östliche, bebaut war. Der Rest wurde landwirtschaftlich genutzt. Gleiches galt für Trier, wo nur ein geringer Teil der ehemals 285 ha umfassenden Römerstadt bebaut war. Aber auch in den Städten der späteren Zeit gab es viel unbebaute und landwirtschaftlich genutzte Fläche. Einige niederrheinische Städte aus dem 13. und 15. Jahrhundert beherbergten Bauernhöfe in ihren Mauern. Die Stadtansicht von Aachen aus dem Jahre 1688 zeigt die vielen unbebauten und landwirtschaftlich genutzten Flächen innerhalb der Stadtmauern (Abb. 5, Seite 41).

Alle Abbildungen zeigen außerdem, daß mit der Tiefe der Grundstücke gleichzeitig eine gärtnerische Nutzung auf der unbebauten hinteren Fläche verbunden war. Es war also die Arbeit für den direkten häuslichen Gebrauch, die große Teile der städtischen Nutzungsstrukturen bestimmt hat. Zusätzlich gab es die städtische Allmende, ein von der Stadtgemeinde gemeinsam landwirtschaftlich genutztes Land. Die Allmende war Gemeindeeigentum, und jede größere Stadt hatte eine mehr oder weniger große Allmende. Die Hausökonomien, die sie nutzten, mußten in der Stadtgemeinde Grundbesitz haben. Die Gemeinde entschied über die Benutzung der Allmende. »So findet sich in der städtischen Allmende

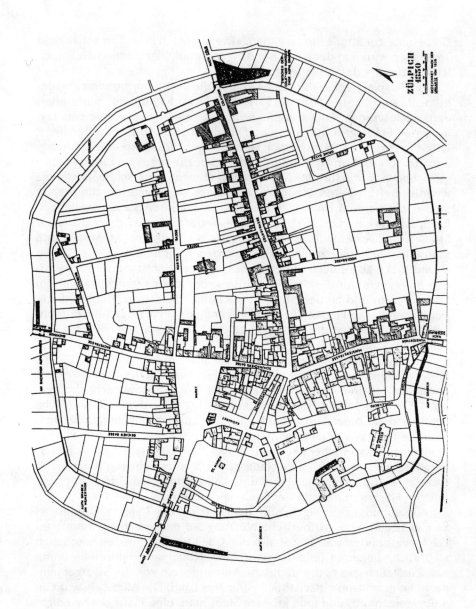

Abb. 4
Quelle: Bernd O. Kobbe: Kurkölnische Stadtgründungen im 13. und 14. Jahrhundert, Ing.-Diss. RWTH Aachen 1972

Abb. 5: Stadtplan von Aachen aus dem Jahre 1688
Quelle: »Aachen«, Merianheft, Monatshefte der Städte und Landschaften, Hamburg 1. XXXIC, S. 28

eine marktgenossenschaftliche Form von Grundeigentum wieder, die lebensnotwendig war für die Bürger und von der sie reichlich Gebrauch machten.«[23] Während die Allmende wiederum auf die Arbeit für den direkten Gebrauch hinweist, ist die Einrichtung von städtischen Uhren in Form eines Glockenturmes auf die Entfaltung der Tauscharbeit zurückzuführen. »Die Einführung von staatlichen Uhren im 13. und 14. Jahrhundert war nur ein Anzeichen dafür, daß sich das Geschäftsleben nicht mehr nach Sonne und Mond und den Möglichkeiten der menschlichen Natur richtete.«[24]

Der Grundbesitz in den Städten war unterschiedlich verteilt. Im 13. Jahrhundert waren vorwiegend die alten, feudalen Grundeigentümerverhältnisse in den Städten vorherrschend. Dies veränderte sich im Verlauf der folgenden zweihundert Jahre, und im 15. Jahrhundert gehörte der städtische Grund und Boden meist den vormals Beliehenen. Ausschlaggebend dabei war wohl, »daß sich mit der ökonomischen und sozialen Entwicklung der Stadt die Erbleihe immer mehr in faktisches Eigentum verwandelte«[25]. Der Grundbesitz umfaßte den bebauten wie auch den unbebauten, landwirtschaftlich und gärtnerisch genutzten Teil der Hausökonomie. Quantität und Qualität des Grundeigentums richtete sich sowohl auf die Arbeit für den direkten Gebrauch wie auch auf die Arbeit für den Tausch. Waren Lage des Grundstücks und Dichte der Bebauung eher durch die Arbeit für den Tausch, so waren großflächige Parzellierung, Nutzungsmischung und Allmende eher durch die Arbeit für den Gebrauch bestimmt.

Da die Ausrichtung städtischer Nutzungen beiden Arbeitszwecken verpflichtet waren, wurden sie auch von beiden Geschlechtern bestimmt. Der Marktplatz zum Tausch war so unabdingbar wie der Brunnen zum Waschen der Wäsche, die Werkstatt so wichtig wie der Gemüsegarten.

Die kleinteilige Mischung der direkten Gebrauchsarbeit mit der Tauscharbeit innerhalb dieses zweiten Typs der »Ökonomie des ganzen Hauses« führte zu einer nicht allein ökonomisch, sondern auch räumlich engen Verknüpfung zwischen der Arbeit der Männer und der Arbeit der Frauen – selbst in bezug auf das ganze Stadtgebiet. Grundriß und Gestalt einer Stadt waren, neben den bekannten und immer genannten Prachtbauten und Plätzen, die Summe der städtischen Hausökonomien. Deshalb erinnert ein Stadtgrundriß aus dem Mittelalter stets an eine »patchwork«-Decke: eine Hausökonomie reiht sich an die andere. Größe und Bebauung des Grundstückes richteten sich nach den Maximen der eigenen Hausökonomie und wenn z.B. nötig, wurde das Grundstück zur Straße hin erweitert und in einem Vorbau der Schweinestall untergebracht oder der Laden ausgeklappt, der dem Verkauf diente.

Festzuhalten bleibt, daß die »Ökonomie des ganzen Hauses« für die Siedlungsstrukturen ausschlaggebend war. Für die ländlischen Siedlungsstrukturen war es vorwiegend die Arbeit für den direkten Gebrauch, die Siedlungskerne schaffte und gestaltete. Auf die bäuerlichen Kriterien der geschlechtlichen Arbeitsteilung bezogen – »hausnah« und »hausfern« –, wurden die ländlichen Konzentrationen räumlicher Besiedlung hauptsächlich durch die Nutzungen der Frauen gefüllt, denn sie waren es, die die hausnahen Arbeiten verrichteten. Die Zunahme des zweiten Typs der »Ökonomie des ganzen Hauses« führte zur wirtschaftlichen Dominanz dieser städtischen Hausökonomie gegenüber den ländlichen und dies, obwohl rein quantitativ die bäuerliche »Ökonomie des ganzen Hauses« weitaus häufiger vertreten war. Wie beide Arbeiten, die für den direkten Gebrauch und die für den Tausch, städtische Nutzungen bestimmten, zeigte sich auch an der Bebauung. Die Grundstücke und Häuser richteten sich nach der gesamten Hausökonomie. Die Kriterien geschlechtlicher Arbeitsteilung veränderten sich. In den städtischen »Ökonomien des ganzen Hauses« wurde die Arbeit nach den Arbeitszwecken verteilt: Die Arbeit für den Tausch wurde Männerarbeit, die Arbeit für den direkten Gebrauch Frauenarbeit. So, wie der neue städtische Typ der Hausökonomie gegenüber dem alten ländlichen dominierte und Arbeit für Tausch gegenüber derjenigen für den direkten Gebrauch, dominierte auch die Männerarbeit gegenüber der Frauenarbeit. Doch charakteristisch war eine enge städtische Mischnutzung beider Arbeitszwecke und damit auch räumliche Verzahnung von Frauenarbeit und Männerarbeit.

3 Häusliche Bedingungen bäuerlicher Hausökonomien

Auch die folgende Darstellung der häuslichen Strukturen und ihrer ökonomischen Voraussetzungen im vorindustriellen Mitteleuropa bewegt sich innerhalb eines großen zeitlichen Rahmens. Dies rechtfertigt sich dadurch, daß sich in den Grundbedingungen gesellschaftlicher Existenz wenig gewandelt hat. »Essen, Kleiden, Wohnen – all das war um 1600 noch nicht sehr verschieden im Vergleich zu 1500 und 1000.«[26] Dies gilt vor allem für die ländlichen Hausökonomien. Die Bauweisen der Häuser richteten sich nach regionalem Angebot an Baumaterialien, aber auch nach wirtschaftlichem Reichtum der Hausökonomien. Grundsätzlich galt, daß die ländlichen Bauweisen einfacher und billiger waren. Ausnahmen dabei bildeten die feudalen Fronhöfe, »je höher der Bauherr in der ständischen Hierarchie rangiert, desto früher verfügt er über steinerne Häuser«[27].

Kirchen und Burgen waren die ersten Gebäude aus Stein. Auf dem Lande wurde nur selten mit Stein gebaut, sondern mit Holz und Lehm. Die Holzbauweise unterschied sich in Ständerbau und Blockbau. »Der Ständerbau ist nach den senkrecht stehenden Hölzern, den Ständern benannt.«[28] Häuser in Blockbauweise waren ausschließlich auf dem Lande zu fingen und dort eher in südlichen Regionen als in nördlichen. Gerade diese Art der Bauweise benötigte große Mengen an Holz. »Die Dächer waren mit Stroh, Schilf oder Schindeln gedeckt. Der Fußboden bestand aus festgestampftem Lehm und nur in Ausnahmefällen gab es Holzdielen. Wenn Türen vorhanden waren, so waren sie mit Lederriemen und nicht mit eisernen Angeln befestigt. Die Fenster waren, wenn überhaupt, mit Weidegeflecht, Holzgitter oder Schweinsblasen verschlossen. Die Wände bildeten Balken und Lehm, deren Ritzen mit Moos gefüllt wurden.«[29] Diese knappen Hinweise auf Festigkeit und Konstruktion der Gebäude verweisen nicht nur auf ständische Hierarchien, sondern auch auf die Bewertung ihrer Funktionen und Nutzungen. Sie sind damit reziprok bedeutend für die innerhäusliche Arbeit für den direkten Gebrauch.

Die räumliche Nutzung des Hauses und seiner Umgebung ist vorwiegend durch die Anforderung der Gebrauchsarbeit bestimmt gewesen. Die bäuerliche »Ökonomie des ganzen Hauses« bestand nur in den seltensten Fällen aus einer Drei-Generationen-Verwandtschaftsfamilie, meist jedoch gehörten Mägde und Knechte dazu. Das Zusammenleben wurde vorwiegend durch die Arbeit bestimmt. Dies gilt auch für die Kinder in der bäuerlichen Hausökonomie. Die geschlechtliche Arbeitsteilung war klar geordnet, wandelte sich jedoch in ihren Inhalten mit der Entwicklung technischer Arbeitsmittel.

Die Beschreibung von Justus Möser verdeutlicht die räumliche Vorrangstellung der Arbeit für den direkten Bedarf: »Der Heerd ist fast in der Mitte des Hauses, und so angelegt, daß die Frau, welche bei demselben sitzt, zu gleicher Zeit alles übersehen kann. Ein so großer und bequemer Gesichtspunkt ist in keiner anderen Art von Gebäuden. Ohne von ihrem Stuhle aufzustehen, übersieht die Wirthin zu gleicher Zeit drei Thüren, dann die, die hereinkommen, heißt solche bei sich niedersitzen, behält ihre Kinder und Gesinde, ihre Pferde und Kühe im Auge, hütet Keller, Boden und Kammer, spinnet immerfort und kocht dabei. Ihre Schlafstelle ist hinter dem Feuer, und sie behält auf derselben eben diese große Aussicht, sieht ihr Gesinde zur Arbeit aufstehen und sich niederlegen, das Feuer anbrennen und verlöschen, und alle Thüren auf- und zugehen, hört ihr Vieh fressen, die Weberin schlagen, und beobachtet wiederum Keller, Boden und Kammer.«[30] (Abb. 6, Seite 45)

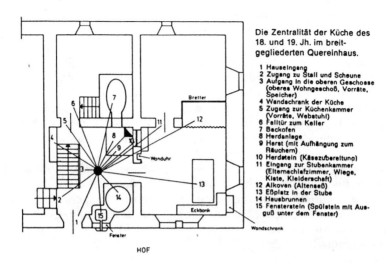

Die Zentralität der Küche des 18. und 19. Jh. im breitgegliederten Quereinhaus.

1 Hauseingang
2 Zugang zu Stall und Scheune
3 Aufgang in die oberen Geschosse (oberes Wohngeschoß, Vorräte, Speicher)
4 Wandschrank der Küche
5 Zugang zur Küchenkammer (Vorräte, Webstuhl)
6 Falltür zum Keller
7 Backofen
8 Herdanlage
9 Horst (mit Aufhängung zum Räuchern)
10 Herdstein (Käsezubereitung)
11 Eingang zur Stubenkammer (Elternschlafzimmer, Wiege, Kiste, Kleiderschaft)
12 Alkoven (Altensaß)
13 Eßplatz in der Stube
14 Hausbrunnen
15 Fensterstein (Spülstein mit Ausguß unter dem Fenster)

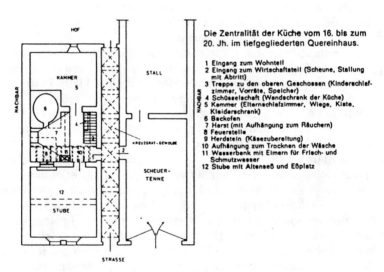

Die Zentralität der Küche vom 16. bis zum 20. Jh. im tiefgegliederten Quereinhaus.

1 Eingang zum Wohnteil
2 Eingang zum Wirtschaftsteil (Scheune, Stallung mit Abtritt)
3 Treppe zu den oberen Geschossen (Kinderschlafzimmer, Vorräte, Speicher)
4 Schüsselschaft (Wandschrank der Küche)
5 Kammer (Elternschlafzimmer, Wiege, Kiste, Kleiderschrank)
6 Backofen
7 Horst (mit Aufhängung zum Räuchern)
8 Feuerstelle
9 Herdstein (Käsezubereitung)
10 Aufhängung zum Trocknen der Wäsche
11 Wasserbank mit Eimern für Frisch- und Schmutzwasser
12 Stube mit Altensaß und Eßplatz

Abb. 6
Quelle: W. Habicht: Dorf und Bauernhaus im deutschsprachigen Lothringen und Saarland, Saarbrücken 1980, S. 431

Mösers Darstellung, die sich auf die norddeutsche Region bezieht, gilt aber von der Grundstruktur her für alle bäuerlichen Hausökonomien im mitteleuropäischen Raum. Ausführlicher noch und differenzierter geht Gläntzer auf die innerhäuslichen Nutzungen und räumlichen Aufteilungen ein. Obwohl er seine Beschreibung auf Quellen des späten 18. Jahrhunderts stützt, ist ihm zuzustimmen, wenn er aus den Angaben dieser Quellen auch auf frühere räumliche Strukturen der ländlichen Bevölkerung schließt, denn die Formen des wirtschaftlichen Lebens und des sozialen Umgangs sind lange vorher geprägt worden und bleiben über Jahrhunderte im wesentlichen unverändert.[31] Seine Ausführungen in Verbindung mit der Arbeit von Meier-Oberist geben weitere Aufschlüsse über die vorindustrielle räumliche Organisation im Bauernhaus.[32]

In der historischen Hausforschung werden drei bauliche Grundtypen vorindustrieller ländlicher Hausökonomien unterschieden. Es sind
- das niederdeutsche,
- mitteldeutsche und
- oberdeutsche Haus.

Alle diese Haustypen sind auf einen »Urtyp« zurückzuführen, und zwar auf einen, der dem »Urtyp« der »Ökonomie des ganzen Hauses« entspricht – wie oben von Möser beschrieben.

Im niederdeutschen Raum gab es vor allem die Hallenhäuser. Das bekannteste ist das Fletthaus. In verschiedener Ausführung und Größe hatten diese Häuser einen zentral gelegenen Herdraum (das Flett), in dem sich große Teile der Arbeit und der Erholung abspielten (Abb. 7, Seite 47). Dieser Hauptraum »vereinigte ursprünglich eine sehr große Zahl der verschiedensten wohn- und hauswirtschaftlichen Arbeitsvorgänge, vor allem Essen, Kochen, Schlafen, täglicher Aufenthalt und häusliche Arbeit«[33]. In Nordfriesland und Schleswig heißt dieser Hauptraum Pesel. »Der alte Pesel [...] war ein noch sehr urtümlicher Wohnraum [...]. Aber er diente den verschiedensten Zwecken, die man heute zum eigentlichen Wohnen in eingerem Sinne nicht hinzurechnet: der Arbeit, dem Kochen, wohl auch der Speicherung von Vorräten, der Pflege gefährdeten Kleinviehs usw.«[34] Der Herdraum war also der Hauptraum, in ihm konzentrierte sich das wirtschaftliche Leben. Die Feuerstelle, die bei den ärmeren bäuerlichen Schichten direkt auf dem Boden lag und erst später zu einer erhöhten und geschützten Herdstelle wurde, bildete den Mittelpunkt der bäuerlichen Arbeit der Frau.[35] (Abb. 8, Seite 48)

Wenn allgemein in der historischen Hausforschung, also auch in der zu den frühen Stadthäusern, davon ausgegangen wird, daß es zunächst einen zentralen, multifunktionalen Raum gab[36], greift man zurück auf diesen alten bäuerlichen Herdraum als Urform der räumlichen Mischnut-

Hausgrundriß von der Wurt Feddersen Wierde, Länge 35 m

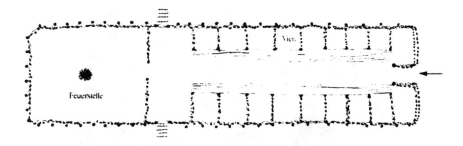

Grundriß des ehemaligen Hauses Kästorf Nr. 18, Länge 18 m

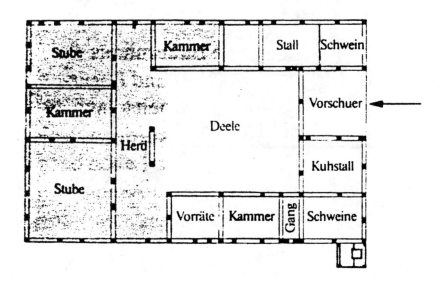

Abb. 6
Quelle: W. Habicht: Dorf und Bauernhaus im deutschsprachigen Lothringen und Saarland, Saarbrücken 1980, S. 431

Abb. 8: Arbeit für den direkten Gebrauch
Quelle: Essen und trinken, Jg. 1985, Nr. 4

zung innerhalb des Hauses. In diesem Herdraum war der Platz der Bäuerin so angeordnet, daß sie das gesamte Haus überblicken konnte. Wie an einem Regiepult ordnete und kontrollierte sie die innerhäuslichen Vorgänge der bäuerlichen Hausökonomie. In den wirtschaftlich besser gestellten bäuerlichen Hausökonomien besaßen die Eheleute eine Schlafkammer, einen kleinen Koben, der aus einem oder zwei Betten bestand, von dem ebenfalls die Möglichkeit bestand, auch bei zugezogenen Vorhängen das häusliche Geschehen im Herdraum zu überblicken.[37] Erst im 19. Jahrhundert wurden die großen bäuerlichen Hallenhäuser baulich nach Nutzungen differenziert, einzelne Kammern und die Ofenstube eingebaut, die von außen geheizt wurde und deshalb ohne Rauch war. Vorher jedoch lebten Familie und Hausgesinde in einem Raum und dies ohne Scham und Komplikationen. Die Hausformen der mitteldeutschen Regionen lassen sich auf das sog. »Ernhaus« zurückführen. Schepers prägte diesen Begriff und meint damit jene Hausformen, »deren Entwicklung [...] vom Herdraum aus geht«[38]. Auch im oberdeutschen Raum war, wie im mittel- und niederdeutschen, die Herdstelle zentraler Punkt räumlicher Organisation in der bäuerlichen Wirtschaft. Somit haben alle drei bauliche Grundtypen vorindustrieller ländlicher Hausökonomien die innerhäusliche Zentralität der Arbeit für den direkten Gebrauch gemeinsam.

In den unterschiedlichen Gebietslandschaften, die aufgrund der historischen Hausforschung klassifiziert werden, war dieser Hauptallzweckraum vorhanden. Er war bei den armen bäuerlichen Hausökonomien karg, bei den bessergestellten bescheiden ausgestattet. (Abb. 9, Seite 50)

Außer Kisten bzw. Truhen, Bänken, die sowohl zum Sitzen wie zum Schlafen dienten, Tisch und Schemel war wenig vorhanden. Raumaufteilung und Einrichtungsgegenstände richteten sich ausschließlich nach dem wirtschaftlichen Nutzen. Viele häusliche Arbeiten wie backen, waschen, spinnen und sich reinigen sind in den Außenraum des Dorfes verlagert worden. (Abb. 10, Seite 51)

Der Bauernhof war die bauliche und räumliche Entsprechung der »Ökonomie des ganzen Hauses«. Die enge Verzahnung aller ihrer Arbeiten schlug sich im Herd- und Allzweckraum nieder, der neben der Arbeit für den direkten häuslichen Gebrauch auch der Regeneration diente. Er war der Mittelpunkt des häuslichen Lebens und nahm fast die gesamte Fläche des Hauses ein. Aufgrund der geschlechtlichen Arbeitsteilung in »hausnahe« und »hausferne« Arbeit in der bäuerlichen »Ökonomie des ganzen Hauses« war dieser Hauptraum vorwiegend Arbeitsraum der Frauen. Sie verfügten somit aufgrund ihres hausnahen Arbeitsbereichs über den zentralen häuslichen Raum.

Abb. 9: Bäuerlicher Hausrat im Mittelalter
Quelle: Aus dem Alltag der mittelalterlichen Stadt, Handbuch zur Sonderausstellung im Bremer Landesmuseum, Bremen 1982

Abb. 10: Molkerei
Quelle: Marie Lise Göpel (Hrsg.): Frauenalltag durch die Jahrhunderte. Ein Bilder-Lesebuch, München 1986, S. 80

4 Hausökonomien im städtischen Handwerk und Kleinhandel

Im 13./14. Jahrhundert hatten sich in den Städten neue soziale Stände herausgebildet, die neben dem alten feudalen Stand und dem abhängigen bäuerlichen Stand die soziale Struktur der Gesellschaft bestimmten. Der alte, ländlich begründete Feudalstand fand sich auch in den Städten wieder. Hinzu kam ein neuer Stand städtischer Macht, die Patrizier. Während sich die Herrschaft der Adelshäuser auf Grund und Boden bezog, bildete der im großen betriebene Handel, insbesondere der Fernhandel, die Macht der Patrizier. Unter diesen beiden oberen Ständen rangieren die handwerklichen und kleinhändlerisch arbeitenden Hausökonomien. Rein quantitativ waren sie am häufigsten in den Städten vertreten. Sie waren diejenigen, die sich als »freie Bürger« in den Städten ansiedelten und sie im wesentlichen ökonomisch trugen.[39] (Abb. 11, Seite 53)

Doch eine »Ökonomie des ganzen Hauses« benötigte Arbeitskräfte. Dies waren in der Regel die Menschen, die von einer bäuerlichen Hausökonomie, in der sie bis dahin gearbeitet und gelebt hatten, in die Städte kamen und dort wirtschaftlichen Aufstieg erhofften. Wirtschaftlicher Aufstieg ging damals nur über die Gründung einer »Ökonomie des ganzen Hauses«. Da sie aber vorerst wirtschaftlich nicht in der Lage waren, eine eigene Hausökonomie zu gründen, verdingten sie sich in handwerklich und kleinhändlerisch arbeitenden Hausökonomien. Einige von ihnen lebten außerhalb der »Ökonomie des ganzen Hauses« und gehörten zu den Armen, zu dem untersten Stand in den Städten.

In der historischen Bauforschung zu städtischen Häusern im Mittelalter ist leider sozial wenig differenziert gearbeitet worden. Vor allem werden die Häuser der herrschaftlichen »Ökonomien des ganzen Hauses« untersucht und beschrieben, ohne weiter auf deren ökonomische und soziale Bedingungen einzugeben. Die Patrizierhäuser wie auch die Stadtburgen und Paläste der Feudalherren waren reich geschmückt, meist aus kostbaren Materialien gebaut und prächtig ausgestattet, sie wurden gepflegt und erhalten, wohingegen die einfacheren Häuser der mittleren Stände keine Beachtung fanden und verfielen. In einer Baustilkunde vom Ende des letzten Jahrhunderts ist zu lesen, daß es in der Fassade der mittelalterlichen Häuser einen erheblichen schichtenspezifischen Unterschied gegeben hat. Während die Handwerker- und Kleinhändlerhäuser im Erdgeschoß große Fenster und Türen besaßen, wird am Beispiel Kölns und des oft zitierten Hauses Overstolz gezeigt, daß die Häuser der Patrizierfamilien eine andere Straßenfront hatten. »Hier befand sich jedenfalls nach der Straße zu ein Flur, der nicht mit großen Fenstern versehen, sondern höchstens durch Schlitze beleuchtet war, hinter welchen der Besit-

Abb. 11: Arbeit für den Tausch (Holzschnitt aus dem 15. Jahrhundert)
Quelle: Informationen zur Ausstellung des Kreisheimatmuseums Gifhorn, Gifhorn 1983, Bd. III, S. 12

zer des Hauses Armbrustschützen aufstellte, wenn seine demokratischen Mitbürger unbärdig wurden [...]. Ist doch ein Erdgeschoß ohne Fenster bis zum Schlusse des Mittelalters in allen Ländern das Zeichen gewesen, daß das Haus einen vornehmen Besitzer hatte.«[40]

Trotz der für die Häuser der verschiedenen Stände ungleichgewichtigen Erkenntnisse in der Bauforschung will ich im folgenden mittels der Zusammenfügung ihrer Ergebnisse mit ökonomischen und sozialen jener Zeit versuchen, die innerhäuslichen Bedingungen des neuen Typs der »Ökonomie des ganzen Hauses« herauszukristallisieren. Mit der detaillierten und konkreten Darstellung der Arbeit für den direkten Gebrauch, der Konstruktion und des Zuschnitts der Gebäude sowie ihrer Einrichtungen und Hausratsgegenstände will ich meine These belegen, daß in diesem zweiten Typ die direkte Gebrauchswirtschaft die baulich-räumlichen bzw. häuslichen Strukturen ebenso bestimmte wie die Tauschwirtschaft.

Auch für die Untersuchungen der historischen Hausforschung zum städtischen Haus gilt – wie für das ländliche –, daß die Kriterien und Interpretationen allein aus Sicht der Tauscharbeit entwickelt worden sind. Die in heutiger Sicht befangenen Verfasser subsumieren die direkte Gebrauchsarbeit und ihre Räume nicht unter Arbeit und Wirtschaft – notwendig und gleichgewichtig wie die Tauscharbeit –, sondern unter Wohnen, Regeneration und Geselligkeit.

4.1 Die Arbeit für den direkten Gebrauch

Die räumliche Aufteilung im Hause sowie seine Einrichtung waren Resultate gesellschaftlicher Prozesse, sie wurden vor Industrialisierung und Massenkultur vorwiegend nach dem direkten Gebrauchswert gestaltet. Der Gebrauchswert eines Hauses richtete sich wie das gesamte häusliche Zusammenleben nach wirtschaftlichen Gesichtspunkten. Dies galt nicht nur für die bäuerliche »Ökonomie des ganzen Hauses«, sondern auch für die städtische, an der neu war, daß zur Arbeit für den eigenen Gebrauch die für den Tausch zum Zwecke des Gewinns hinzukam. Die Produktion für den eigenen Gebrauch und die Produktion für den Tausch waren die wesentlichen Maximen, nach der ein städtisches Grundstück eingeteilt wurde.

Deshalb sollen zunächst die Inhalte der Arbeit, nach denen sich die baulichen und räumlichen Bedingungen ausrichteten, beschrieben werden, denn um meine Absicht zu verfolgen, die Relevanz direkter Gebrauchsarbeit für Hausstrukturen sichtbar zu machen, ist es zunächst erforderlich, die so wenig beachtete Arbeit selbst darzustellen.

In der vorindustriellen Gesellschaft gehörten Nahrungsherstellung, Vorratshaltung und Nahrungszubereitung zu den wesentlichen Arbeiten für den direkten Gebrauch. In den Städten wurden Gemüse und Obst angebaut, auch die Viehhaltung war in den meisten städtischen Hausökonomien üblich. Pflanzliche Produkte wurden in den Hausgärten, auf der Allmende oder auf den außerhalb der Stadtmauern liegenden Feldern angebaut. Kuczynski betont, daß »die meisten Ratsherren, Handwerker und Händler eigene Gärten, Viehställe und Felder hatten«, und er stellt die Vermutung auf, »daß etwa vier Fünftel der Produktion überhaupt nicht auf dem Markt erscheinen, sondern von den Produzenten selbst und denen, an die sie Abgaben zu leisten haben, verbraucht werden«[41]. Auch Heidi Rosenbaum zitiert eine historische Untersuchung zur Geschichte der Stadt Durlach, wo jede Hausökonomie »auch noch seine Stücke Land, Gärten, Äcker und Weinberge und etwas Vieh besaß«[42].

Daß die Arbeit für den direkten Gebrauch Arbeit der Frauen in der städtischen Hausökonomie war, wird am Beispiel von Frankfurt deutlich; es verdeutlicht aber auch, wie umfassend diese Arbeit war, daß sie entsprechende Flächen und Raum beanspruchte: »Sie versorgte das Vieh und verarbeitete selbst das Fleisch im Hause. Sie zog im eigenen Garten Obst und Gemüse und machte es für den Winter haltbar. Sie stellte Wein, Bier und Säfte her und lagerte sie ein. Lichter wurden gegossen. Seifen gesotten.«[43]

Der Anbau von Wein war in den südlich gelegenen Städten Deutschlands allgemein gängig. In Frankfurt beschränkte der Rat der Stadt den Anbau von Wein. »Ein Großteil der Frankfurter Gemarkung war mit Weingärten bedeckt. Der Rat erließ wiederholt Verordnungen, in denen er die Umwandlung von Acker- und Gemüseland in Weingärten verbot. Die Stadt konnte sich den Verlust von Anbauflächen für Nahrungsmittel nicht leisten.«[44] Für den Anbau von Hopfen gab es dagegen keine Beschränkung. Beide, die Weinkelterei wie auch die Bierbrauerei, unterlagen keinen zünftigen Beschränkungen. Sie gehörten zur Produktion für den eigenen Bedarf oder später zum freien Gewerbe und wurden von Frauen ausgeübt.[45]

Alle diese Aussagen belegen, wie wichtig Feld- und Gartenwirtschaft für die Existenz der städtischen Hausökonomien waren. Sie galten vorwiegend dem eigenen Bedarf, waren damit Arbeit für den direkten Gebrauch und aufgrund der geschlechtlichen Arbeitsteilung Frauenarbeit. Ihr Flächenanspruch, ihre wirtschaftliche Wichtigkeit bestimmten die räumlichen Strukturen oft maßgeblicher als die Arbeit für den Tausch. Zu Anbau, Ernte und Verarbeitung pflanzlicher Nahrungsmittel, die die wichtigste Ernährungsgrundlage bildeten, kam die Versorgung mit tierischen.

Auch die Viehhaltung nahm einen beträchtlichen Bereich innerhalb der Arbeit für den direkten Gebrauch und damit der Frauenarbeit in den städtischen Handwerker- und Kleinhändlerhausökonomien ein.[46] Wie üblich die Tierhaltung in der städtischen Hausökonomie war, läßt sich ebenfalls am Beispiel von Frankfurt zeigen. Dort war sie soweit verbreitet, daß der Rat die Tierhaltung wegen der damit verbundenen Verschmutzung der Straßen beschränken mußte.[47] Hühner, Gänse, Enten und Schweine waren u.a. ständige Benutzer öffentlicher Straßen und Plätze. Zur Viehaltung in einem städtischen Bürgerhaus der Stadt Münster bemerkt der päpstliche Nuntius Fabio Chingi: »Unter gemeinsamem Dach wohnen Bürger und trächtige Kühe, und mit dem stinkenden Bock auch die borstige Sau. Über die Diele in Hast gehts in die Koben hinein, krähend und schnatternd begrüßt von einer fröhlichen Schar: Gänse, Enten und Hühner und Hähne mit prächtigen Kämmen, Hund und Katz und Schaf, traulich vereint mit dem Pferd. Hierher gehen Vater und Mutter, Gesinde und Kinder in die Küche hinein.«[48]

Dieses Zitat zeigt nicht nur die Wichtigkeit der Tierhaltung für die ökonomische Existenz und den Anteil, den sie an der Gebrauchswirtschaft hatte, sondern auch, daß es keine räumliche Trennung gab nach »Wohnen und Arbeiten« im heutigen Sinne, keine soziale nach Geschlechts- und Schichtenzugehörigkeit, nicht einmal die zwischen Mensch und Tier. Kaum ein Zitat belegt deutlicher, daß es sich auch in städtischen Hausökonomien um die »Ökonomie des ganzen Hauses« handelte, die räumlich eng verknüpft und wesentlich durch die Arbeit für den direkten Gebrauch geprägt war.

Vor dem Winter wurden die Tiere in den Hausökonomien geschlachtet und verarbeitet. Das Fleisch wurde geräuchert oder eingepökelt, um es lange haltbar zu machen. Fische wurden gesalzen und geräuchert. Dies verweist auf den zweiten wichtigen Bereich der direkten Gebrauchsarbeit neben der Herstellung von Subsistenzmitteln: den der Verarbeitung, die Vorratshaltung. Den Bewohnern der mittelalterlichen Städte war es selbstverständlich, Nahrungsgüter über ein Jahr hinweg einzulagern. Gerade für die ärmeren Handwerker- und Kleinhändlerschichten bedeutete die Vorratshaltung viel. Die meisten Lebensmittel wurden in Salz eingelegt und in Fässer und hohe Töpfe gepackt. Obst und Beeren wurden gedörrt und zu Mus gekocht. Getrocknete Gemüse, z.B. Linsen und Erbsen, hob man in Säcken und Körben auf. Essig, Öl und Bier bewahrte man in großen Krügen. Im Frankfurt des 15. Jahrhunderts war jeder Bürger sogar verpflichtet, einen Mindestvorrat an Getreide einzulagern, um Mißernten und Hungersnöten begegnen zu können.

Der Brei blieb über lange Zeit das häufigste Nahrungsmittel. Nach lokalen Anbaugebieten unterschiedlich verwendete man Hirse oder Hafer für die Zubereitung von Brei.[49] Zahlreiche Volksweisheiten belegen ebenfalls die Relevanz des Breis für das Volk. Um ins Schlaraffenland zu gelangen, muß man sich durch Berge von Brei essen und in ihrer Einfalt fütterten die Bauern den Kirchturm mit Brei, damit er höher werde. Die Zubereitung des Breis erfolgte sowohl in flüssiger Form wie auch fest gebraten in Fladen. Obwohl dies zunächst einfach klingt, soll es nicht darüber hinwegtäuschen, daß die Arbeit dennoch recht vielfältig war. Im norddeutschen Raum war der Anteil des Fleisches an der Nahrung gering, dort wurde statt dessen Fisch gegessen.[50] Insgesamt ist für den Ernährungsstandard der breiten städtischen Hausökonomien anzunehmen, daß sie vorrangig Wasser und Bier tranken, daß sie als wichtigstes Nahrungsmittel den Brei kannten, aber als Zulagen auch Gemüse, Obst, Fisch und Fleisch auf den Tisch brachten. (Abb. 12, S. 58)

Der hohe Anteil der Arbeit für den direkten Gebrauch in den handwerklichen und kleinhändlerischen Hausökonomien liegt also vor allem in der Produktion, Verarbeitung und Vorratshaltung pflanzlicher und tierischer Nahrungsmittel sowie der Getränkeherstellung. Dieser hohe Grad an Selbstversorgung war als Arbeit für den eigenen Bedarf Arbeit der Frauen und beanspruchte sie voll. Wenn man die Vielfältigkeit und Größe der rentabilitätsorientierten Branchen der Tauschwirtschaft, die Handwerks- und Industriebetriebe bedenkt, die später diese Arbeit übernommen haben, wird der Wirtschaftsfaktor dieser Arbeit in der Hausökonomie deutlich.

Die Zubereitung der Speisen beschränkte sich dagegen meist auf die einfachste Art. Oft wurde kalt gegessen. Auch die Darreichung der Mahlzeiten war denkbar einfach. Meist stand nur ein Topf auf dem Tisch, aus dem mit Löffeln der Brei, die Suppe oder auch gekochtes Gemüse gegessen wurden. Wenn es Fleisch gab, schnitt jeder sich ein Stück ab. Norbert Elias schildert anschaulich den Vorgang des Essens bei den mittleren und unteren Ständen, zu denen ja auch die städtischen handwerklichen und händlerischen Hausökonomien gehörten: »Man sieht die Menschen bei Tisch sitzen. Der Becher und das gut gesäuberte Messer zur Rechten, zur Linken das Brot. Das ist das Tafelgedeck. Messer tragen die meisten bei sich. Gabeln gibt es kaum. Oder allenfalls nur zum Herübernehmen des Fleisches von der Platte. Messer und Löffel werden sehr oft gemeinsam verwandt. Es ist nicht immer für jeden ein Gerät da.«[51] Für aufwendige Tischsitten blieb damals wenig Zeit übrig. Nicht die geschmackvolle Zubereitung von Speisen nach differenzierten Rezepten war wichtig, sondern die gehaltvolle Sicherung der Ernährung, nicht der »gedeckte« Tisch,

Abb. 12: Gedeckter Tisch in einem Göttinger Haus um 1400 (Rekonstruktion)
Quelle: Ansichtspostkarte des Städtischen Museums Göttingen

sondern die Sättigung, nicht die pflegliche Nachbereitung von Geschirr, Besteck und Tafeltuch, sondern die Deckung des Hungers. Für die Sauberkeit des eigenen, bei sich getragenen Messers hat jeder selbst zu sorgen, die weggeworfenen Nahrungsabfälle fraß das Vieh, es leckte den Boden ab. (Abb. 13, S. 60)

Welchen Stellenwert die Arbeit für den Gebrauch in den Handwerkerhäusern besaß, läßt sich daran ablesen, daß Qualität und Quantität der Nahrung sowie die Unterkunftsbedingungen in die arbeitsvertraglichen Regelungen zwischen Meister und Bediensteten eingehen. Die arbeitsvertraglichen Regelungen, die innerhalb der Zünfte und Gilden beschlossen wurden, bezogen sich nicht nur auf Betriebsgröße und Produktionsumfang bezüglich der Arbeit für den Tausch, sie integrierten die Arbeit für den direkten Gebrauch.[52] Sie berücksichtigten die gegenseitige Ergänzung beider Wirtschaften in der »Ökonomie des ganzen Hauses«: ging das Geschäft der Arbeit für den Tausch weniger gut, bekommen Gesellen und Gesinde eine dünne Suppe, weil im gebrauchswirtschaftlichen Bereich ausgeglichen wurde; war die Produktivität gebrauchswirtschaftlicher Arbeit sehr hoch, erhielten Gesellen und Gesinde nicht nur bessere Nahrung, sondern ein Teil davon wurde auf dem Markt angeboten und gab der eigentlichen Arbeit für den Tausch ihre Existenzbasis, ohne selbst zur Tauschwirtschaft in der Hausökonomie zu gehören. So wird über den Arbeitsvertrag folgendes berichtet: »Worüber der Geselle andererseits zu klagen hatte, das war die schlechte, unzulängliche Kost und das böse Lager. Auch seine Stellung im Hause war nicht stets eine beneidenswerte. Händel und Zwistigkeiten zwischen ihm und dem Meister und der Meisterin waren nichts seltenes. Besonders wegen der Kost kam es wohl häufiger zu Mißhelligkeiten. Und wenn die Reichspolizeiordnung von 1548 auf der einen Seite den Gesellen verbot, sich auszubedingen, was und wieviel man ihnen jederzeit zu essen und zu trinken gebe, so bestimmte sie doch auch auf der anderen Seite wieder, daß die Meister ihre Knechte dermaßen halten sollten, daß sie zu klagen keine Ursache hätten.«[53] Oft wurde sogar die Nahrung bis ins Detail festgelegt.[54]

Um den quantitativen Aufwand der direkten Gebrauchsarbeit, die, wie wir gesehen haben, hauptsächlich aus Produktion, Verarbeitung und Vorratshaltung von Nahrungsmitteln bestand, zu verdeutlichen, folgt die Beschreibung damaliger Größe und Struktur der Gruppe, die in einer Hausökonomie zusammenlebte. Heidi Rosenbaum nimmt im Hinblick auf die Anzahl der Arbeitskräfte in den handwerklichen und kleinhändlerischen Hausökonomien eine durchschnittliche Anzahl von 4–5 Personen an.[55] Auch in den städtischen Hausökonomien war die Drei-Generationen-Verwandtschaftsfamilie selten. Mitterauer weist da-

Abb. 13: Tischsitten
Quelle: Ingeborg Weber-Kellermann: Die Familie. Geschichte, Geschichten und Bilder, Frankfurt/M. 1976, S. 54

rauf hin, daß dies in der hohen Mobilität des gewerblichen Nachwuchses begründet gewesen sei. Der vor der Hochzeit, also vor der Gründung einer eigenen Hausökonomie übliche Wanderzwang ließ die gewerblichen Arbeitskräfte, auch wenn sie die leiblichen Kinder waren, spätestens nach der Lehrzeit das elterliche Haus verlassen. Allein die Gewerbe mit einer teuren technischen Ausstattung zeichnen mehr Drei-Generationen-Hausökonomien.[56] Rosenbaum weist auf den gängigen Irrtum hin und belegt, daß die Vorstellung von früher üblichen Drei-Generationen-Familien revisionsbedürftig ist.[57] Gleiches gilt für die Vorstellung von einer großen Kinderschar, denn diese war äußerst selten. Hohe Kindersterblichkeit und Geburtenregelung waren die wesentlichen Gründe der geringen Anzahl von Kindern. Die städtischen Hausökonomien hatten eine Regelung geschaffen, die Kinderarbeit für den Tausch verbot. So arbeiteten die Kinder für den direkten Gebrauch der »Ökonomie des ganzen Hauses«.

Zur städtischen Hausökonomie gehörten Gesellen, Lehrlinge und Gesinde. Die Chance, Meister zu werden, folglich einen eigenen Hausstand mit Nachwuchs zu gründen, hatten Gesellen und Lehrlinge, kaum aber das Gesinde. Gesinde waren Arbeitskräfte für den direkten Gebrauch. Rosenbaum sagt, daß die Anzahl des Gesindes nach der wirtschaftlichen Lage der Hausökonomie unterschiedlich war. Auch Riehl betont die Existenz des Gesindes in der »Ökonomie des ganzen Hauses«. Er spricht von »Ingesinde«, die auch zu einer handwerklichen Hausökonomie gehörten.[58] Zur Hausökonomie gehörten also Arbeitkräfte, die der Tausch- bzw. Gebrauchswirtschaft dienten, aber nicht in verwandtschaftlicher Beziehung zum Meister standen und selbst keinen eigenen Hausstand gründen durften noch ökonomisch konnten.

Allgemein üblich und eine Notwendigkeit wirtschaftlicher Existenz war, daß es neben dem Meister eine Meisterin gab. Nur vorübergehend, bedingt durch Todesfälle, gab es Witwer- und Witwenbetriebe. »Die zentralen Positionen des Hausherrn und der Hausfrau mußten besetzt sein und waren es in der Regel auch.«[59] Auch dies ist ein Indiz für die Notwendigkeit der Arbeit für den direkten Gebrauch und ihre Verzahnung mit der Arbeit für den Tausch in der städtischen »Ökonomie des ganzen Hauses«. »Das Handwerk und der Rat sind übereingekommen, daß kein Schustermeister das Handwerk hier erwirbt oder arbeitet, er sei dann Bürger hier zu München und hat einen eigenen Raum und eine Werkstatt und ein Eheweib oder er sei Witwer.«[60] »Die Hauptaufgabe der Meisterin lag in der Führung des Haushaltes, die im Hinblick auf die Zahl der gewerblichen Mitarbeiter mitunter sogar noch zusätzliche weibliche Arbeitskräfte notwendig macht.«[61]

Der Heiratszwang zukünftiger Handwerksmeister rührte aus der Tatsache, daß diese Arbeiten unerläßlich und nicht subsituierbar waren, also eine Meisterin in der Hausökonomie unerläßlich war, die wie der Meister über Gesellen und Lehrlinge und die Tauschwirtschaft, über das Gesinde und die Gebrauchswirtschaft wachte. Äußeres Zeichen der inneren Gleichgewichtigkeit beider Arbeitszwecke in der städtischen »Ökonomie des ganzen Hauses« waren die Namensinschriften vom Meister als Repräsentant der Tauschwirtschaft und von der Meisterin als Repräsentantin der direkten Gebrauchswirtschaft im Zierbalken an der Fassade.

Zu ihrem Aufgabenbereich zählte auch die Versorgung der Kinder. Kinderaufzucht war Teil der Arbeit für den direkten Gebrauch, aber reduziert auf das materiell Nötigste gemäß den Anforderungen der »Ökonomie des ganzen Hauses«. Zunächst wurden sie – nach dem Stillen – mit den alltäglichen Mahlzeiten großgezogen und später mußten sie sich wie alle ihr Essen mit Arbeit in der Hausökonomie verdienen. Kleinkinder wurden gewickelt, damit sie unbeweglich waren, oder sie wurden in eine Vorrichtung gesperrt, in der sie nur im Karree oder im Kreis herumlaufen konnten.[62] Später nahmen sie am Leben in der Hausökonomie teil und genossen weiter keine besondere Fürsorge und Aufmerksamkeit. Philipp Ariès kommt in seiner historischen Untersuchung zu dem Schluß, daß Kinder so nebenbei aufwuchsen.[63] Damit sie nicht den alltäglichen Arbeitsverlauf in solch einer Hausökonomie des städtischen Handwerks und Kleinhandels störten, wurden ihnen auch Beruhigungsmittel verabreicht. »Neben heftigem Wiegen der Kinder wurden ihnen Mohnaufgüsse, Opium, Branntwein eingeflößt. Man kann sich leicht vorstellen, daß die hohe Kindersterblichkeit auch hierin eine Ursache hatte.«[64]

Die Arbeit der Frauen, bestand also aus einem großen Anteil aus Nahrungsmittelproduktion und -zubereitung wie auch aus einer umfangreichen Vorratshaltung und aus einem geringen Anteil an Pflege, Reinigung und Kinderversorgung. Insgesamt setzten sich die Nutzungen der innerhäuslichen und hausnahen Räume aus den Arbeiten für den direkten Gebrauch, Arbeiten für den Tausch und der Regeneration zusammen. (Abb. 14, Seite 63)

Die letztere bestand im wesentlichen aus Nahrungsaufnahme, Schlafen und in geringem Maße Geselligkeit, d.h. sozialer Kommunikation. Viele dieser Nutzungen waren organisatorisch und zeitlich eng ineinander verzahnt. Essen bedeutete Regeneration, seine Herstellung aber Arbeit für den direkten Gebrauch. Nahrungsaufnahme und -zubereitung gingen Hand in Hand. Die Arbeit für den Tausch vermittelte auch soziale Kommunikation und Geselligkeit.

Abb. 14: »Der Olmacher« (Ölmacher)
Quelle: Anke Wolf-Graaf: Die verborgene Geschichte der Frauenarbeit. Eine Bildchronik, Weinheim und Basel 1983, S. 34

Die Überlappung der verschiedenen Nutzungen – oder man kann auch sagen, die starke Integration der verschiedenen Arbeitsfelder und Lebensbereiche – zeigte sich auch räumlich. Die Küche war auch Kantine, die Werkstatt auch Küche, und alles zugleich Orte der sozialen Kommunikation.

4.2 Bauweise und Ausstattung

Die Widerspiegelung der Nutzung, insbesondere der für die direkte Gebrauchsarbeit in den räumlichen Strukturen soll im folgenden dargestellt werden. Ich berufe mich im wesentlichen auf drei Untersuchungen der historischen Hausforschung. Dies sind die sehr allgemein gehaltenen Ausführungen von Moritz Heyne zum deutschen Wohnungswesen von den »ältesten geschichtlichen Zeiten bis zum 16. Jahrhundert« aus dem Jahre 1899, die spezifisch Köln untersuchende Arbeit von Edith Wurmbacher von 1932 zum Wohnungs- und Kleiderwesen sowie die auf beide aufbauende Studie von Maria Schmidt aus dem Jahre 1965 über das Wohnungswesen der Stadt Münster im 17. Jahrhundert.[65]

Trotz regionalspezifischer Gesichtspunkte in den Untersuchungen lassen sich Übereinstimmungen erkennen, die allgemeingültige Aussagen zulassen. Dies gilt auch für die unterschiedlichen Zeiträume, deren Differenz nicht viel Bedeutung zu haben scheint. Um die räumliche Dimension wie auch die Bauweise der städtischen Hausökonomien kurz zu kennzeichnen, sei zunächst die Beschreibung eines städtischen Doppelhauses zitiert: »Jedes der beiden Einzelhäuser hat eine Frontlänge von 4,5 Meter, das ganze Doppelhaus also von 9 Meter. Wenig größer ist auch die Tiefe der Häuser, sie haben außer den 3 Meter im lichten hohen Erdgeschoß noch zwei Stockwerke, von denen das erste 2,5 Meter, das zweite gar nur 2 Meter lichte Höhe hat ...« Über die Bauweise heißt es: »War vom Zimmermann das Gerippe des Hauses hergestellt, so konnte der Besitzer dasselbe mit Hilfe seiner eigenen Leute fertigstellen, indem er mit unabgeschälten Zweigen und Aststücken, die mit Lehmstroh umwickelt wurden, sich Wände in dieses Gerüst einflocht. Nur für wenig Theile mußte der Maurer sorgen, so für die Schlote und Feuerstellen. Die Deckung des Daches mit Stroh, Schindel oder selbst etwa Ziegeln konnte der Besitzer gleichfalls selbst besorgen; doch war Ziegel- oder gar Schieferdeckung auch in den Städten ursprünglich nur auf den Häusern reicher Leute zu finden. Der ehrsame Handwerksmeister begnügte sich mit Stroh. Er erhielt, wenn er das Holz aus dem Stadtwalde bezog, ein billiges Haus, das er leicht bezahlen konnte.«[66]

Vielfach mußten sich die Erbauer der Häuser nach städtischen Verordnungen richten, z.B. in Baumaterial, Bauform und nachbarschaftlichen Grundstücksrechten. Die Feuergefahr war Anlaß, so weit wie möglich die Hausbauer dazu zu veranlassen, daß sie ihre Erdgeschosse und ihre Schornsteine aus Stein bauten. Da die Straßenfront teuer war, waren viele mittelalterliche Grundstücke handtuchartig und dies zwang zum Bauen in die Tiefe. Die Häuser waren meist durch dicke Brandmauern oder durch »Winkel«, geringe Abstände, voneinander getrennt.

Die handwerklichen und kleinhändlerischen Hausökonomien versuchten das teure, enge Grundstück zur Straße hinaus zu erweitern, d.h. ihre Nutzfläche zu vergrößern. So wurden z.B. die Hauseingangszonen mit Straßenvorbauten versehen und die Fenster zur Straße vorspringend gebaut. Heyne schreibt, daß man sich durch solche Vorbauten den Vorteil sicherte, z.B. »einen Schweinestall bequem nach der Straße hinaus zu legen«[67]. Ebenso war es allgemein üblich, daß die Handwerkerökonomien ihre Fensterläden nach oben und unten zur Straße hinaus klappten und darauf ihre Waren feilboten: »An der Vorderfront des Erdgeschosses wurden in der Horizontalen hölzerne Klappen geöffnet. Die untere diente als Verkaufstisch, die obere als Sonnen- und Regendach.«[68]

Um die Straßen nicht zu versperren, hatte der Frankfurter Stadtrat die Klappläden limitiert. Sie durften nur eineinhalb Werkschuhe, d.h. 42 Zentimeter, vorstehen, und die Haustüren hatten sich nach innen zu öffnen. Oft sprangen jedoch nicht allein im Erdgeschoß Vorbauten in den Straßenraum hinein, sondern später, nachdem dieses verboten wurde, die oberen Geschosse. In Münster existierten die »Bogenhäuser« mit ihren Arkaden.[69]

Für Münster nennt Maria Schmidt folgende Regelung: »Über Wegen müssen die nach außen angebrachten Fenster so hoch angebracht werden, daß sie dem Verkehr nicht hinderlich sind.«[70] Dieser hohe Abstand vom Boden erlaubte weder ein Hinaus- noch Hineinsehen. Überhaupt bedurfte es der Beachtung vieler rechtlicher Bestimmungen, wenn man die Fenster öffnete und sie über die Grundstücksgrenze hinausragten. »Hat man Eigentumsrechte an der Sode (schmaler Abstand, U.T.) zwischen den Häusern oder am Platz dahinter, so können vinstere uftgehend gemacht werden.«[71] Doch auch dem wurden vom Rat der Städte Grenzen gesetzt. Insgesamt scheint die Vorbauweise eine allgemeine »Plage« des städtischen Bauens gewesen zu sein.

Die Höhe eines Hauses handwerklicher und kleinhändlerischer Hausökonomien betrug in der Regel drei Geschosse. So berichtete Heyne, daß das städtische Bürgerhaus in der einfachen Durchschnittsform, und dies können wir auf die Handwerkerhäuser beziehen, »ein Erdgeschoß, ein

Obergeschoß und ein Dachgeschoß« vorsah.[72] Obergeschoß und Dachgeschoß eines Hauses waren meist nicht ausgebaut. Entweder dienten sie als Abstellräume oder wurden von den Mitgliedern der Hausökonomie als Schlafstellen benutzt. Ärmere Hausökonomien in den großen Städten des 16./17. Jahrhunderts vermieteten diese Räume auch. Für Köln und Augsburg ist dies nachgewiesen worden.[73]

Wenn bei den Häusern ein hinterer Teil vorhanden war, lagen dort die Ställe und Vorratsräume und daran schloß sich der Hausgarten an. Vorderhaus und Seitengebäude und eventuell Hintergebäude bildeten einen schmalen Hof, auf dem nur selten und dann nur bei den wohlhabenden Handwerkern ein eigener Brunnen vorhanden war. Die Stallungen waren auch in Städten übliche Gebäude. Die Wände im Hause waren allgemein kahl und ohne jeden Schmuck. Sie waren entweder einfach getüncht oder »daß man sie ... nur durch Holzbretter abschlägt, oder wo sie von Fachwerk oder selbst Stein gebaut sind, ein einfacher Bewurf läßt«[74].

Der Fußboden im Erdgeschoß bestand aus gestampftem Lehm, im oberen Stockwerk aus Holzdielen. In Köln scheint in den wohlhabenderen Handwerkerökonomien der gestampfte Fußboden im 15. Jahrhundert gedielt worden sein[75]. Heyne faßt es treffend zusammen: »Der Fußboden ist je nach dem Hause und den Räumen darin in mehrfacher Art hergestellt. Je geringer das Haus, desto mehr begnügt es sich mit dem alten Lehmschlag.«[76] Die Zimmerdecken zeigten das Gebälk. Die Fenster stellten ein großes Problem damals dar. Glas war teuer und eine durchschnittliche städtische Hausökonomie konnte sich dieses Material lange Zeit nicht leisten. Anstelle des Glases waren zum Schutz vor Regen und Kälte Holzläden angebracht, manchmal auch Häute, Leinwand und Papier. Heyne berichtet, daß selbst in den großen Städten »die starken und guten Häuser nur wenig und kleine Fenster gehabt hatten, so daß sie des Lichtes entbehrten«[77]. Wenn Fensterglas vorhanden war, füllte es nur die obere Hälfte des Fensters mit Glas aus. Glas war so wertvoll, daß es beim Umzug mitgenommen wurde.[78] Man kann also davon ausgehen, daß in der breiten Handwerkerschicht die Fensteröffnungen meist durch Holzläden verschlossen wurden. Bei kalter Witterung bestand die Möglichkeit, entweder mit offenen Holzläden im Hellen zu frieren oder im Dunkeln etwas wärmer zu sitzen. Es ist leicht vorstellbar, daß unter diesen Bedingungen in der kalten Jahreszeit die Arbeit im Hause nicht leicht war.

Unter diesen Bedingungen hatten Heizen und Beleuchtung einen besonders hohen Stellenwert. Im allgemeinen hatte eine städtische Hausökomomie einen Herd, auf dem gekocht wurde. Später, mit der Abtrennung der Stube, kam ein weiterer Ofen hinzu. Die offene, freiliegende

Herdstelle ohne einen eigenen Rauchabzug war die einfachste und geschichtlich früheste Form der Feuerung. Erst später, in einem zweiten Schritt, wurde ein Herdrahmen zum Schutze vor Funkenflug angebracht. Diese Herdstelle befand sich meist mitten im Raume. Eine zweite Art stellte die offene, seitlich und oben aber ummantelte Herdstelle dar. Sie lag an der Wand, war aber ohne Schornstein. Unten im gemauerten Herd war ein kleiner Backofen eingelassen. Auf der anderen Seite der Wand stand ein gemauerter Stubenofen, der vom Herd aus zu heizen war. Eine dritte Form der Feuerstelle war ebenfalls offen, aber mit einem Rauchfang und Schornstein versehen. In der Feuerwand waren ein oder zwei Backöfen. Zum erhöhten Saal hin ging ein zweiter Heizkamin.

Auch hier galt: je reicher die Handwerkerhausökonomie war, desto mehr Heizquellen besaß sie. Als Brennmaterial für Herd und Ofen wurde hauptsächlich Holz verwendet. »Als schlechtestes Heizgerät dauert die Glutpfanne oder der Gluttopf mit seinem Holzkohlenbrande weiter. Unglücksfälle, die er durch Vergiftung verursacht, werden gelegentlich erwähnt.«[79]

Der Herd diente nicht nur zum Kochen und Wärmen, sondern auch der Beleuchtung, denn Wachs war teuer. Es trat sogar als allgemeines Zahlungsmittel auf, insbesondere bei Abgaben an die Stadt und die Kirche. In der städtischen Handwerker- und Kleinhändlerschicht mußte man sich oft mit dem Schein des Herdfeuers begnügen. »Daß die Flammen des Herdes, oder der Kienspan Diele oder Gemach erleuchten, ist für das frühe Bürgerhaus ganz natürlich und bleibt in ärmlichen Haushaltungen ebenso steter Brauch, wie die Schleise und der Kienspan der Beleuchtung in der Werkstatt dient.«[80] Aber auch flüssiges Fett wurde in eisernen Haltern zum Brennen gebracht.

Die Ausführlichkeit der Darstellung damaliger Bauweise und Ausstattung soll einen Eindruck von den baulichen Arbeitsbedingungen einer handwerklichen und kleinhändlerischen Hausökonomie verschaffen. Diesen Bedingungen unterlagen beide Arbeitszwecke, der des Tauschs wie auch der des direkten Gebrauchs, jedoch in unterschiedlicher Qualität. Der Herd als Heiz- und Lichtquelle war zwar ein gleichermaßen wichtiger Faktor für beide Arbeitszwecke, der Herd als Kochstelle jedoch nur für einen. Die Feuerstelle war ein Hauptarbeitsplatz der Arbeit für den direkten Gebrauch. Der Fensterladen im Erdgeschoß zur Straße war als Lichtquelle für beide wichtig, als Laden, über den die Produkte der Tauscharbeit verkauft wurden, jedoch nur für diesen Arbeitszweck.

Trotz dieses »mehr oder weniger« galt für die »Ökonomie des ganzen Hauses«, daß die Vermischung der Nutzungen groß war und demnach auch die Mehrzweckhaftigkeit von Bauweise und Ausstattung.

4.3 Einrichtung und Hausrat

Auch die mobilen Einrichtungsgegenstände und der Hausrat dienten meist mehreren Funktionen. Ein Becher stellte ein Arbeitsgerät der Nahrungszubereitung dar, ein Objekt, das zu reinigen war; in diesem Sinne war er in zweierlei Art ein Gegenstand der Arbeit. Ein Becher war aber auch ein Gerät, aus dem man trank, also ein Gegenstand der Regeneration.

Noch stärker als in der Beschreibung der Bauweise, Raumaufteilung und Ausstattung wurde in der historischen Hausforschung allein der Schmuckcharakter dieser Dinge gesehen. Deshalb soll hier der Nutzen, die Gebrauchsarbeitsseite von Hausrat und Möbeln betont und auf die Darstellung der Arbeitsgeräte für die Tauscharbeit verzichtet werden, die in Zweck und Form schon oft beschrieben wurden. Sicherlich prägten diese auch die räumlichen Bedingungen der Hausökomomie, doch raumgreifender waren die Arbeitsgeräte der direkten Gebrauchsarbeit, weil sie auch jene Objekte umfaßten, die zur Erholung und Geselligkeit dienten, wie oben am bescheidenen Beispiel des Bechers beschrieben.

Möbel und Hausrat waren herzurichten, aufzustellen und zu säubern. Je mehr davon vorhanden waren, desto mehr Arbeit machten sie. Gemessen an gegenwärtigen Standards gab es in den städtischen Hausökomomien des mittleren Standards wenig Möbel und Hausrat. Die Arbeit für den direkten Gebrauch war – wie vordem dargestellt – vor allem auf Nahrungsherstellung, -verarbeitung und Vorratshaltung gerichtet, die Haushaltsgegenstände mußten daher einfach, von praktischem Nutzen und möglichst unaufwendig sein.

Bett, Truhe, Tisch und Sitzgelegenheit waren die wesentlichsten Einrichtungsstücke. So geht es jedenfalls aus den Studien von Heyne, Schmidt und Wurmbacher hervor. Erst im 16. Jahrhundert bildeten sich Schreiner, die die Schränke fertigten, und Tischler, die vom Bauen von Tischen lebten, als eigenständige Gewerbe heraus. Vorher wurden diese Gegenstände, falls Bedarf da war, vom Zimmermann angefertigt.

Das Bett als ein einer Person eigenes gab es nicht. Betten gehörten zu den Gegenständen der allgemeinen Nutzung der Hausökonomie. »Eltern und Kinder schliefen normalerweise zusammen in einem Raum, häufig auch mehrere Personen in einem Bett.«[81] Mumford betont, daß es erst im späten Mittelalter, d.h. im 15. und 16. Jahrhundert, üblich wurde, ein Bett für sich allein zu haben, und dies auch nur in den wohlhabenden Schichten. Viel später erst, in den Anfängen der Neuzeit zur Industrialisierung, wurde das eigene Bett und dann erst ein spezifisch dafür vorgesehener Raum, das Schlafzimmer, üblich. Bis ins hohe Mittelalter schlief man normalerweise nackt, wenn es die Witterung erlaubte. Körperliche Intimität, Privatheit waren als übliche Einstellungsstandards unbekannt.[82] Zweckgebundenheit ohne emotionale Attitüde an das Haus wird an diesem Beispiel besonders deutlich. Betten waren Zweckgegenstände und keine Refugien individueller Bedürfnisse.

In den Untersuchungen, die sich in der Zeit zwischen dem 15. und 17. Jahrhundert bewegen, wurden zwei Arten von Betten genannt, das Spannbett und die Bettstatt. Das Spannbett war römischen Ursprungs, es tauchte erstmals wieder im 13. Jahrhundert bei den adeligen Ständen auf, verbreitete sich aber schnell. Während es beweglich war und sich hin und herschieben ließ, bestand die Bettstatt aus einem viereckigen Kasten, der fest mit der Wand verbunden war. Die Verwendung der jeweiligen Bettform schien nicht ökonomisch bestimmt gewesen zu sein. Fälschlicherweise wurde oft angenommen, daß die Spannbetten zerlegbar wären und abends aufgeschlagen wurden.[83]

Das eigentlich wertvolle am Bett war das Bettzeug. Oft war es üblich, daß der Strohsack einfach auf den Boden gelegt wurde und man dort schlief. »So schläft wohl im späten Mittelalter der unbegüterte Mann noch durchweg.«[84] Dies galt auch wohl für die unbegüterte Frau! Das Bettzeug bestand in der Regel aus Strohsack, Kopfkissen und Decken. Auch wohlhabende Bürger scheinen in Köln nur selten Federdeckbetten zu gebrauchen.[85] Während das Spannbett einen Sack aus Stroh benötigte, wurde in die feste Bettstatt das Stroh oft lose hineingelegt. Reichere Hausökonomien hatten zwei oder drei Kopfkissen, Pelzdecken und Laken. Je höher gefüllt ein Bett war, um so mehr zeugte es von Reichtum und mußte über einen Tritt bestiegen werden. Im Winter wurde besonders oft in der Nähe des Feuers geschlafen. Aus den Münsteraner Urkunden geht eindeutig hervor, »daß das Bett eigentlich in allen Räumen des Hauses seinen Platz haben kann, vor allem natürlich in der Kammer, ... in der Küche oder auf der Deele«[86].

An der Beschreibung des Bettes wird deutlich, daß es in der Hausforschung eine wichtige Rolle spielt, vielleicht sogar eine wichtigere als in der damaligen Alltagswelt. Denn häufig legte man sich zum Schlafen nieder, wo gerade Platz war, so auch auf Bänke, auf den Fußboden, in die unausgebauten und nicht eingerichteten Obergeschosse oder ins Stroh zum Vieh. Das Aufstellen und Herrichten der Bettgestelle und des Bettzeugs war viel zu aufwendig, es absorbierte Zeit und Kraft der Arbeit für den direkten Gebrauch.

Auch Sitz- und Tischmöbel sowie Schrankmöbel waren rein zweckgebunden konzipiert und eingerichtet. Die Kleider wurden über das »Kleiderreck«, eine Stange an der Wand, gehängt; in Kisten wurde allerlei aufbewahrt, so z.B. Flachs, Garn, Speck, Fleisch, Korn, Leinen und Geld.[87] Meist gab es mehrere Kisten in einer Hausökonomie, aber nur selten war ein Schrank vorhanden. Zugleich dienten sie als Sitzgelegenheiten. Der zerlegbare Tisch bestand aus Tischplatte und Böcken und wurde vor den Mahlzeiten aufgestellt und anschließend oft abgebaut. Die Tafel wurde »aufgehoben«: Die Platte wurde von den Böcken genommen, wobei Essensreste und das wenige hölzerne, seltener eiserne Geschirr auf den Fußboden fielen. Wichtig war, daß die Nachbereitung des Essens wenig Aufwand verursachte und der von der Tafel beanspruchte Platz wieder für andere innerhäusliche Tätigkeiten zur Verfügung stand. »Der Tisch wurde zwar im Laufe des 15. Jahrhunderts, als er sich immer mehr dem Quadrat näherte, mit seinen Stützen dauerhaft verbunden. Gleichzeitig aber folgt man der alten Gewohnheit des demontierbaren in neuen Typen.«[88] Dies bestätigen auch die Ergebnisse der Studie von Schmidt, die im Münster des 17. Jahrhunderts den zerlegbaren Tischtyp selten gefunden hat, dagegen jedoch Klapp- und Ausziehtische.[89]

Der Stuhl, in heutigen Wohnungen wohl die häufigste Sitzgelegenheit, war damals äußerst selten. Häufiger waren dreibeinige Hocker und Sitze bzw. Bänke, die direkt in die Wandfläche eingearbeitet waren. Giedeon beschreibt den Prozeß der Veränderung im Verhältnis zwischen Tisch und Sitzgelegenheit: »Der Tisch bekommt eine feste Position, und die Sitzgelegenheit wird beweglich. Der Stuhl wird nun an den Tisch, und nicht wie bisher der Tisch vor die feste Bank gerückt.«[90]

Der Hausrat, der zur Nahrungsherstellung und -zubereitung benutzt wurde, war einfach und robust.[91] Die meisten Gegenstände waren in ihrer einfachsten Ausfertigung aus Holz. Neben Holz waren Ton und Eisen die Materialien, aus denen die Arbeitsgegenstände für die gebrauchswirtschaftliche Arbeit hergestellt wurden. Zum metallenen Küchengerät zählten zunächst einmal Kessel, davon waren auch in den ärmeren städtischen Hausökonomien mindestens zwei vorhanden. Ein großer Kessel zum Schlachten und Garsieden, den kleineren für jede Art der Speisezubereitung. Gleiches galt für den Pott, der nicht länglich wie der Kessel, sondern rund gearbeitet war. Daneben gab es Pfannen und in wohlhabenderen Hausökonomien einen Mörser. Schalen und Bottiche bzw. Eimer dienten der Vorratshaltung, aber auch der Zubereitung der Nahrung. So bestand z.B. die Brauereigerätschaft ausschließlich aus Holz. Größere Bottiche waren die Tonnen, die mit einem Deckel versehen außer für Bier auch für Getreide, Mehl, Salz und Kraut verwendet wurden. »Der Tonne gegenüber liegt das Faß noch mehr im Sinne des gebundenen Behälters, wir finden daher die verschiedensten Arten von Fässern: das Fleischfaß, Pökelfaß, Schmalzfaß, Butterfaß, Milchfaß, Rahmfaß, Käsefaß, Lauge-

oder Wäschefaß, oder man bezeichnet es als Standfaß bzw. nach seinem Fassungsvermögen.«[92] Etwas grober gearbeitet waren die Tröge, die z.B. zum Aufbewahren von Asche für das Wäschewaschen dienten[93] oder zum Tränken des häuslichen Viehs.

Die kleineren Gerätschaften aus Holz waren Becher, kleine Schalen, Löffel und Schaufeln und flache Teller, die auch Bretter genannt wurden.[94] Schüsseln, Bottiche, Löffel und Becher waren gängige Haushaltsgeräte im einfachen Volk. Edith Wurmbach schreibt in ihrer Untersuchung, die sich ansonsten hauptsächlich auf das wohlhabende Köln des 16. Jahrhunderts bezieht: »Jedoch wird der Holzbecher neben dem irdenen Krug, nach anderen Städten und Bildern zu schließen, auch in Köln nach wie vor das Trinkgefäß des einfachen Mannes sein.«[95] Dreißig Jahre später, nach neueren Untersuchungen, meint Maria Schmidt: »Es ist anzunehmen, daß – zumindest in ärmeren Schichten – eine weit größere Menge von Holzgeschirr in Gebrauch ist, dies wegen des verhältnismäßig geringen Wertes aber nicht erwähnt wird.«[96]

Maria Schmidt fand in ihren Recherchen meist nur ein Brotmesser in einer städtischen Hausökonomie in Münster vor, »das ebenso ein seltenes Stück zu sein scheint wie ein holtzin kocher mit zwölf schlechten meszszern und einer gabel«[97]. Steinzeug war seltener in Gebrauch. Meist in Form von Krügen, Schüsseln und Pötten.[98]

Einen großen Anteil an den Haushaltsgeräten bildeten die Gegenstände, die zum Herd gehörten. Eiserne Feuerböcke, Zangen, Schippen und ein Pusterohr werden immer erwähnt. Über dem Feuer war ein Kesselhaken angebracht, meist war er in der Höhe zum Feuer verstellbar. »In der Küche ist über dem Feuer die ›hael‹, eine wie eine Säge gezackte verstellbare Vorrichtung zum Aufhängen der Kessel angebracht.«[99] Unmittelbar mit dem Kochherd verbunden war der Bratspieß für Fleisch und Geflügel. »Man hält ihn allerdings nicht mehr, wie in früheren Zeiten, mit der Hand frei über dem Feuer, sondern legt ihn auf zwei Gestelle und bewegt ihn durch eine am stumpfen Ende angebrachte Kurbel.«[100] Oft gab es auch bei den ärmeren Leuten ein Mücheneisen (Waffeleisen), mit dem man den Grieß zu Fladen buk. (Abb. 15, Seite 72)

Wie an der städtischen Struktur, der Aufteilung und Nutzung der Grundstücke deutlich wurde, daß die direkte Gebrauchswirtschaft (Nahrung und Kleidung) eine wichtige Rolle in der »Ökonomie des ganzen Hauses« spielte und den Großteil der Arbeit für den direkten Gebrauch ausmachte, so wird an Einrichtungsgegenständen und Hausrat deutlich, daß die Verarbeitung und Vorratshaltung von Nahrungsmitteln einen hohen Stellenwert genossen. Die Herrichtung und Reinigung des Hausrats (Nahrung/Kleidung) waren nötig, doch beanspruchten sie – im Vergleich zu heute – weit weniger Aufwand. Der Reinlichkeits-, Pflege- und Fürsorgeanspruch war gering, derjenige an Produktion, Verarbeitung und Vorratshaltung hoch. An ihnen waren Hausrat, Einrichtungsgegenstände und auch die innerhäusliche Raumaufteilung handwerklicher und kleinhändlerischer Hausökonomien orientiert.

Abb. 15: Küche 17. Jahrhundert
Quelle: Ansichtspostkarte des Goslarer Heimatmuseums

4.4 Raumaufteilung

In der Betrachtung der Entwicklung der Raumaufteilung geht die historische Hausforschung auch bei den städtischen Häusern von eimem räumlichen Grundtyp, dem Einraumhaus aus. Erst später erfolgte die erste Teilung in Diele und Küche und anschließend der Einbau von Stube oder Kammer. »Jedenfalls«, so resümiert Maria Schmidt in ihrer Untersuchung über Münster, »scheint die Dreiteilung des Grundrisses für das 17. Jahrhundert das Normale gewesen zu sein.«[101] Diese Entwicklung vom Einraumhaus zum Mehrraumhaus wird auch von Heyne bestätigt. Wie auch immer in Größe und Ausstattung der Erdgeschoßraum später verschieden gebaut wurde, liegt ihm »immer jener einheitliche Raum zugrunde, der auch im Bauernhause erkennbar war und auf den Einraum des urgermanischen Hauses zurückführte«[102]. Dieser Allzweckraum reduzierte sich im zweiten Schritt durch die Verlagerung des Herdes an die Rückseite des Hauses und »um ihn herum bildet sich als besondere Anlage die Küche, die nach hinten hinaus nach dem Hofe zu ihre Stelle empfängt, etwa in Verbindung mit der Speisekammer als einem besonderen leichten Anbau daran und einen Backofen für den häuslichen Bedarf«[103].

Wann sich diese räumliche Abtrennung vollzog, läßt sich schwer genau bestimmen. So spricht Edith Wurmbacher davon, daß sich in Köln bereits im 15. Jahrhundert die Küche als ein gesonderter Raum herausgebildet habe.[104] Und Maria Schmidt zeigt in ihrer Untersuchung über Münster, daß in vielen Fällen die Küche erst im 17. Jahrhundert von der Diele abgetrennt wurde.[105] Doch wäre es falsch davon auszugehen, daß die abgetrennte Küche nun allein der Arbeit für den direkten Gebrauch, also einer spezifischen Nutzung diente. Sie blieb vielmehr auch Schlaf- und Aufenthaltsraum, denn dort war zunächst die einzige Wärmequelle des Hauses.

Danach folgte als zweiter Schritt der Einbau einer Stube bzw. Kammer. Beide waren beheizbar, doch ihr Unterschied wurde oft übersehen. Maria Schmidt hat in ihrer Untersuchung herausgearbeitet, daß die Kammer meist hinter der Küche lag und vom Küchenofen aus mitbeheizt wurde; sie war damit ein Appendix der Küche, eine Erweiterung und Abtrennung des Alkovens. Die Stube hingegen scheint eher nach vorne hinaus gelegen und eine eigene Heizmöglichkeit gehabt zu haben. Mit dieser Entwicklung schrumpfte die ursprügliche Diele zu einem vorwiegend der gewerblichen Arbeit und dem Verkauf dienenden Raum zusammen. (Abb. 16 und 17, S. 74 und 75)

Äußere Bauform, innere Raumaufteilung, Ausstattung und Einrichtung der handwerklichen und kleinhändlerischen Häuser in den Städten

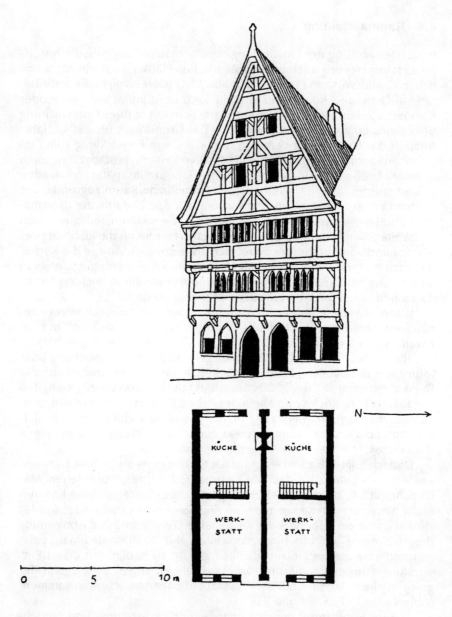

Abb. 16: Marburg, Handwerkerhaus, wohl um 1320
Quelle: Herbert Kürth/Aribert Kutschmar: Baustilfibel, Berlin 1964

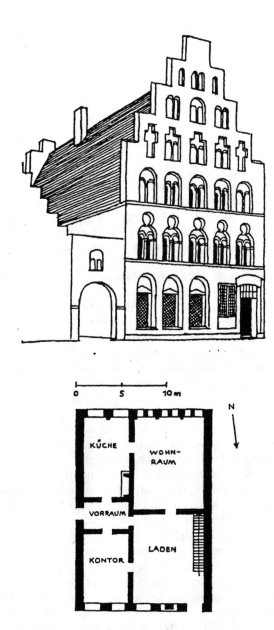

Abb. 17
Quelle: Herbert Kürth/Aribert Kutschmar: Baustilfibel, Berlin 1964

waren auf die »Ökonomie des ganzen Hauses« ausgerichtet. Die Häuser waren die baulich-räumliche Hülle des hausökonomischen Betriebes und beide Arbeitsformen waren dafür maßgebend: die Arbeit für den direkten Gebrauch wie auch die Arbeit für den Tausch. Wobei eine mehr dieses bestimmte, die andere mehr jenes prägte. Nachrangig kam hinzu, daß zusätzlich das Haus, der Garten, die Räume und Einrichtungsgegenstände auch der Regeneration dienten.

Die erdenebene Diele war als Herdraum zentraler Ort der Arbeit für den direkten Gebrauch, aber als Werkstatt auch Hauptraum der Arbeit für den Tausch. Dort wurde gegessen und geschlafen. Auch die dort aufgestellten Gegenstände der Einrichtung wurden sowohl für die häusliche Gebrauchsarbeit wie auch für die außerhäusliche Tauscharbeit und für die Regeneration genutzt, wohingegen die Haushaltsgegenstände als Werkzeuge der direkten Gebrauchsarbeit eine eindeutige Zuordnung besaßen wie diejenigen der Tauscharbeit, auch wenn sie im selben Raum lagerten.

Wie die »Ökonomie des ganzen Hauses« in sich stark verflochten war, waren auch ihre Räume multifunktional und damit in der Nutzung geschlechtsunspezifisch. Heyne drückt diese Multifunktionalität folgendermaßen aus: »Der weite Hausflur, der ursprünglich den ganzen Raum des Erdgeschosses einnimmt, dient den Handwerkern für die Entfaltung ihrer Thätigkeiten: hier arbeiten Schneider, Schuster, Kürschner, Gerber, hier verkaufen Krämer, Bäcker, Fleischer ihre Waren, gelegentlich wird auch für alle solche Thätigkeit auf die Straße übergegriffen. Dem Haushalte dient die Hausflur ebenso, denn der Herd steht hier bereit zum Kochen wie zum Wärmen.«[106]

Die Verlagerung des Herdes an die Rückfront des Hauses und der Werkstatt mit ihren Fensterläden zur Straße war eine erste größere räumliche Konzentration der beiden Arbeitszwecke, die jedoch nur tendenziell vorhanden war, denn auch zur Straße hinaus wurden Ställe gebaut. Die damit einhergehende räumliche Trennung der geschlechtsspezifischen Nutzungen trat aufgrund der engen, kleinteiligen Verkettung beider Arbeitszwecke nicht in Erscheinung.

Obwohl sich die städtischen Hausökonomien des Handwerks und des Kleinhandels bereits mit einem ersten Schritt »nach draußen« – mit der Arbeit für den Tausch – orientierten, bestand die »Ökonomie des ganzen Hauses« als grundlegende Existenzform fort. Beide Arbeitsstränge, die Arbeit für den außerhäuslichen Tausch und die Arbeit für den innerhäuslichen Gebrauch, bildeten Teile eines häuslichen Wirtschaftskreislaufes und bestimmten räumliche Nutzung, Bauweise des Hauses und seine Einrichtung.

5 Herrschaftliche Hausökonomien

Auch die herrschaftlichen Hausökonomien des Adels und des Patrizier basierten auf der »Ökonomie des ganzen Hauses«, konnten ohne Arbeit für den direkten Gebrauch nicht bestehen. Diese wird in ihrer Bedeutsamkeit trotz des besseren Materialfundus zum Herrschaftsbau ebenso vernachlässigt wie bei weniger erforschten bäuerlichen, handwerklichen und kleinhändlerischen Hausökonomien. Wie bei den vorherigen Kapiteln zu ländlich-bäuerlichen, städtisch-handwerklichen bzw. -kleinhändlerischen Hausökonomien umfasse ich große Zeitabschnitte und gehe auch hier auf die ländliche Organisation einerseits, die städtische andererseits ein. Es handelt sich zum einen um die ritterlich-feudale Variante des ersten Typs der »Ökonomie des ganzen Hauses«, zum anderen um die aristokratische sowie die patrizische Variante des zweiten Typs der »Ökonomie des ganzen Hauses«.

Die ländlichen Hausökonomien feudaler Grundherren befanden sich in den Pfalzen, den frühen Aufenthaltsorten umherziehender Herrscher des frühen Mittelalters, die im 11./12. Jahrhundert zu festen Standorten – den Burgen – wurden. Die neuen städtischen Hausökonomien der Aristokratie hatten ihre räumliche Form in den Stadtpalästen, die vor allem im 17. Jahrhundert sich verbreiteten. Die Pfalzen, Burgen und Stadtpaläste waren charakteristische Beispiele herrschaftlicher »Ökonomien des ganzen Hauses« in der vorindustriellen Gesellschaft Mitteleuropas.[107]

Umfang und auch die Gewichtung der Repräsentation, die in unserem Kategorienschema eine Arbeit für den Tausch ist, haben sich, verglichen mit den frühen Formen der herrschaftlichen Hausökonomie, im Laufe der Zeit gewandelt. Zu dem alten Stand feudaler Herrschaft trat im 15./16. Jahrhundert ein neuer Herrschaftsstand hinzu, der seine Macht nicht wie der alte auf Eigentum an Grund und Boden begründete, sondern auf Handel und Geld. Die Hausökonomien des Adels wie auch die der Patrizier waren wirtschaftliche Großbetriebe mit einer hohen Anzahl von Mitgliedern, umfangreicher Produktion und großem Konsum. Darin unterschieden sie sich von den handwerklichen und kleinhändlerischen »Ökonomien des ganzen Hauses«. Innerhalb der herrschaftlichen Hausökonomien war die soziale, die standesmäßige Unterschiedlichkeit zwischen ihren Angehörigen ausgeprägter als in denen der Handwerker und Kleinhändler.

Elias bestätigt die von mir gewählte Interpretation der Repräsentation als Tauscharbeit. In seinen Ausführungen zur Unterscheidung von Patriziat und Adel bezeichnet er das Patriziat als »berufsbürgerliche Schicht«. Beide Gruppen – der Adel und das Patriziat – verbindet, daß ihr Verhalten auf Verklärung und Selbstdarstellung ihres Daseins abzielten. In bezug zur Verhaltensweise des Adels führt Elias aus: »Auch der berufsbürgerliche Mensch, der Kaufmann etwa, hat seine spezifische Menschenbehandlung. Aber ihm kommt es nur selten in dem Maße auf den Menschen an sich, auf den ganzen Menschen an, wie dem Hofmann.«[108] Und weiter heißt es: »Die berufsbürgerlich-industrielle Rationalität bildet sich aus dem Zwang der wirtschaftlichen Verflechtung; mit ihr werden primär auf privates oder öffentliches Kapital begründete Machtchancen berechenbar. Die höfische Rationalität bildet sich aus dem Zwang der elitären gesellschaftlich-geselligen Verflechtung; mit ihr werden primär Menschen und Prestigechancen als Machinstrumente berechenbar.«[109]

Beide Formen des Verhaltens zielen auf die Darstellung von Macht. Macht muß präsentiert werden, sichtbar sein für diejenigen, die beherrscht werden. In diesem Sinn war Repräsentation der herrschaftlichen Hausökonomie eine Form der Arbeit für den Tausch, in dem durch diese die gesellschaftliche Stellung aufrechterhalten wurde. Repräsentation bei Adel und Patriziat waren nach außen gerichtete Tätigkeiten, die nicht dem direkten Gebrauch in der Hausökonomie dienten. In der konsequenten Folge dieser Art von Tauscharbeit entwickelte sich beispielsweise die Werbung, die ein Produkt, eine Marke so präsentiert, daß sie gekauft wird und genau darum ging es auch den patrizischen Kaufleuten, die ihre »Ökonomien des ganzen Hauses« innen und außen schmückten und ausstaffierten.

Während der alte Feudaladel immer auch auf dem Land ansässig war, waren die Hausökonomien der Patrizier in den Städten zu finden. Aber auch diese herrschaftlichen Hausökonomien der Patrizier waren große Wirtschaften, die in sich Arbeit für den direkten häuslichen Gebrauch und Arbeit für den Tausch vereinten. Bei beiden Typen der herrschaftlichen »Ökonomie des ganzen Hauses«, dem des feudalen Adels und dem der Patrizier, war die Gesamtheit der Arbeiten unter einem Dach vorhanden.

5.1 Der Adel

Weber sah die Wirtschaftsform der »Ökonomie des ganzen Hauses« vorrangig in einer grundherrschaftlichen Hausökonomie verwirklicht, denn hier waren einerseits die ökonomische Autarkie und andererseits die differenzierte Arbeitsteilung in der frühen Zeit am ausgeprägtesten vertreten.[110] Betrachtet man die herrschaftliche Hausökonomie der ritterlich-feudalen Art als eine großbetriebliche Wirtschaftseinheit, so bestand die »Tauscharbeit« vorwiegend in der militärischen Eroberung und Herrschaftsausübung.

Der ritterlich-feudale Adelsstand des frühen und hohen Mittelalters lebte wie gesagt zunächst in Pfalzen. Bekannt sind die Pfalzen Karls des Großen, zu denen er mit seiner gesamten Hausökonomie zog. Pfalzen waren vornehmlich Stützpunkte herrschaftlichen Anspruchs auf Territorien und deshalb vorrangig nach militärischen Aspekten ausgerichtete Bauten. Sie wurden aus diesem Grunde an den Grenzen der beanspruchten Territorien errichtet. Trotz dieser militärischen Bedeutung waren sie nach den Erfordernissen der Hausökonomie eines Feudalherrn gebaut.

Die Pfalz in Aachen war wohl der bedeutendste Standort Karls des Großen. Von ihr stammt eine kurze Beschreibung, wahrscheinlich aus dem Jahre 812. Im Mittelpunkt der Pfalz stand der Saalbau, auch »Königshaus« genannt, an dessen Begrenzungen kleine und beheizbare Kammern abgeteilt waren. In Aachen gab es sogar ein Obergeschoß. In den Burgen, den Hauptsitzen und später den alleinigen Standorten der ritterlich-feudalen Hausökonomien, waren Handwerker, Händler, Köche, Knechte, Mägde – egal ob sie für die Arbeit zum direkten Gebrauch in der Hausökonomie oder später auch für den Tausch produzierten – zunächst vollkommen in die große herrschaftliche Ökonomie des Hauses integriert. Erst später, im 14./15. Jahrhundert, bildeten sich eigene kleine Hausökonomien dieser Menschen heraus, die dann zwar einen eigenen sozialen Knotenpunkt und eine eigene räumliche Konzentration, das Haus, besaßen, deren Leben jedoch durch die Arbeit für die herrschaftliche Hausökonomie bestimmt war. Nach Meier-Oberist waren das »Leutewohnungen«[111] und somit die ersten Anfänge eigener Hausökonomien von Handwerkern und Kleinhändlern.

Neben den beiden Funktionen, der Arbeit für den direkten Gebrauch und der für den Tausch, hatten die Burgen wie die Pfalzen eine militärische Ausrichtung. Dies galt auch für die Stadtburgen, also die Burgen, die als Standorte der herrschaftlichen Stadtgründungen erbaut wurden. Meist lagen die Pfalzen oder Burgen auf einem natürlich oder künstlich errichteten Erdhügel und bildeten damit einen sichtbaren Sitz herrschaftlicher Macht inmittel ihrer Ländereien, deren Lehensabgaben ihre Hausökonomie bereicherten. (Abb. 18, Seite 80)

Das Leben auf einer Burg im 12. Jahrhundert schilderte Ulrich von Hutten: »Die Burg selbst, ob sie auf dem Berge oder in der Ebene liegt, ist nicht als angenehmer Aufenthalt, sondern als Festung gebaut. Sie ist von Mauern und Gräben umgeben, innen ist sie eng und durch Stallungen für Vieh und Pferde zusammengedrängt. Daneben liegen dunkle Kammern vollgepfropft mit Geschützen, Pech, Schwefel und sonstigem Zubehör für Waffen und Kriegsgerät. Überall stinkt es nach Schießpulver; und dann die Hunde und ihr Dreck. Auch das – ich muß es schon sagen – ein

Abb. 18: Rekonstruktion aus dem Jahre 1939
Quelle: Ansichtspostkarte

lieblicher Duft! Reiter kommen und gehen, darunter Räuber, Diebe und Wegelagerer ... Man hört das Blöken der Schafe, das Brüllen der Rinder, das Bellen der Hunde, das Rufen der auf dem Feld Arbeitenden, das Knurren und Rattern der Fuhrwerke und Karren; ja sogar das Heulen der Wölfe hört man in unserem Haus, weil es nahe am Wald liegt. Der ganze Tag bringt vom Morgen an Sorge und Plage, ständige Unruhe und dauernden Betrieb. Äcker müssen bestellt, Bäume gepflanzt, Wiesen bewässert werden; man muß Eggen, Sähen, Düngen, Mähen und Dreschen; jetzt steht die Ernte bevor, jetzt die Weinlese. Wenn aber einmal ein schlechtes Ertragsjahr kommt, wie in dieser mageren Gegend meistens, dann haben wir fürchterliche Not und Armut ...«[112]

Nach dem Aufkommen der Geldwirtschaft lieferten die abhängigen bäuerlichen Hausökonomien nicht mehr Naturalien, sondern Geldbeträge ab. Sie wurden verwendet zum Tausch von Produkten, die nicht selbst hergestellt wurden. Im allgemeinen waren es Luxusgüter aus anderen Regionen und Ländern, die neben dem Wohlleben der Repräsentation dienten.[113]

Adriaan von Müller beschreibt anhand von Speisekarten großer Feste der feudalen Hausökonomien aus dem 15. Jahrhundert Eß- und Trinkgewohnheiten und meint, daß damit auch in Gewohnheiten alltäglicher Art Einblick gewährt würde. Obwohl dies sicher zu revidieren ist, zeigt seine Darstellung die Art herrschaftlichen Konsums und herrschaftlicher Repräsentation und der damit verbundenen Arbeiten für den direkten Gebrauch und für den Tausch. Seine Darstellung bezog sich auf den Berliner Raum, der im 15. Jahrhundert als »rückständig« galt: »Gegessen wurde an verschiedenen Tafeln, getrennt nach Herren und Damen und in der gebotenen Rangfolge der Würdenträger. Was die Speisen selbst anbelangt, so soll hier ein Beispiel gegeben werden: Erster Gang: Auerhahn mit einer gehämmerten (das ist geschlagenen) süßen Brühe, Mandeltorte, Konfekt, dazu ein Schauessen, nämlich Adam und Eva in einem Garten, zwischen ihnen ein grüner Baum mit einer Schlange, einen Apfel im Maul. Zweiter Gang: Schweinewildbret, gebratene Spanferkel, wilde Hühner, dazu wieder ein Schauessen: Abraham, seinen Sohn opfernd, einen Turm von Zucker und Mandeln. Dritter Gang: Grüne Hechte, heißen Kuchen mit Opladen, Pasteten, darin Rehkeule vergoldet, dazu ein Schauessen: der Tod der Hl. Katharina in einem süßen Mandelmus. Vierter Gang: Gepreßter Schweinskopf mit Äpfeln und Weinessig, Birnen in einer süßen Brühe, Gebackenes, Fisch vergoldet, ein Schauessen: die Arche Noah mit beiliegenden Opladen von Zucker gebacken.«[114]

Schauessen waren reine Dekorationen aus Nahrungsmitteln hergestellt. Meist waren sie Szenen aus dem religiösen Umfeld. Später – vor allem in Versailles – erlebte das Schauessen einen besonderen Aufschwung und es wurden die feinsten und aufwendigsten Kreationen geschaffen.

Zur Repräsentation einer herrschaftlichen Hausökonomie gehörte nicht allein eine gut gedeckte Tafel, sondern eben auch ein aufwendiges Schauessen. Beides wurde beschrieben, nicht aber die dafür erforderlichen Leistungen und ihr Umfang. Aus dem aufwendigen Ergebnis läßt sich jedoch auf den vorausgesetzten Aufwand an Arbeit schließen und auf die räumlichen Erfordernisse.

Zwischen den zwei hier aufgeführten Darstellungen von Gebräuchen, Organisationen und Nutzungen in herrschaftlichen Hausökonomien liegen Jahrhunderte. Dennoch beschreiben sie keinen Übergang von rauhen zu zivilisierten Sitten. Die Beschreibung des Lebens auf einer Burg im 12. Jahrhundert, die Ulrich von Hutten gab, und die Darstellung von Festessen auf einer »rückständigen« Burg im Berliner Raum des 15. Jahrhunderts, die Adriaan von Müller rekonstruierte, stehen nicht in Widerspruch zueinander. Zwar sind Zeit und regionale Lage zu berücksichtigen, aber das Leben in einer herrschaftlichen Hausökonomie in später eroberten und erschlossenen östlichen Gebieten entsprach in etwa dem, was im 13. Jahrhundert im rheinischen Raum üblich war. Von Huttens Beschreibung betonte das Militärische und die rauhen Sitten, während Müller das Besondere in der Nahrungsaufnahme und Repräsentation beschrieb. Auch auf der Burg wurden Festessen in der von Müller beschriebenen Art abgehalten. Umgekehrt ging es im Alltag auf einer Burg des 15. Jahrhunderts ebenso rauh und unfein zu, war er bestimmt von Arbeit, vornehmlich für die Erhaltung der eigenen Existenz durch die Arbeit für den direkten Gebrauch. Auch die Aufzeichnungen der Margaretha von Braunschweig bestätigen dies. Für sie, die in einer Stadtburg in Minden lebte, galt sowohl die aufwendige und repräsentative Kultur der Nahrungsaufnahme wie auch die geringe Reinheit und Feinheit bei den erforderlichen Vorarbeiten dieser Tätigkeit als Lebenszubehör »Edler«. Aufwand auf der einen Seite, Rohheit und Derbheit auf der anderen Seite.[115]

Am Aufwand für die eigene Regeneration und Repräsentation des Standes, den die herrschaftliche Hausökonomie betrieb, wird deutlich, wie umfassend die Arbeit für den direkten Gebrauch sein mußte, daß ihre Wertigkeit der der Tauscharbeit gleichrangig war, wenn nicht sogar überragender. Hieran ist die Existenz und Wichtigkeit der »Ökonomie des ganzen Hauses« ablesbar: sicherte sie den einen schlicht die Existenz, so den anderen ihr darüber hinausgehendes Repräsentations- und Luxusbedürfnis. Demgemäß war die baulich-räumliche Struktur und Gestalt. Arbeit für den direkten Gebrauch, Angriff und Verteidigung und Regeneration waren die Nutzungen, nach denen sich die baulichen und räumlichen Strukturen ausrichteten. Die Wirtschaftsgebäude bestimmten ebenso das Bild wie Anlagen zur militärischen Herrschaftsausübung. Die Burganlage war also nach rein zweckmäßigen Gesichtspunkten geplant und gebaut.

Wachtürme, Burgmauern, Erdwalle, Wassergräben und schwer verriegelte Eintritte zeugten für die Relevanz der politisch-militärischen Herrschaft. Doch ohne Selbstversorgung, die Arbeit für den direkten Gebrauch, wären diese territorialen und politischen Herrschaftsansprüche verloren gegangen. Deshalb gehörten die Orte für den direkten Bedarf – auch wenn sie in früher Zeit in den königlichen Pfalzbauten außerhalb des Haupttraktes lagen – zu den ökonomisch, sozial und räumlich mitprägenden Nutzungen in einer Pfalzanlage. Die Burg als räumlich-baulicher Ausdruck einer herrschaftlichen Hausökonomie war nicht allein eine Darstellung politisch-militärischer Macht, sondern auch ein hausökonomischer Großbetrieb. Auf den Burgen des niederen Adels wurde nur der Burgfried als Wohnturm genutzt. Verwandte und Fremde schliefen eng beieinander. Bei einer Erweiterung des Burgfrieds wurden zuerst die »Frauenzimmer« gebaut. Diese Kemenaten hatten eine Heizmöglichkeit. »Die ›Gesellen‹ aber, das heißt, die miteinander denselben ›sal‹ bewohnenden ›Kameraden‹, blieben auf der Männerseite.«[116] Auch der verheiratete Burgherr trennte sich von seiner Frau und nahm sein Lager im Männertrakt ein. In welchen Baulichkeiten sich dieses Leben abspielte, zeigt folgendes Zitat noch genauer: »Besonders unangenehm gestaltete sich das Wohnen in den Burgen durch die steilen Stiegen und den Mangel an Fluren. Im Saal, der einen Kamin und kleine Lichtöffnungen hatte, hielten sich Herr und Knechte gemeinsam auf. Hier zechten sie, um sich an der gleichen Stelle schlafen zu legen. Die Frauen wohnten in Kammern, welche nur zum Teil beheizbar waren, und in einer solchen Kemenate stand auch das Ehebett. Die Küche, die manchmal in einem besonderen Haus untergebracht wurde, hatte einen offenen Herd mit Rauchfang und Backofen, Ausguß, Steinbank und Wandschrank ... Geheizt wurden die Burgen vorwiegend durch Kamine mit Rauchabzug, seltener durch Heißluftanlagen. Im großen und ganzen wurde eine regelrechte Kamin- und Heißluftbeheizung in den Burgen kaum vor dem 11. Jahrhundert üblich. Kachelöfen kamen dort erst mit dem 13. Jahrhundert in Gebrauch. Die Beleuchtung blieb in den Burgen primitiv. Die Balkendecken wurden im allgemeinen nicht geschmückt. Die Raumwände kalkte man nur, und Wandbehänge aus gewirkten und gewebten Stoffen waren Ausnahmen.«[117]

Je größer die Herrschaftssitze waren, desto mehr waren sie auch herrschaftliches Machtorgan, und die Arbeit für den direkten Bedarf war wichtiger ökonomischer Bestandteil der wirtschaftlichen und politischen Funktion des Herrschaftssitzes. Sie gehörte zum »repräsentativen Organ«, wie Elias dies bezeichnete. Seit dem 12. Jahrhundert gab es von Klerikern angefertigte Zusammenstellungen über Umgangsformen in lateinischer Sprache, die im 13. Jahrhundert in verschiedene andere Sprachen übertragen wurden und die vor allem im Umkreis der ritterlich-höfischen Gesellschaft herumgereicht wurden. »Die frühesten Aufzeichnungen der in der weltlichen Oberschicht üblichen Umgangsformen stammen wohl aus der Provence und dem benachbarten, kulturell mit ihr verbundenen Italien. Auch die früheste, deutsche ›Courtoisieschrift‹ ist von einem ›Welschen‹, von Thomasin von Zirklaria, geschrieben und heißt ›Der Wälsche Gast‹.«[118]

Danach waren die Tischsitten rüde und ohne irgendwelche aufwendigen Riten der Darreichung und Sauberkeit. Wenn Reichtum darzustellen war, war es das Essen, das Schauessen und die Kostbarkeit des Zubehörs. Vereinzelt gab es goldene Löffel und Messer mit Ebenholzgriffen. Das Messer war bei weitem das wichtigste Eßgerät, welches von allen selbstverständlich zum Mund geführt wurde.

Erst am Ausgang des Mittelalters tauchte überhaupt und dann zuerst bei den herrschaftlichen Hausökonomien die Gabel als Instrument zum Herübernehmen der Speisen aus der gemeinsamen Schüssel auf. »Vom 16. Jh. ab kommt die Gabel von Italien her zunächst in Frankreich, dann auch in England und Deutschland, mindestens in der Oberschicht, langsam als Eßinstrument in Gebrauch, nachdem sie vorher eine zeitlang nur zum Herübernehmen der festen Speisen aus der Platte gedient hatte.«[119] Die Standards der Reinlichkeit waren niedrig. Verhaltensweisen galten auch für die Reinigung der Körpers, für das Spucken und andere menschliche Bedürfnisse.[120]

Wie in den bäuerlichen Hausökonomien orientierte sich die Arbeitsaufteilung zwischen den Geschlechtern am räumlichen Kriterium. Hausferne Arbeiten wurden von Männern verrichtet. Dies galt sowohl für die Burgherrschaft wie auch für das Burggesinde. Territoriale Herrschaftssicherung, Jagd, Feld- und Waldarbeiten auf entfernt liegenden Böden waren Arbeiten, die von Männern ausgeführt wurden, während Haus und hausnaher Bereich von der Arbeit beider Geschlechter geprägt wurden, wobei der innere Kern, die Herd- und Feuerstelle, die Vorratskammer und die Stallungen für das Kleinvieh Räume und Plätze der Frauenarbeit waren.

Als nächstes Beispiel einer herrschaftlichen Hausökonomie wird das städtische Haus des Adels im 17. Jahrhundert dargestellt. In dieser Zeit hatten zahlreiche adelige Hausökonomien Niederlassungen in den großen Städten. Was das Verhältnis zwischen der Arbeit für den direkten Gebrauch und der Arbeit für den Tausch in der »Ökonomie des ganzen Hauses« anbelangt, fand hier eine Veränderung statt, die Auswirkungen auf das spätere bürgerliche Wohnen und seine Haushaltsführung hatte. Da sich dies hervorragend an den baulich-räumlichen Strukturen der Stadtpaläste ablesen läßt, stelle ich ihre Beschreibung der der Arbeit – ihres Aufwandes und ihrer Verteilung – und der sozialen Strukturierung der Hausökonomie voran.

Elias zeichnete einen solchen Stadtpalast auf, wie er im Paris des 17. Jahrhunderts üblich war. Nach Rang des Besitzers war ein solches städtisches Haus entweder ein »hôtel« oder, wenn es größer war, ein »palais«. Zur Straße hin war die eine Schmalseite des Hofes durch einen nach außen abgeschlossenen Säulengang mit einem – meist in der Mitte – breiten Durchgang zum Hof begrenzt. Der Säulengang führte rechts und links der beiden Flügelbauten bis zum Mittelgebäude, man konnte also immer trockenen Fußes bis zum Mittelgebäude gelangen. Im Mittelbau, hinter dem sich der große Garten anschloß, waren die Gesellschaftsräume untergebracht. Die beiden Flügelbauten umfaßten die »apartements privées«. An den Rückseiten der Flügelbauten schloß sich je ein kleiner Blumengarten an. In den Teilen, die mehr zur Straße hin lagen, waren Ställe, Küchen, Dienerwohnungen und Vorratsräume eingerichtet. Diese Räume bildeten einen kleinen Hof, »basse cour« genannt, der durch Gebäudeteile von dem kleinen Blumengarten vor den Fenstern der apartements privées abgetrennt war. Diese kleinen Höfe waren Orte der Arbeit für den direkten häuslichen Bedarf. (Abb. 19, Seite 86)

Die Räume der Herrschaft waren streng getrennt von denen der Dienerschaft und der Aufbau der Herrschaftsräume war streng gegliedert. Zunächst führte der Weg zu jedem der verschiedenen »apartements privées« durch ein oder mehrere »antichambres«. Vor dem Schlafzimmer der Dame wie vor dem Schlafzimmer des Herrn waren die »antichambres« zu finden. Die räumliche Anordnung der privaten Schlafgemächer war Ausdruck der getrennten Lebensweisen zwischen Mann und Frau. Die Ehe- und Familienform, die sich in der späteren bürgerlichen Gesellschaft durchsetzte, stand dieser höfischen Lebensweise diametral gegenüber. Die Kontakte zwischen den Eheleuten beschränkten sich vielfach auf solche durch Anstand, Konvention und Repräsentation. Die ehelichen Beziehungen zwischen Mann und Frau waren auf die Repräsentation ihres Hauses nach außen ausgerichtet. Ihre persönlichen Gefühle konzentrierten sich nicht auf den Ehepartner, und die höfische Gesellschaft ermöglichte ihnen unterschiedliche Beziehungsnetze und Verkehrskreise. In diesem Sinne entsprach die Anordnung der herrschaftlichen Privat-

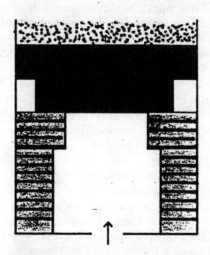

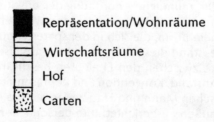

Abb. 19: Französischer Hôtel-Typ
Quelle: dtv-Atlas zur Baukunst, Bd. 2, München 1981, S. 456

apartements den gesellschaftlich unterschiedlichen höfischen Lebensweisen und war – wie Elias schreibt – eine optimale Lösung für die Wohnbedürfnisse dieser Schicht.

Die Gesellschaftsräume waren zweigeteilt. Im allgemeinen lag in ihrer Mitte der große Salon, der zumeist mit korinthischen Säulen geschmückt war. Er war der zentrale Ort der höfisch-aristokratischen Gesellschaft. Die Gäste stiegen an der Freitreppe vor dem Hauptgebäude aus ihren Kutschen, durchschritten ein großes rechteckiges Vestibül und gelangten danach in den großen Salon. Auf der einen Seite vom großen Salon lagen die Räume des »apartement de société«, natürlich getrennt vom großen Salon durch antichambre und Garderobe, dann folgten ein »salle de compagnie«, ein kleinerer, intimerer ovaler Salon, dann ein Eßsaal, neben dem das Buffet lag und je nach Größe des Hauses noch weitere Gesellschaftsräume. Auf der anderen Seite des großen Salons lag das »apartement de parade«. Dazu gehörten kleine Paradesalons und Paradekabinette und eine große Galerie, die über den anschließenden Flügel in den Garten führte. Zum Paradekabinett gehörten aber auch die Paradeschlafräume mit ihren angrenzenden Räumen.

Die Zweiteilung der Gesellschaftsräume hatte ihren gesellschaftlichen Sinn: In dem »apartement de société« wurde von der Hausherrin, aber auch vom Hausherrn, der engere gesellschaftliche Verkehrskreis empfangen. Das »apartement de parade« diente allein der Repäsentation. Hier empfingen die Herrschaften, meist am späten Vormittag, die offiziellen Visiten gleich- und höhergestellter Menschen. »Das Paradeschlafzimmer« mit seinem eigenen antichambre und eigenen Kabinetten dient außerdem der Aufnahme von hohen und besonders zu ehrenden Gästen; dann aber nimmt hier, auf dem ›lit de parade‹ die Dame als Repräsentantin des Hauses bei besonderen Angelegenheiten zum Beispiel nach einer Entbindung, die offiziellen Besuche entgegen.«[121]

Aus dieser Darstellung der Stadtpaläste aristokratischer herrschaftlicher Hausökonomien des 17. Jahrhunderts wird erkenntlich, daß ihre vornehmliche, ja fast ausschließliche Funktion die der Repräsentation adeliger Macht war. Eroberung und Verteidigung als Inhalte der »Tauscharbeit« auf Pfalzen und Burgen wurden hier ersetzt durch Repräsentationsaufgaben, auf die ein Hauptteil der Arbeit in der Hausökonomie ausgerichtet war. So war die Ehe wie in den handwerklichen, kleinhändlerischen und auch den ritterlich-feudalen Hausökonomien eine Zweckgemeinschaft, darüber hinaus aber selbst Institution öffentlicher Präsentation wie die herrschaftlichen Personen auch, die sich ganz in den Dienst dieser Aufgabe zu stellen hatten. So gesehen widmeten sie sich ausschließlich dem Teil der städtischen, herrschaftlichen Hausökonomie, die hier die »Tauscharbeit« ausmachte, der Repräsentationsfunktion.

Auch nach der eingangs gemachten Erläuterung zur Repräsentation als »Tauscharbeit« mag eine solche Interpretation auf den ersten Blick eigenartig anmuten, scheint sie doch nichts anderes zu sein als Selbstbestätigung und eigene Glorifizierung der Herrschenden durch Lustbarkeit, Festlichkeiten und Pracht, somit nichts anderem zu dienen als der eigenen Regeneration. Die Repräsentationsfunktion hatte aber durchaus ihren direkten ökonomischen, politischen und sozialen Stellenwert. Die Demonstration der Macht der aristokratischen, herrschaftlichen Hausökonomien umfaßte beispielsweise Aufgaben wie die Verwaltung der Güter, Dienst für die Territorialstaaten bzw. Residenzstädte im Auftrag ihrer obersten Herrscher – von der inneren Verwaltung über die Diplomatie bis zu Kriegszügen – und die normative Bewahrung der ständischen Gesellschaft durch die Vergabe und das Vorleben von streng geregelten Sitten und Gebräuchen. So wenig wie Privatsphäre und Öffentlichkeit getrennt waren, so wenig waren es Individuum, Staat und Gesellschaft. Jede herrschaftliche Hausökonomie repräsentierte nicht nur die Person des Herrschers, sondern auch den Staat und die ständische Gesellschaft.

Auf die Repräsentationsfunktion ausgerichtet war auch der streng hierarchische Stab. Die personelle Zuordnung der Angehörigen einer solchen herrschaftlichen »Ökonomie des ganzen Hauses« war schwierig: Ob sie nur für den Tausch oder für den direkten Gebrauch arbeiteten, war nur selten zu erkennen, da in dieser Hausökonomie das meiste Hand in Hand ging und auf diese Weise die Arbeit für den direkten Gebrauch meist auch Arbeit für den Tausch war. Die Herstellung des Essens sowie seine Zubereitung und Darreichung diente sowohl dem leiblichen Wohl der Herrschaft, war also Arbeit für den direkten Gebrauch innerhalb der »Ökonomie des ganzen Hauses«, wie auch der Repräsentation nach außen, also der Tauscharbeit. Die aristokratisch-herrschaftlichen Hausökonomien verstanden sich selbst als ganzes als Repräsentationsinstitution und damit auch alle ihre Handlungen und Verrichtungen.

Nutzung der Räume und bauliche Gestaltung der herrschaftlichen Stadtpaläste waren dementsprechend, sie dienten vor allem der öffentlichen Darstellung. Fassade und Grundriß eines solchen Stadtpalais waren darauf hin geplant und gebaut. Aufbau der Raumfolgen und räumliche Anordnung von Zentralität und Symmetrie waren genau überdachte Raumkonzepte, um »das Haus« nach außen repräsentieren zu können. Der Differenzierung in den einzelnen Arbeitsgängen der Nahrungszubereitung und -anrichtung entsprachen höchst spezialisierte Räumlichkeiten. »Da findet man, um ein besonders charakteristisches Beispiel zu nennen, nicht nur eine große Küche, eine kleinere ›garde-manger‹, wo man das leichtverderbliche Dessertfleisch, besonders das Geflügel verschließt, sondern darüber hinaus noch ein ›office‹ mit besonderen Öfen und Geräten, beaufsichtigt durch einen von dem Chef de cuisine wohl zu unterscheidenden Chef d'office, wo unter anderem die Kompotte, die Konfitüren und das feine Gebäck zubereitet werden; ein anderer Herd daneben, der eine besonders zarte Wärme gibt, dient der Herstellung von Biskuit, gâteux und ähnlichem trockenem Gebäck; es schließt sich ein ›laboratoire d'office‹ an, wo das Eis angefertigt wird ...«[122]

Wurde an der Beschreibung des Hauptflügels mit Vestibül, großem Salon, »apartement de société« und »apartement de parade« als direkt der Repräsentation dienende Räumlichkeiten schon die Hauptfunktion der aristokratischen, herrschaftlichen Stadtpaläste deutlich, so kennzeichnen diese Räume, die der Wirtschaft, der Gebrauchsarbeit dienten, daß sie diese Funktion unterstützten: Hier fanden die Vorarbeiten für das Tafeln als Demonstration von Macht und Pracht statt. Indirekt dienten sie damit ebenfalls dem Inhalt der Tauscharbeit dieser herrschaftlichen Hausökomonie. Die Arbeit für den direkten Gebrauch ordnete sich hier unter, war nicht – wie in den bisher beschriebenen Hausökonomien – ein gleichberechtigter, eigenständiger, teilweise sogar dominanter (wenn auch verflochtener) Teil der »Ökonomie des ganzen Hauses«, sie war in den Dienst des anderen Teils getreten. Baulichräumlich fand dieses Verhältnis in einer spezifischen Raumaufteilung seinen Niederschlag. Vorne zur Straße und für die Öffentlichkeit gut sichtbar lagen die Wirtschaftsräume, hinten diejenigen der Repräsentation. Der Wirtschaftstrakt in seiner räumlich differenzierten Nutzung ordnete sich dem Gesamtzweck der aristokratischen »Ökonomie des ganzen Hauses« unter.

Insgesamt war in dieser aristokratischen Hausökonomie der gesamte Wirtschaftsverlauf stark arbeitsteilig organisiert. Auch die sozialen Standesunterschiede zeigten sich räumlich. Während in den Burgen Herrschaft und Dienerschaft relativ eng zusammenlebten, zeugten die zahlreichen Zwischenräume, die »antichambres«, in den herrschaftlichen Stadthäusern von einer starken sozialen Distanz. Die galt nicht allein für Herrschaft und Dienerschaft innerhalb der »Ökonomie des ganzen Hauses«, sondern auch für den Umgang mit Gästen, die standesgemäß, d.h. in den jeweiligen Räumen empfangen wurden.

Die ritterlich-feudalen Hausökonomien unterschieden sich von ihren Nachfolgern, den aristokratisch-feudalen Hausökonomien, durch einen unterschiedlichen Stellenwert der Arbeit für den Tausch. In ersteren hatte die Arbeit für den direkten Gebrauch eigenständigeres Gewicht, Eroberungen und Verteidigung waren keine alltägliche Aufgabe wie die Repräsentation in den städtischen, herrschaftlichen Hausökonomien.

Während die Burgen nur sehr begrenzt auf Repräsentation ausgerichtet waren, spielte sie beim Bau der Stadtpalais eine dominate Rolle. Doch es wäre hier wie da falsch, die baulichen und räumlichen Bedingungen auf einer Burganlage oder in einem Stadtpalais allein auf die nach außen gerichteten Nutzungen zurückzuführen, sei es Eroberung und Verteidigung, sei es Repräsentation. Die Basis – ökonomisch und sozial – bildete auch in beiden herrschaftlichen »Ökonomien des ganzen Hauses« die Arbeit für den direkten häuslichen Bedarf. Deshalb waren die Räumlichkeiten dieser Hausökonomien ebenfalls davon bestimmt. Stallungen, Gemüsegärten, Vorratskeller, Herdraum bzw. Küchen hatten sowohl in der frühen Burg wie auch im späteren Stadtpalais raumprägenden Charakter, und wesentliche Teile der Arbeit für den direkten Gebrauch wurden von Frauen getragen.

Auffällig war, daß gerade die regenerierenden Nutzungen sowohl auf den Burgen wie in den Stadtpalästen geschlechtlich räumlich getrennt waren. Es gab »Frauenzimmer« und »Männersaal«, es gab die diversen Schlafzimmer der adeligen Dame und im anderen Trakt des Palastes diejenigen des Herrn. Kann man bei der ritterlichen »Ökonomie des ganzen Hauses« davon ausgehen, daß die geschlechtliche Arbeitsteilung sich nach den bäuerlichen Kriterien »hausnah« und »hausfern« richtete, fällt es bei den aristokratischen Hausökonomien schwer, Kriterien zu benennen. Gründe dafür waren die Überlappung beider Arbeitszwecke und die volle Wahrnehmung der Repräsentationspflichten vom weiblichen Adelstand.

5.2 Die Patrizier

Die Hausökonomien des Patriziats bildeten in den mittelalterlichen Städten die neue bürgerliche Oberschicht. Neben den feudalen Hausökonomien des Adels (einschließlich der Kirche) regierten die der Patrizier die Städte. Ihre Macht begründete sich auf einen groß angelegten Fernhandel.

Die Stadt, ursprünglich als Ort mit Marktrecht gegründet, welches weiterhin tragendes Prinzip städtischer Siedlungen blieb, war ein Ort des Handels.[123] So waren die Händler die erste Bevölkerungsgruppe mit einem für ihre Existenz notwendigen Rechtsstatus in den frühen Marktorten. Dieser historische Hintergrund kennzeichnet ihre vorrangige Stellung in den späten mittelalterlichen Städten. Ihr Anteil an der gesamten städtischen Bevölkerung war über die ganze Zeit des Mittelalters und der frühen Neuzeit bis ins 17. Jahrhundert gering. Seine Blüte erlebte der Patrizierstand im späten Mittelalter bis zur Umbruchzeit im 17./18. Jahrhundert.

Für das 14. Jahrhundert wird aus der »Großstadt« Köln berichtet: »Es waren rund 40 Patrizierfamilien, die in Köln politisch und gesellschaftlich den Ton angaben. Sie saßen als Schöffen im Gericht, bildeten den Rat der Stadt und stellten ausschließlich aus ihren Reihen die beiden Bürgermeister.«[124] In Augsburg und in Köln gab es zu dieser Zeit und später Aufstände der Zünfte gegen diese Herrschaft.

Die Tauscharbeit der patrizischen Hausökonomien war, wie bereits gesagt, der Fernhandel und in ihren Häusern waren die Kontore und Lagerräume untergebracht. Die Repräsentation nach außen spielte bei diesem Stand eine besondere Rolle. Er drückte sich nicht nur in der Kleidung, sondern auch in der Fassade und Ausstattung des Hauses aus. (Abb. 20a, Seite 92, 20b, Seite 93)

Die Strukturen des damaligen Lebens im Patrizierhaus, der Art und Umfang der Hausökonomien, lassen sich anhand der aus jener Zeit überlieferten Aufzeichnungen erkennen. Es sind wenige, doch durch sie sind wenigstens hierfür im Gegensatz zu den handwerklichen und kleinhändlerischen Hausökonomien authentische Beschreibungen vorhanden wie beispielsweise die des Hermann von Gogh. in der Zeit vom Januar 1391 bis zum Oktober 1394 wurden diese Aufzeichnungen gemacht. Hermann von Gogh gehörte zu den reichsten Bürgern der Stadt Köln. Seine Frau, Irmgard von der Kemenate, ebenfalls aus einer Patrizierfamilie, und er hatten neun Kinder, und eine Vielzahl von Hausangestellten war für die Arbeit für den direkten Gebrauch und für die Arbeit für den Tausch in ihrer Hausökonomie tätig. Diese war aufwendig. Z.B. kam in der hier beschriebenen Patrizierhausökonomie folgendes auf den Eßtisch: »Fleisch und Fisch hielten sich beim Verzehr die Waage. Man schätzte den Fisch nicht nur an Fastentagen, sondern auch sonst als Delikatesse. Es wurde fast täglich Fisch auf dem Markt eingekauft, manchmal 6 Sorten auf einmal. Am liebsten aß man Hecht, es folgten Krebse, Lachse, Scholle und Karpfen. Beim Wild standen Rebhühner, Schnepfen und Fasanen an der Spitze. Hühner und Masthähnchen wurden gleich zu Dutzenden eingekauft.«[125] Sicher dienten diese opulenten Einkäufe Festmahlzeiten, jedoch zeigt die Vielfältigkeit, daß relativ viel an Nahrungsmitteln durch Kauf erworben wurde. Die Besonderheiten wie auch z.B. das Weißbrot, der Senf, der harte Zucker wurden nicht in der eigenen Hausökonomie hergestellt.

Barbara Beuys, die diesen Fall aufzeichnete, zog daraus den Schluß, daß »der bürgerliche Haushalt des Mittelalters kein Selbstversorger war,

Abb. 20 a: Patrizierhaus in Köln, 12. Jahrhundert
Quelle: Moritz Heyne: Das deutsche Wohnungswesen von den ältesten geschichtlichen Zeiten bis zum 16. Jahrhundert, Leipzig 1901

Abb. 20 b: Haus der Patrizier Overstolz in Köln, 12./13. Jahrhundert
Quelle: Die Baustile. Historische und technische Entwicklung, in: Handbuch der Architektur, 2. Teil, 4. Bd., Darmstadt 1892, S. 41

kein familiärer Kleinbetrieb«[126]. Dies ist jedoch ein Trugschluß, denn die eingetauschten Delikatessen waren allein für den Verzehr zu Repräsentationszwecken und herrschaftliche Gaumenfreuden vorgesehen. Alltäglich und für die vielen anderen Mitglieder einer patrizischen Hausökonomie – die Bediensteten, Gesellen, Lehrlinge, Knechte, Köchinnen u.a. – kamen die Güter zum Verzehr aus der eigenen Hausproduktion.

Die Patrizierhausökonomien waren wirtschaftliche Großbetriebe; wie bei den Hausökonomien des Adels gab es in ihnen krasse soziale Unterschiede und Hierarchisierungen. Die besonderen Festessen mit ihrem hohen Aufwand an Dekoration – es gab ebenfalls Schauessen – und Nahrungsmitteln dienten einerseits dem direkten häuslichen Bedarf im Sinne der herrschaftlichen Nahrungsaufnahme. Sie dienten andererseits dem Tausch, indem nach außen, vor den Gästen, repräsentiert wurde, Geschäfte angeknüpft wurden und sich die patrizische Hausökonomie als eine wohlhabende, solide wirtschaftende Institution darstellte.

Das Patrizierhaus war allgemein höher als andere städtische Häuser und befand sich meist am Marktplatz oder an anderen priviligierten Orten in der Stadt.[127] Bereits damals läßt sich eine soziale Segregation in den Städten beobachten. Da der Boden, wie schon vorher gesagt, an der Straßenfront teuer war, insbesondere im Zentrum, kauften die Patrizier breite Stücke davon und bauten ihre Häuser traufseitig zur Straße hin. Oder sie bauten die Giebelseite ihrer Häuser so prächtig aus, daß es nach außen weithin sichtbar wurde, welche gesellschaftliche Stellung sie innerhalb der Städte bekleideten. Höhe der Häuser, Fassadengestaltung, Anteil an der Straßenfront durch traufseitiges Bauen dienten dem Zweck der Repräsentation des Reichtums durch florierenden Handel. Höhe und Umfang der Häuser entsprachen aber auch der Größe des hausökonomischen Betriebes. Gleiches kann von der Wahl des Standortes gesagt werden, sie wurde unter dem Aspekt des Tausches, aber auch nach Eignung für die Herstellung von Nahrungsmitteln getroffen. Große Teile der Bebauung und die unbebauten Flächen eines Grundstückes waren für die Arbeit für den direkten Gebrauch da.

Das Turmhaus in der mittelalterlichen Stadt verdient besondere Erwähnung. Aus Schutz- und Wehrgründen erbaut, bildete es ein besonderes Zeichen bürgerlicher Macht. Vielfach in Norditalien und insbesondere noch heute in San Gigniano zu sehen, waren diese Häuser Schutzburgen der städtischen Patrizierherrschaft. Sie waren aus Stein gebaut und je nach technischem und ökonomischem Vermögen so hoch wie möglich. Der nördlichste Hausturm steht in Trier und ist auch heute noch zu besichtigen. Diese Turmhäuser kamen in Deutschland selten vor. In der Literatur zum Hausbau in Deutschland wird als Beispiel dafür meist das »Schlüsselfeldersche Haus zu Nürnberg« erwähnt, doch auch andernorts in Süddeutschland waren sie vorhanden. Meist wurden in diesen Stadttürmen die unteren zwei Geschosse als Vorratsräume genutzt. Das nächste Geschoß barg die Räume für den direkten häuslichen Bedarf und die Regeneration. »Die Wohnung im oberen Geschoß war bescheiden und klein, wie man sie sonst nur im Falle und für die Dauer einer vorübergehenden Gefahr genügend fand.«[128] Darüber befand sich die Wehrplatte. An dem zitierten »Schlüsselfelderschen Haus« ist auffällig, daß die historische Bauforschung über den Zugang zu Turmhäusern rätselte, denn es gab keinen ebenerdigen Ausgang; wo die Treppe lag, wurde nicht überliefert. Gefolgert wurde, daß sie außen als eine Holztreppe angelegt war, die der Erbauer zerstören konnte, wenn sein Turm angegriffen wurde.

Diese Bauweise der städtischen Oberschicht betonte den militärischen Aspekt. Häuser waren hierbei vorrangig Schutzbauten reicher Patrizierökonomien gegen Angriffe von außen. Solche Turmhäuser besaßen nur äußerst wohlhabende, weit über die Stadt- bzw. Territorialgrenzen wirkende Hausökonomien des Fernhandels, die außerdem einen Grund sahen, sich in dieser Art zu schützen. Und wie gesagt: In Mitteleuropa waren sie nur selten zu finden. Dort ging es nicht um burgartigen Schutz beim Hausbau, sondern um schmuckvolle Darstellung nach außen.

Im 15./16. Jahrhundert befand sich das äußere Erscheinungsbild der Patrizierhäuser auf dem Höhepunkt. »Thüre, Fenster und Front behalten das künstlerische Gewandt, wie es sich von der Spätzeit des romanischen Stils ab durch die Wandlungen der Gotik und der Renaissance ausbildet; und namentlich den nach der Straße herausgekehrten Giebel bestrebt man sich, schon seit der romanischen Zeit reizvoll zu beleben und zu gliedern. (...) Hausthor und Hausthür nehmen besonders an solchem Schmuck teil. Die Umfassung schließt oben im reichen Rund- und Spitzbogen ab, dessen Innenfeld oder nächste Außenseite durch Bildwerk, Jahrzahl der Erbauung oder in späterer Zeit besonders gern, ein frommer Spruch mit dem Beisatze des Namens des Erbauers zeigen.«[129]

Daß die äußere Gestalt der Häuser der Wohlhabenden nicht nur den wirtschaftlichen Stellenwert ihrer Tauscharbeit, sondern auch den ihrer Gebrauchsarbeit repräsentierten, zeigte sich wie bei den handwerklichen und kleinhändlerischen Hausökonomien daran, daß neben den frommen Sprüchen nicht nur der Name des Hausherrn, sondern auch der der Hausherring in die Zierbalken eingeschnitzt war.[130] An diesen Zierbalken ist ablesbar, daß es sich um eine »Ökonomie des ganzen Hauses« handelte, in der die Arbeit der Frauen, ihr Anteil, den sie zur Prosperität beitrugen, gleichgewichtigen Stellenwert genoß und mit Stolz bekundet wurde.

Anfangs glichen die Häuser der Patrizier eher Speichern. Wie in den Handwerkerhäusern war das Erdgeschoß zunächst nicht unterteilt, es diente der Lagerung und dem Handel sowie der Nahrungsproduktion und -zubereitung. Der Herd befand sich meist an einer Längswand in der Diele. Bald schon wurden aufgrund des wachsenden Bedarfs an Lagerfläche das Haus aufgestockt und die unteren Geschosse räumlich aufgeteilt. Zunächst wurde ein Extraraum für das Handelskontor eingerichtet, danach folgte die Abtrennung des Herdes in einen eigenen Raum. Weitere Stuben und Kammern kamen hinzu. Bereits viel früher als in den niederen Ständen beherbergten die Obergeschosse der Patrizierhäuser besondere Gemächer zum Schlafen sowie zum Aufbewahren der kostbaren Kleidung und Wäsche. An das Vorderhaus schlossen sich Seiten- und Hintergebäude an. Im Hof war der eigene Hausbrunnen, der Hausgarten diente mit den vor der Stadt liegenden Ländereien der Nahrungsmittelporduktion. Die Seiten- und Hintergebäude dienten der Viehhaltung, der Unterbringung von Pferden und Wagen sowie als Unterkünfte für das Dienstpersonal. Hier waren die Waschküchen und später die Küche für die Hausbediensteten untergebracht. Manchmal wurden Räume in den Seiten- und Hintergebäuden auch als Schlafstätten vermietet. Oft hatten sie mehrere Geschosse, dann wurde das Obergeschoß durch eine Galerie erschlossen. Während der Vorderbau oft aus Stein war, waren die Hofgebäude im Fachwerkbau errichtet.

Die vom Markt sichtbaren Seiten wurden repräsentativ mit Gesimsen und großen Wappen über der Toreinfahrt ausgestattet. Die Beschreibung des Hauses der Melens – Frankfurter Großkaufleute im 15. Jahrhundert – vermittelt ein Bild der Prächtigkeit: »Das Erdgeschoß öffnete sich an der Hauptfassade zum alten Markt in steinernen Bögen. Vermutlich waren sie mit Ladeneinbauten versehen. Durch die spitzbögige Durchfahrt konnten beladene Wagen in den Hof hinter dem Haupthaus fahren. Die Durchfahrt war im hinteren Teil mit einem aufwendigen Netzgewölbe überwölbt, ebenso wie Räume rechts und links davon. In dem einen konnte man wertvolle Waren feuersicher lagern, der andere war vermutlich die Hauskapelle.«[131] Der Zinnenkranz mit Ecktürmchen war das auffallendste Merkmal der Fassade. »Übernommen sind sie von den Burgen des Adels und signalisieren das adelige Selbstverständnis des Patriziats. Einer Wehrfunktion diente der Zinnenkranz nicht. Er war von Anfang an unbegehbar.«[132]

Die Fenster waren bei den Patrizierhäusern mit Glas verschlossen, im 13. Jahrhundert zunächst nur bei den Prunkräumen, später dann auch in den anderen Räumen. Oft waren sie in Farben und Formen kunstvoll bleiverglast. Das Wappen des Hauses prangte auch an den Fenstern des

Festsaales. Glas als Material war so teuer, daß die reichen Leute die Verarbeitung als Zierde verstanden. Das Zusammensetzen farbiger Scheiben (Butzenscheiben) war üblich. Der Fußboden war gedielt und nicht aus Lehm wie in den handwerklichen Hausökonomien, Teppiche auf den Boden zu legen, war auch bei den Patriziern ungewöhnlich. Die Herrschaftsbetten standen in den Räumen mit Öfen und deshalb auch in den Aufenthalts- und Arbeitsräumen, also nicht ausdrücklich in Räumen, die als Schlafräume ausgewiesen waren.[133] Leider ist nur überliefert, wie die Patrizierfamilie selbst schlief, aber nicht, wie ihre Arbeitskräfte schliefen. Es ist anzunehmen, daß diese letzteren auf dem Boden mit den einfachsten Mitteln geschlafen haben und in der kalten Jahreszeit an jedem warmen Ort im Hause, zu dem sie Zutritt hatten.

Die Beleuchtung war dürftig, ähnlich der in den handwerklichen und kleinhändlerischen Häusern. Die Kerzen standen in hängenden Lichtgestellen, die sowohl an der Decke wie auch an der Seitenwand befestigt waren. Waren diese Leuchter zunächst aus Holz gefertigt, wurden sie seit dem städtischen Metallgießergewerbe aus Metall hergestellt. Überhaupt bildete der Kerzenhalter, ob nun von der Decke hängend oder an den Wänden befestigt oder als eigenständiger Leuchter ausgeführt, ein oft verwendetes Schmuckstück, das den Reichtum der Hausökonomie darstellen konnte. Doch diese Leuchtquellen waren allein in den herrschaftlichen Räumen des Patrizierhauses angebracht und erhellten nicht die Kammern und Schlafstellen der Hausbediensteten. Ansonsten waren die Einrichtungsgegenstände in der Fülle nicht reichlich. Die Sitzgelegenheiten bestanden neben ausreichend vorhandenen Bänken rings unter der Fensterfront aus Stühlen und Schemeln. In der vielfältigsten Art wurden diese Sitzgelegenheiten angefertigt. »Von den Sitzgeräten bewahrt der Stuhl noch lange seine sinnbildliche Beziehung, und ist in den Wohnräumen nicht häufig, gewöhnlich nur in einem Exemplare vorhanden, das, mit Rück- und Armlehne versehen, in verschiedener Ausbildung ... erscheint.«[134]

Die soziale Bedeutung des Stuhls zeigt sich an der Zuweisung von Stühlen an das Herrschaftspaar des Hauses. So gab es einen »frauenstoill«, also einen Frauenstuhl, aber auch einen »pratstoill«. Der letztere zeichnet sich durch hohe Seiten- und Rückenlehne aus.[135] Die Tische waren große Stollen- und Schragentische mit fester Platte. Sie waren schwer gearbeitet und wurden im Unterschied zu den mobilen Tischen normalerweise nicht verrückt.[136] Im Kontor fand man eine Art Schreib- und Rechentisch, der »im Norden und auch im Süden ebenfalls die Bezeichnung Kontor trug«[137]. Manchmal waren in ihre Tischplatten Meßplatten bzw. Rechenstäbe als Intarsien eingearbeitet, an denen ihre Funktion noch heute erkennbar ist.[138]

Die Truhe war wohl das häufigste Schrankmöbelstück. Es gab in den reichen städtischen Hausökonomien eine Reihe von Kisten für die verschiedensten Zwecke. Bettkisten, Kleiderkisten, Wachskisten, Kisten für die Vorratshaltung und den Schmuck, um nur einige zu nennen. Konnte man auf der flachen, einfachen Kiste auch sitzen, so verhinderte der gebogene und reich mit schmückendem Aufbau versehene Deckel diese Nutzung. Zum Aufbewahren von Speisen und kleinen Haushaltsgeräten diente die Kochbank. Im Unterschied zur Truhe oder Kiste glich sie eher dem, was wir heute unter einem Schrank verstehen. Sie erreichte zumindest Tischhöhe und war in mehrere Abteilungen unterteilt. »Die Kochbank muß ziemlich groß sein, denn sie birgt häufig neben Lebensmitteln eine stattliche Menge von Küchengeräten und Zinngeschirr.«[139] Auch waren in den bürgerlichen Patrizierhäusern Einrichtungen zum (Hände-)-Waschen in mehreren Räumen zu finden. Sie beschreibt Wurmbacher für Köln folgendermaßen: »Dieses ersetzt im Schlafzimmer den Waschtisch und ist auch in der Stube sehr angebracht, da man beim Essen den Gebrauch der Gabel noch nicht kennt, sondern vieles mit den Fingern ißt. Die Einrichtung besteht in einer runden, erst in Tischhöhe ansetzenden Maueraussparung, in der über einem flachen, metallenen Waschbecken ein Wasserkesselchen aus dem gleichen Metall hängt. Daneben ist in Mannshöhe ein hölzerner geschnitzter Arm, die »Rolle« angebracht, über die eine Handwelle läuft.«[140]

Arbeitsgeräte der Arbeit für den direkten Bedarf, die auch Statussymbole waren, bestanden in einem Patrizierhaus meist aus wertvollen Materialien, vorwiegend aus Zinn. Die Vielfalt der Größen und Formen an Kannen, Schüsseln, Kesseln und Tellern ist groß. »Aus den Kannen schenkt man in das Trinkgefäß, den zinnernen Becher oder ›Pott‹ den ›steinen‹ Krug, den silbernen Pokal oder in den ›Römer‹ ein.«[141]

Auch die Hausökonomien der Patrizier waren – wie die vorher dargestellten – eine zweckökonomische Gemeinschaft und keine emotional bestimmte Form des Zusammenlebens. Diese »Ökonomie des ganzen Hauses« war ein wirtschaftlicher Großbetrieb, in dem krasse soziale Unterschiede vorhanden waren. Der große Umfang der Hausökonomien in der patrizischen Oberschicht führte zu einer differenzierten Arbeitsteilung. Doch weder Umfang noch differenzierte Arbeitsteilung widersprachen dem Prinzip der »Ökonomie des ganzen Hauses«. Alle Arbeit für dieses Haus war eng miteinander verbunden und diente dem Ziel, die Hausökonomie zu sichern und zu erweitern.

Nach diesem ökonomischen Prinzip wurden die Räumlichkeiten gebaut und die freien Flächen geplant. Vielfach gab es entsprechend der starken Integration der Arbeiten Mehrfachnutzungen von Räumlichkeiten und Einrichtungsgegenständen. Doch es gab auch räumliche Aussonderungen von Gegenständen und Räumen. Das Kontor, zuerst eine für den Handel gebaute Tischeinrichtung, wurde zum Raum. Das Kontor war zur Straße hin gelegen und war der Hauptraum der geschäftlichen Tätigkeiten, also der Arbeit für den Tausch. Das Gegenstück dazu bildete der Herd, der zunächst als Zentrum des großen Dielenraumes gebaut wurde, dann aber in einen extra Raum verlagert wurde. Dieser Raum, die Küche, lag zum Hof hinaus.

Ein Zusammenhang zwischen der Trennung der Arbeit für den direkten Gebrauch und der Arbeit für den Tausch mit einer räumlichen Entsprechung im Sinne von »hinten« und »vorne« war hier zu beobachten. Nach außen und in den der Öffentlichkeit zugänglichen Räumen hatte der Schmuck an der Fassade und die wertvolle Gestaltung der Einrichtungsgegenstände vorwiegend für das Florieren der Tauschwirtschaft repräsentativen Charakter. Der existenziell wichtige Kern, die Nahrungsproduktion der Hausökonomie, verschwand nach hinten auf die Hofseite, nahm aber nach wie vor viel Fläche und Raum in Anspruch, wurde als wichtiger Teil der Hausökonomie bekundet.

Wie auch bei den vorher dargestellten »Ökonomien des ganzen Hauses« galt die geschlechtliche Arbeitsteilung. Arbeit für den Tausch, hier der Handel und die Repräsentation in der Öffentlichkeit, war Männerarbeit, die Arbeit für den häuslichen Gebrauch war Frauenarbeit. Dieses strikte Schema wurde jedoch auch unterbrochen. So gab es männliche Bedienstete, die auch für den häuslichen Bedarf arbeiteten, und weibliche, die auch für den außerhäuslichen Tausch arbeiteten.

Aber in dieser Hausökonomie ergab sich aufgrund der räumlichen Konzentration von Tauscharbeit und Gebrauchsarbeit in dem vorderen bzw. hinteren Bereich von Haus und Grundstück auch eine räumlich unterschiedliche Intensität der geschlechtsspezifischen Nutzung: Frauen nutzten mehr die Hofseite und Männer mehr die Straßenseite. Diese sozial-räumliche Struktur orientierte sich an den ökonomisch begründeten Kriterien der Arbeit für den Tausch und der Arbeit für den direkten Gebrauch. In dieser Form und mit dieser Begründung zeigten sich Ansätze geschlechtsspezifischer räumlicher Trennungen zum ersten Mal. Weder die bäuerlichen noch die herrschaftlichen Häuser auf dem Land, noch die handwerklichen und kleinhändlerischen in den Städten besaßen dieses sozial-räumliche Charakteristikum, daß Frauen- und Männerarbeit sich aufgrund von unterschiedlichen Arbeitszwecken räumlich in zwei eigenen Bereichen konzentrierte.

Verhehlten die Patrizier nicht, daß ihre Hausökonomie auch aufgrund eines »gesunden« Hauswesens florierte, so lag ihnen vor allem an der

Betonung des florierenden Handels, der Tauschwirtschaft, die sie betrieben. Deshalb sollte sie sich an Platz und Straße ausbreiten und den sozialen Status der Hausökonomie darstellen. Dies erst gab der Lage von Räumen nach »vorn« und »hinten« einen bewertenden Charakter.

Die städtischen herrschaftlichen Hausökonomien – die aristokratischen Stadtpaläste und bürgerlichen Patrizierhäuser – deuteten zwei Wandlungen an, die von Bedeutung für die spätere Entwicklung waren. In der »Ökonomie des ganzen Hauses« eines aristokratischen Stadtpalastes diente die Arbeit für den direkten Gebrauch auch der Repräsentation von Herrschaft und Macht, war also in den Tauschfaktor einer solchen Hausökonomie fast integriert und schien so ihre Eigenständigkeit verloren zu haben. Mit der Einordnung der Gebrauchsarbeit in die Tauscharbeit deutet sich ihre Tendenz zur späteren Hausarbeit an, zur abhängigen Wirtschaft.

In der »Ökonomie des ganzen Hauses« der bürgerlichen Patrizierhäuser behielt die Arbeit für den direkten Gebrauch ihre Eigenständigkeit, doch die Priorität, die der Arbeit für den Tausch zugemessen wurde, zeigte sich in ihrer baulich-räumlichen Präsentation. Machte sie sich nicht im größeren Flächenanspruch – wie bei den Stadtpalästen – auf dem Grundstück und im Hause deutlich, so doch in der Lage der Räume und in der Fassadengestaltung. Die gebrauchswirtschaftlichen Räume blieben in ihrer Gestaltung dem direkten Arbeitszweck verbunden, die Gestaltung der tauschwirtschaftlichen Räume abstrahierte vom eigentlichen Zweck und widmete sich seiner Überhöhung, seiner Präsentation nach außen durch Schmuck und baulichen Zierrat. Dadurch erhielten die bisher aus praktischer Nutzungsgerechtigkeit getroffenen Lagen der Räume für die beiden Arbeitsbereiche der Hausökonomie zur Straßen- oder Gartenseite eine unterschiedliche Bewertung. Das prächtige »Vorne« schien bedeutungsvoller als das zweckmäßig-schlichte »Hinten«. Gemäß der geschlechtlichen Arbeitsteilung lag der Arbeitsbereich der weiblichen Hausökonomiemitglieder im hinteren Bereich, gleich ob Herrin oder Magd.

Beide Wandlungen, die Tendenz der Arbeit für den direkten Gebrauch zur Hausarbeit in den Hausökonomien aristokratischer Stadtpaläste sowie die Tendenz räumlicher Nachrangigkeit des gebrauchswirtschaftlichen Arbeitsbereichs in der Hausökonomie bürgerlicher Patrizierhäuser hatten Einfluß auf die spätere ökonomische, soziale und räumliche Entwicklung, auf das Verhältnis von Tauscharbeit und Gebrauchsarbeit und auf die geschlechtliche Verortung und architektonisch-städtebauliche Gestaltung gebrauchswirtschaftlicher Räume.

6 Armenbehausungen

In den mittelalterlichen Städten lebten auch Menschen, die nicht in eine »Ökonomie des ganzen Hauses« integriert waren. Diese Menschen waren die Armen der Städte, sie existierten entweder vom Tagelohn oder/und von Almosen. Wie die Armen in den Städten des Mittelalters lebten, ist bislang wenig erforscht worden. Anscheinend sind die Quellen darüber so gering, daß man vielfach auf Vermutungen angewiesen wäre.[142]

Die wenigen Forschungen zur Armut im vorindustriellen Europa konzentrieren sich auf das 15./16. Jahrhundert. Die Städte erlebten aufgrund ihres Aufschwungs einen starken Zustrom aus der ländlichen Bevölkerung. Einige verdoppelten ihre Einwohnerzahl innerhalb eines Jahrhunderts.[143] Die Armen bildeten weder einen gesellschaftlich abgegrenzten Stand, noch befanden sie sich in einer einheitlichen Lebenssituation, wie dies für Grundherrschaft/Adel, für Patrizier und Handwerker/Kleinhändler der Fall war.

Die Tagelöhner/innen besaßen kein festes Arbeitsverhältnis und auch keine feste Schlafstatt. Sie waren stark von der saisonalen Arbeit abhängig und arbeiteten oft illegal in den Städten. Die Löhne richteten sich nach dem Geschlecht – die Frauen bekamen für die gleiche Arbeit viel weniger als die Männer – und nach der Schwere der Arbeit. Frauen waren von der schweren und besser entlohnten Arbeit ausgeschlossen.[144] Die Tagelöhner/innen besaßen weder Haus noch Land. Sie waren um ihr Leben zu sichern allein auf ihren Lohn angewiesen. »Sie lebten in der Regel in billigen Mietwohnungen oder städtischen Herbergen.«[145] Noch weiter in der Hierarchie nach »unten« rangierten die Almosenempfänger, das waren meist die »verschämten« Armen und die »unehrlichen« Berufe, die Totengräber, Schinder, Dirnen und das »fahrende Volk«.

Insgesamt waren unter den städtischen Armen viele Frauen. Fischer spricht von folgenden relevanten Typen der Bedürftigkeit:
»a) Die vaterlose Familie, worunter sowohl zahlreiche verwitwete Mütter mit Kindern als auch die getrennten Familien, deren faktische Auflösung durch Kriminalität oder Flucht der Ehemänner aus dem Familienverband erfolgte, zu verstehen sind.
b) Die Witwen und ledigen Frauen, die in starkem Maße von Bedürftigkeit bedroht waren.
c) Die elternlosen Kinder, vor allem die Findelkinder, welche zahlreiche in Teuerungszeiten von Eltern ausgesetzt wurden.«[146]

Die Armen lebten auch in Wagen, schlechten Behausungen, Kellern und Verschlägen. Die Behausungen bestanden in der Regel aus einer einräumigen Hütte. »Diese Hütten waren in den weniger bevorzugten Gegenden mit geringen Grundpreisen zu finden. Manchmal standen sie auch auf dem rückwärtigen, zu einer Nebenstraße gelegenen Teil von Grundstücken wohlhabender Bürger.«[147] Aber viele Arme verfügten noch nicht einmal über eine solche Hütte, sondern wohnten in abgeteilten Verschlägen, auf Speichern oder in Kellern. Nach Piper scheint das Wohnen in Kellern allgemein verbreitet gewesen zu sein. Die steinerne Unterkellerung und die seit dem 11. Jahrhundert entwickelte Gewölbetechnik schufen dafür die Voraussetzungen.[148] Die untersten städtischen Schichten, die Almosenempfänger, das »fahrende Volk«, schliefen in öffentlichen Armenhäusern und unter freiem Himmel.

Moritz Heyne nennt für Köln eine Anzahl von 2000 kleinen Zinshäuschen, ein Drittel des gesamten Hausbestandes im 13. Jahrhundert. In diesen Zinshäuschen war nur wenig Raum, dort lebten jedoch bis zu 12, manchmal 16 Personen unter einem Dach. »Solche Zinshäuser hatten auch andere Städte, zum Beispiel Aachen, Hildesheim, ebenso Freiburg im Breisgau im 13. und 14. Jahrhundert, die öfters zu Dreien und Vieren den Münsterherren, den Präbendaren, den Klöstern und Adeligen oder einzelnen Bürgern und Anstalten gehörten, und zum Teil auch gegen einen jährlichen Zins zu Erbe verliehen waren.«[149]

Heyne bringt weitere Hinweise auf den Mietwohnungsbau aus Nürnberg gegen Ende des 13. Jahrhunderts aus München und Augsburg, wo bereits um 1440 Häuserspekulaten Miethäuser bauten, um sie zu vermieten. Die Fuggerei in Augsburg war ein besonderer Fall und ein frühes Beispiel für sozialen Wohnungsbau. In Reihenhäusern lebten die armen, meist alten, nicht mehr arbeitsfähigen Stadtbewohner und brauchten nur einen kleinen Mietszins zahlen. Die Fuggersche Stiftung sollte Jakob Fugger sein Seelenheil bringen. In seinem Stiftungsbrief heißt es: »got zu leb und ern, auch armen taglöhnern und handwerkhern zue hilff.«[150]

Aus Bremen ist in diesem Zusammenhang eine Besonderheit bekannt. Dort wurden von wohlhabenden Bürgern kleine godes-boden (Gottesbuden) errichtet. Sie wurden entweder als Anbauten über Kellerluken oder auch im Innern des Grundstückes gebaut. Diese kleinen Gottesbuden wurden für niedrigen Zins oder gegen Gotteslohn, d.h. gegen nichts, an arme Leute vermietet und sollten den Gönnern einen Bonus für das Leben nach dem Tode bringen.[151] In den Gottesbuden lebten die Bettler und Armen der Stadt, die keine Unterkunft bezahlen konnten.

Die Bettler nahmen im 16. Jahrhundert stark zu: Ehemalige Tagelöhner/innen waren aufgrund der weiten Spannen zwischen den niedrigen Löhnen und den teuren Preisen auf Betteln angewiesen. Die Ärmsten der Armen besaßen nur das, was sie auf dem Leibe trugen. Bei den Bettlern, Alten und Kranken war das Elend so groß, daß jedes Dach, das vor Regen schützte, ihr Zuhause war. Ihre Bedürftigkeit war so groß, daß ihnen jeder Bretterverschlag, jede Hütte half. Aber auch diejenigen, die sich eine Bleibe geschaffen oder gestellt bekommen hatten, verfügten nur über geringsten Hausrat. Land und Vieh, die ihnen über Niedriglöhne hinweggeholfen hätten, besaßen sie nicht. Die große Anzahl der Zinshäuschen am gesamten städtischen Hausbestand – wie es Heyne z.B. für Köln, aber auch für andere Städte beschrieb –, der Armenbehausungen in Gottesbuden, Kellern, Hütten und ersten Mietshäusern und deren hohe Belegungsdichte verweisen darauf, daß ein großer Anteil der städtischen Bevölkerung nicht in eigenen Hausökonomien wirtschaften konnte. Diese Menschen verkauften, sofern sie es konnten, ihre Arbeitskraft oder sogar ihren Körper gegen Lohn oder erhielten Almosen.

Almosen waren Naturalien aus den »Ökonomien des ganzen Hauses« der drei Stände. Tagelöhner/innen, gleich ob sie von diesen für die Arbeit für den Tausch oder den direkten Gebrauch angeheuert wurden, konnten ihren notwendigen Bedarf an Nahrung und Kleidung nur aus den Gaben dieser Hausökonomien decken. Für sie wurde zu Zeiten mitgekocht, an sie Kleidung und Wäsche abgegeben.

Dennoch mußten sich jene, die aus den sozial und ökonomisch gefestigten Ständen ausgeschlossen waren, um einen Großteil ihrer existenziellen Sicherung auch durch eigene Arbeit für den direkten Gebrauch kümmern. Dies galt vor allem für die vielen alleinstehenden Frauen mit Kindern, die sich durch Tagelohn ernährten. Doch dafür bot ihnen oft weder ein eigenes Grundstück noch die Nutzfläche eines Zinshäuschens oder einer Armenbehausung Raum. Bei ihnen war die Arbeit für den Tausch zum Tausch ihrer Arbeitskraft geworden, die Vorrang hatte, ihre Arbeit für den eigenen direkten Gebrauch geriet zur »Nebentätigkeit«.

Die Armen lebten nicht im Verbund der »Ökonomie des ganzen Hauses«. Diese Tatsache war der Grund ihrer Armut, denn außerhalb dieser Wirtschaftsform zu sein, bedeutete, kein gesichertes Leben führen zu können. Einen trockenen Platz zu haben und nicht zu verhungern, hieß schon viel. So kann es nicht verwundern, daß die Armen der mittelalterlichen Städte keinen wesentlichen Einfluß auf die räumlichen und baulichen Strukturen und Entwicklungen nehmen konnten. Doch Zinshäuschen, Gottesbuden und Kellervermietungen zeigen, daß auch diese Bevölkerungsschicht ihre Räume hatte, in denen allerdings keine Arbeit für den Tausch stattfand. Sie hatte ihren Raum außerhalb der Behausung.

Mit der Tagelöhner/innen Arbeit und dem Hausen gegen Zins oder Miete deutet sich – wie schon in den herrschaftlichen städtischen Häusern, doch mit ganz anderem Hintergrund – eine Veränderung des Verhältnisses zwischen Arbeit für den Tausch und Arbeit für den direkten

Gebrauch an. Gewann bei den einen die Arbeit für den Tausch Priorität, so wurde bei den anderen der Tausch der Arbeitskraft zur vorrangigen Notwendigkeit. Beide Veränderungen blieben nicht ohne Wirkung auf die Bewertung der Arbeit für den direkten Gebrauch, die räumliche Nutzungsverteilung und Strukturierung.

III. Hausarbeit, Hausfrauen und Wohnungsbau in der Industriegesellschaft

Im folgenden, dem letzten Kapitel, will ich aufzeigen, welche sozialräumliche Entwicklung durch die Auflösung der »Ökonomie des ganzen Hauses« erfolgte. Hierbei sind zwei wesentliche Prozesse zu nennen. Einmal ist es die sozial-räumliche Trennung der Arbeiten für den Tausch und der Arbeiten für den direkten Gebrauch, und zum anderen ist es die ungleiche wirtschaftliche und räumliche Entwicklung, die beide ehemals in einer Wirtschaft vereinten Teile genommen haben. Während sich die Produktion für den Tausch wirtschaftlich konzentrierte und räumlich zentralisierte, verblieb die Produktion für den direkten Gebrauch in der alten Form kleinteilig und dezentral erhalten.

Diese Auflösung der »Ökonomie des ganzen Hauses« leitete einen gesellschaftlichen Prozeß ein, der wirtschaftliche, soziale und räumliche Veränderungen bewirkte, die noch heute bedeutsam sind. Die Arbeit für den Tausch verlagerte sich vom »Haus« heraus und organisierte sich in gewerblichen Betrieben und Verwaltungen für Handel und Geldwesen. Damit löste sich die Arbeit für den Tausch nicht allein wirtschaftlich und räumlich von der Arbeit für den direkten Gebrauch, sondern auch die Mitglieder der alten Hausökonomie wurden getrennt. Aufgrund dieser Trennung entwickelten sich neue soziale Werte und Verhaltensweisen.

Dieser Wandlungsprozeß vollzog sich in allen drei hier untersuchten Dimensionen:
- in der ökonomischen Dimension mit der Trennung der Arbeit für den Tausch von der Arbeit für den direkten Gebrauch und ihren unterschiedlichen Entwicklungen bis hin zur Industrialisierung der Arbeit für den Tausch; mit der Auflösung der »Ökonomie des ganzen Hauses« und der Herausbildung des privaten Haushalts sowie der Veränderung der Arbeit für den direkten Gebrauch hin zur Hausarbeit und den damit verbundenen Wandel des Arbeitsinhalts, den die Umgewichtung von stofflich-materiell orientierten Aufgaben zu mehr psychischen und geistigen kennzeichnet;
- in der sozialen Dimension mit der Trennung der Arbeiten der Männer von denen der Frauen und der damit verbundenen Herausbildung getrennter Lebenswelten, der »Arbeitswelt« auf der einen und der »Welt der Familie« auf der anderen Seite sowie mit der Entstehung der Familie als sozialer Institution und einer spezifischen Frauenrolle, der der Hausfrau;

- in der räumlichen Dimension unterscheide ich wie auch schon im vorhergehenden Kapitel eine Makro- von einer Mikroebene:
auf der Makroebene ist dieser Wandlungsprozeß durch die räumliche Trennung der Tauscharbeit und der direkten Gebrauchsarbeit bis hin zu großflächigen Aufteilungen für jeweils vorrangig eine dieser Nutzungen gekennzeichnet, also bis hin zur Monofunktionalität als Grundprinzip der Stadtstruktur und der damit verbundenen zeitweisen räumlichen Trennung der Geschlechter: der geschlechtsspezifischen temporären Segregation;
Auf der Mikroebene zeigt sich die Veränderung in der Entwicklung zur Wohnung und ihrer inneren Differenzierung der Nutzungen sowie ihrem Abschließungsprozeß nach außen.

1 Auflösung der »Ökonomie des ganzen Hauses«

Die Auflösung der grundlegenden Ökonomieform der vorindustriellen Zeit – der »Ökonomie des ganzen Hauses« – geschah durch die Herauslösung der Arbeit für den Tausch. Erinnert sei an den ländlichen Grundtypus der Hausökonomie, in dem es keine Tauscharbeit gab. Erst mit der Herausbildung von Handwerk und Handel gewann die Arbeit für den Tausch in der »Ökonomie des ganzen Hauses« an Gewicht und wurde neben der direkten Gebrauchsarbeit zu ihrem konstituierenden Element. Am Ende dieser Entwicklung steht die völlige Trennung von beiden.

Der Auflösungsprozeß der alten Hausökonomie ging langsam vonstatten. Sein Ausmaß und seine Dauer läßt sich nur als »Rückseite« der Industrialisierung aus der Literatur herauslesen. Der Prozeß begann Ende des 18. Jahrhunderts und erlebte gegen Ende des 19. Jahrhunderts bis zum ersten Weltkrieg seinen massiven Durchbruch.[1]

Für die gewerbliche Arbeit lasssen sich folgende Schritte aufzeigen:
- Handwerk: dezentrale Produktion und dezentraler Absatz in der »Ökonomie des ganzen Hauses«
- Verlag: dezentrale Produktion und zentralisierter Absatz, erste Auflösung der »Ökonomie des ganzen Hauses«
- Manufaktur und Fabrik: zentralisierte Produktion und zentralisierter Absatz, völlige Auflösung der »Ökonomie des ganzen Hauses«.

Betrachtet man äquivalent beide Teile der »Ökonomie des ganzen Hauses«, lassen sich für die Arbeit für den direkten Gebrauch folgende Abschnitte aufzeigen:
- dezentrale Arbeit, ökonomisch, sozial und räumlich verbunden mit handwerklicher Tauscharbeit,

- dezentrale Arbeit, sozial und räumlich verbunden mit der Herstellung der Tauschprodukte, getrennt von ihrem Vertrieb im Verlagswesen,
- dezentrale Arbeit, ökonomisch, sozial und räumlich getrennt von der Tauscharbeit in Manufakturen und Fabriken.

Die Arbeit für den direkten Gebrauch bewahrte also Konstanz und Eigenständigkeit, während die Arbeit für den Tausch Veränderungen vollzog.

Henning unterteilt die lange Phase der Industrialisierung in drei Hauptphasen und differenziert dabei die Anteile der verschiedenen Phasen der Auflösung der »Ökonomie des ganzen Hauses« in den jeweiligen Bereichen der gewerblichen Produktion.

Entwicklung des gewerblichen Sektors im Zeitalter der Industrialisierung nach der Zahl der Beschäftigten[2]

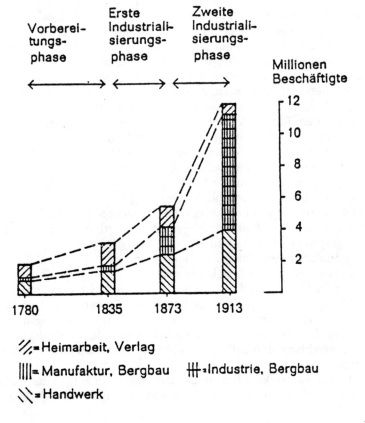

In diesem Auflösungsprozeß gab es unterschiedliche Etappen, die von folgenden Komponenten bestimmt waren:
- von der Art der Arbeit für den Tausch
- von den Standorten.

Die Art der Arbeit für den Tausch in der alten Hausökonomie beeinflußte den Auflösungsprozeß, weil in spezifischen Gewerben durch besondere technische Entwicklungen der Zentralisierungsprozeß schneller vonstatten ging.

Bis zum 18. Jahrhundert wurde in der gewerblichen Produktion wie auch in der Produktion für den direkten häuslichen Bedarf handgeführtes Werkzeug genutzt. »Erhebliche Fortschritte waren nur beim Durchbruch zu einem qualitativ Neuen möglich, und dieses qualitativ Neue stellte die Werkzeugmaschine dar ...«[3] Marx präzisiert dieses qualitativ Neue als einen »Mechanismus, der nach Mitteilung der entsprechenden Bewegung mit seinen Werkzeugen dieselben Operationen verrichtet, welche früher der Arbeiter mit ähnlichen Werkzeugen verrichtete«[4].

Wie technische Entwicklung die Zentralisierung der Arbeit für den Tausch förderte, läßt sich am Beispiel des Textilgewerbes erläutern. Die große technische Erneuerung dort bildete die Spinnmaschine. Der Übergang vom Spinnrad mit nur einer, höchstens zwei Spindeln zur mechanisch betriebenen Spinnmaschine mit 80 bis 100 Spindeln veranschaulicht die Relevanz technischer Erneuerung bei der Zentralisierung der Arbeit für den Tausch. War es einerseits die Mechanisierung, die den Prozeß der Herauslösung der Arbeit für den Tausch aus der »Ökonomie des ganzen Hauses« beeinflußte, war es andererseits auch die Entwicklung einer neuen Energiequelle. »Die Dampfmaschine befreite die aufkommende Industrie von der Bindung an Wasserläufe und ermöglichte ihre rasche Konzentration und Ausdehnung.«[5]

Dies führte zur zweiten Komponente – dem Standort –, der die Zentralisierung der Tauscharbeit mitbestimmte. Hierbei waren wichtig:
- geographische Beschaffenheit,
- regionale Knotenpunkte von Handel und Handwerk und
- Situation auf dem Arbeitskräftemarkt.

Obwohl die Dampfmaschine die Industrie vom Wasser als Energiequelle unabhängig machte, spielten für bestimmte Gewerbe, die die Verwendung von Wasser nicht als Energiequelle, sondern als Kühlungsmittel oder Beimischmittel nutzten, Wasseranlagen eine Rolle. Auch die spezifisch regionale Wirtschaftssituation wie nahe Absatzmärkte, nahe Rohstofflieferanten, waren treibende Faktoren.

Eine Schwerpunktbildung nach Stadt und Land kam in der Frühphase der Industrialisierung dadurch zustande, daß die Städte aufgrund der

Zunftverfassungen die Ansiedlung von gewerblichen Manufakturen verboten. So war das Land der Ausgangsort für den Auflösungsprozeß der alten Hausökonomie.

An dieser Stelle möchte ich kurz auf die Literatur zum Verhältnis von Stadt und Land eingehen, die in ihren Analysen ausschließlich von der Arbeit für den Tausch ausgeht. Die klassischen Analysen von Marx und Sombart betonen für die frühe Phase der Städtebildung die Abhängigkeit der Städte vom Land.[6] Erst die Überschüsse in der landwirtschaftlichen Produktion führten zur Gründung und Existenz der Städte. Dieses Verhältnis kehrte sich später um und die Städte gewannen die Oberhand.[7]

Diese Sicht der Dinge macht beispielhaft klar, das Interpretationen und Erklärungen sozial-räumlicher Prozesse allein von der Arbeit für den Tausch ausgingen. Als raumrelevant gilt die Tauscharbeit, als nachrangig im Hinblick auf räumliche Entwicklungen wird die Arbeit für den direkten Gebrauch berücksichtigt und nur als Konsum und Regeneration gesehen. Diese »Einsichtigkeit« der Analysen führte notwendigerweise zu einseitigen Interpretationen. Diese Sicht vergißt, daß in den städtischen »Ökonomien des ganzen Hauses« durchaus für die eigene Subsistenz gearbeitet wurde, und diese Arbeit für den direkten Gebrauch – erinnert sei an die große Nutzgartenfläche, die Kleintierhaltung, die umliegende, stadtzugehörige Feldwirtschaft – verhalf den städtischen Hausökonomien prinzipiell zur Unabhängigkeit von der bäuerlichen Produktion.

Der Umschwung in diesem Verhältnis, d.h. die Umkehrung der Abhängigkeit von Stadt und Land, wurde mit der durch technische Neuerungen ermöglichten höheren Arbeitsproduktivität in den Städten begründet.[8] Auch hierbei ging es allein um den Tauschwert der Waren. Betrachtet man die »Ökonomie des ganzen Hauses«, so war im 2. Typ, dem der städtischen Hausökonomie, zwar eine Dominanz der Tauscharbeit gegenüber der Arbeit für den direkten Gebrauch vorhanden, die durch höhere Arbeitsproduktivität des städtischen Hauses zustande kam. (Im Gegensatz zum 1. Typ, dem ländlicher Hausökonomien, in denen die Gebrauchswirtschaft nicht nur dominant war, sondern fast ausschließlich herrschte.) Dennoch bleibt zu fragen, ob sich diese Dominanz allein auf den Bereich der Tauscharbeit gründete und nicht auch auf die Gebrauchsarbeit insgesamt und insbesondere ihre Beiträge zur Tauscharbeit.

So gesehen bestand also für die mittelalterliche Städtegründung ein mehrfacher Vorteil gegenüber dem Land: die Konstanz der gebrauchwirtschaftlichen Produktion und Subsistenzsicherung, die Produktivitätssteigerung handwerklicher Tauscharbeit.

Die Stadt war der Ort der späteren Zentralisierung der Arbeit für den Tausch und der damit einhergehenden Auflösung der Wirtschaftsform der »Ökonomie des ganzen Hauses«, auch wenn kurzzeitig und bedingt durch die alten städtischen Zunftverfassungen sowie ländliche Standortvorteile das Land zum Ausgangsort von Hausindustrie und den ersten Manufakturen wurde. Diese ersten Manufakturen und die Hausindustrie waren zwar in ländlichen Regionen angesiedelt, die massenhafte Herauslösung der Arbeit für den Tausch und ihre Zentralisierung vollzog sich jedoch in städtischen Regionen. Erst die Gewerbefreiheit in den Städten und die Gründung des Deutschen Zollvereins beseitigten die administrativen Schranken, die vormals zur Stabilisierung der Wirtschaftsform der »Ökonomie des ganzen Hauses« beitrugen. Die Reformen zur Gewerbefreiheit wurden zwischen 1807–1811 erlassen. Dieser Komplex der »Stein-Hardenbergschen Reformen« führte u.a. zur kommunalen Selbstverwaltung, zur Aufhebung der Zünfte und zur Gewerbefreiheit in den Städten. Bereits 1834 existierte eine Wirtschaftseinheit zwischen einigen deutschen Territorialstaaten, doch erst 1894 einigten sich die deutschen Territorialstaaten auf offene Handelsbeziehungen – dies war der Beginn des Deutschen Zollvereins[9]. Mit dieser ökonomischen Entwicklung verschwand weitgehend die alte und über Jahrhunderte hinweg gültige primäre Wirtschaftsform. Allein die Landwirtschaft betreibenden Höfe und vorübergehend die Hausindustrie behielten die Form der Hausökonomie bei.

In den Städten lösten sich die Hausökonomien auf, die Arbeit für den Tausch wurde von der Arbeit für den direkten Gebrauch getrennt, es entstanden getrennte Betriebsformen: hier die Konzentration und Zentralisation, dort die Gebrauchsarbeit in ihrer alten, aus der Hausökonomie stammenden, dezentralisierten Wirtschaftsform. Während die zentralisierte Arbeit für den Tausch an ökonomischer und gesellschaftlicher Relevanz weiter zunahm – sie war diejenige Arbeitsform, die die Industriegesellschaft trug –, verlor die direkte Gebrauchsarbeit im Bewußtsein der Gesellschaft an Wichtigkeit.

Dieser Trennungsprozeß, der in der Literatur als Fortschrittsprozeß von der Agrargesellschaft zur Industriegesellschaft und zu wirtschaftlichem Wohlstand gesehen wird – und letzteres für die Industrienationen zu Recht –, bedeutete aber auch eine neue Disparität der Arbeit: Auf der einen Seite gab es die entlohnte, außerhäusliche, zentralisierte Erwerbsarbeit und auf der anderen Seite die nicht entlohnte, dezentral organisierte Hausarbeit. Neben Manufakturen und Fabriken gab es nun Hauswirtschaften, die wie die ersten einen völlig neuen wirtschaftlichen Betrieb darstellten, denn in ihnen wurde ausschließlich direkte Gebrauchsarbeit verrichtet. In ihrer kleinteiligen Organisationsform bildete die Hauswirtschaft einen Gegensatz zur Fabrik. Da bereits in den mittelalterlichen Städten die Arbeit gegen Tausch und insbesondere gegen Lohn hoch geschätzt wurde, wurde in der Industriegesellschaft die Arbeit in Fabriken, Verwaltungen u.a. Betrieben zur primären und zur »eigentlichen« Arbeit. Die gängigen Begrifflichkeiten »Produktion« und »Reproduktion«, »Arbeiten« und »Erholen« oder in der baulichen Planung »Arbeitsstätten« und »Wohnstätten« charakterisieren das gesellschaftliche Bewußtsein. Nach dieser Sichtweise wurde in Fabriken gearbeitet, im Haushalt konsumiert. Die Hauswirtschaft, ein unerläßlicher, produktiver Betrieb, wurde zu einer Konsumeinheit, in der Produkte verbraucht werden.

2 Erweiterte Stufe der geschlechtlichen Arbeitsteilung

Die beschriebene Trennung der Arbeit für den direkten Gebrauch von der Arbeit für den Tausch hatte soziale Konsequenzen, denn dies bedeutete eine durch den Arbeitszweck bedingte Trennung zwischen den Geschlechtern. Aufgrund der geschlechtlichen Arbeitsteilung arbeiten nun die Männer in Betrieben und Institutionen außerhalb des Hauses, getrennt von der Arbeit der Frauen für den direkten häuslichen Bedarf. Die wirtschaftliche und räumliche Trennung führte zur sozialen Trennung der Lebenszusammenhänge, woraus sich unterschiedliche Lebenswelten entwickelten.

Vor der Auflösung der »Ökonomie des ganzen Hauses« konzentrierten sich die Arbeits- und Lebensbereiche auf das Haus, also auf einen engen sozialen Raum. Arbeit und Leben von Mann und Frau waren nicht allein ökonomisch, sondern auch sozial eng miteinander verwoben. Mägde, Knechte, Gesellen, Hausherr und Hausherrin lebten sozial eng verbunden und räumlich nah miteinander. Die alltägliche soziale Nähe war also nicht allein für Ehepaare gegeben, sondern galt für alle Mitglieder einer alten Hausökonomie, wobei die ehelichen und familiären Bindungen eine untergeordnete Rolle spielten. Diese Bindungen traten nach der Auflösung der alten Hausökonomie in den Vordergrund häuslichen Lebens. Der soziale Wandel ist vornehmlich gekennzeichnet durch den Wandel von Hausgemeinschaft zur Familie. Diese familiäre Bindung aber als eine Annäherung zwischen den Geschlechtern zu deklarieren, wäre zu äußerlich gesehen und würde sich auf ein Familienleitbild stützen, das der realen Situation nicht entsprach, den Realität war, »daß der bürgerliche Mann endgültig aus dem Kreis des Hauses heraustrat, und sich damit nicht nur die Tätigkeitsbereiche von Mann und Frau, sondern auch ihre Lebenswelten weitgehend voneinander schieden«[10].

Die Zeit der Herausbildung des neuen Ehe-und Familienbildes umfaßt die zweite Hälfte des 18. Jahrhunderts. Das Leitbild der bürgerlichen Familie wurde vom aufkommenden Beamtentum der Bürokratien der absolutistischen Kleinstaaten getragen. »Anfänglich als fortschrittliche Lebensweise, als neues Familienbewußtsein einer kleinen bürgerlichen Schicht gegen den Verhaltensstandard der feudalen Oberschicht gerichtet, diente die Familienideologie nach der Etablierung des Bürgertums bald zur Legitimation brüchiger patriarchaler Herrschaftsstrukturen und verallgemeinerte sich mit zunächst antiproletarischer, dann eindeutig antifeministischer Tendenz zur Restauration des Patriarchalismus«.[11]

Die Arbeit für den direkten Gebrauch wurde nicht nur zur Familiensache erklärt, sondern zum »Familienleben« stilisiert. »Für die Frau wurde das Familienleben zum zentralen Inhalt ihres Daseins, für den Mann war es ein Lebensinhalt unter mehreren und wurde zudem primär unter der Perspektive des Refugiums vor den Anforderungen im Beruf wahrgenommen.«[12] Weiter schreibt Rosenbaum: »Hinter der Einbindung des Mannes in Berufswelt und Öffentlichkeit und der Konzentration der Frau aufs Haus verbarg sich mithin nicht nur eine veränderte Arbeitsteilung zwischen den Geschlechtern, sondern darüberhinaus eine grundlegende Differenzierung ihrer Lebensperspektiven.«[13] Die Familie wurde zu einer sozialen Institution, die nicht eine enge Verbundenheit zwischen Mann und Frau darstellt, wie die gängige Sichtweise suggeriert, sie wurde zu einem sozialen Gebilde, das zur Trennung zwischen den Geschlechtern beitrug.

Das bürgerliche Familienleitbild beinhaltet einen Gegenpol zu Werten und Eigenschaften der Gesellschaft. Die Privatheit und Geborgenheit im »Schoß der Familie« beinhaltet die Absetzung von der (»rauhen«) Berufs- und Geschäftswelt, von der Öffentlichkeit. Jene ist die Lebenswelt der Frau, diese die des Mannes.[14]

Diese geschlechtsspezifische Trennung im sozialen, politischen und kulturellen Bereich geht einher mit der Konstruktion einer neuen Form des Patriarchats, wie Ute Gerhard schreibt. Der nun eindeutig vom Mann getrennte Arbeitsbereich der Frauen, institutionalisiert und verklärt durch das soziale Konstrukt der bürgerlichen Ehe, wurde auf der einen Seite hochstilisiert, auf der anderen Seite gesellschaftlich gering geachtet. Rosenbaum schreibt dazu: »In einer patriarchalen Gesellschaft, in der traditionell die Arbeiten der Frauen gering bewertet wurden ..., implizierte die Trennung der Lebenswelten von Mann und Frau, daß nur die Arbeit außerhalb des Hauses, die männliche Erwerbsarbeit, hoch geschätzt wurde. Die Arbeit im Hause, die nun mit Frauenarbeit identisch geworden war, verblaßte dagegen in ihrer Bedeutung.«[15]

Das bürgerliche Familienmodell benötigte spezifische Rollenbilder, die Verhaltensnormen und Einstellungsmuster für Frauen aufzeigten. Dem Normenbild, wie eine Frau zu sein hatte, um ihre Aufgaben in ihrem Arbeitsbereich, der Familie, zu erfüllen, waren Ausführungen vieler Autoren gewidmet. Betrachtet man die damals aufkommenden Erziehungsmodelle unter dem Aspekt der Trennung der Tauscharbeit von der direkten Gebrauchsarbeit, so erscheint sie als Beleg für die erweiterte Stufe der geschlechtlichen Arbeitsteilung: einerseits als bürgerliches Emanzipationsideal von feudaler Herrschaft durch Bildung, andererseits als Einübung auf die neuen, getrennten Aufgaben von Mann und Frau. Die Erziehung von Sohn und Tochter ging unterschiedliche Wege und fand in getrennten Institutionen statt.

Die Verallgemeinerung dieser dichotomischen Rollenbilder durch geschlechtsspezifische Sozialisation führte dazu, daß die durch die Auflösung der »Ökonomie des ganzen Hauses« bedingten getrennten Aufgabengebiete von Mann und Frau nicht allein als daraus resultierende gesellschaftliche (ökonomische und patriarchalische) Anforderung gesehen, sondern aus der Natur der Geschlechter begründet wurden. Erst so wurde das bürgerliche Familienideal tiefgreifend und gesellschaftlich unanzweifelbar abgesichert.

Ein wesentlicher Vertreter des spezifisch weiblichen »Charakters« war Riehl[16]. In seinem Band zur Familie innerhalb seiner dreibändigen »Naturgeschichte« definierte er »die richtige weibliche Bestimmung«. Sein Werk stützt die hier konstatierte These der Trennung der Geschlechter. Riehl ging dabei aber nicht von politischen und ökonomischen Bedingungen und Veränderungen aus, sondern von »natürlichen« Eigenschaften, die sich im Zivilisationsprozeß »verfeinern«. Er formulierte damit erst ein ideologisches Leitbild, das noch kein reales Fundament besaß, aber einen Beitrag von seiten der Wissenschaft dazu leistete.

Riehl erläuterte ausführlich, wie sich in Sitte, Verhalten und Aussehen »die Geschlechter im Prozeß der Kultur geschieden haben. Bei Naturmenschen, verarmter Landbevölkerung und im Mittelalter war der Gegensatz von Mann und Weib vielfach vermischt.«[17] Erst die höheren »Berufskreise«, die Bildung und Reichtum voraussetzen, schlössen die Mitwirkung der Frauen im öffentlichen Leben aus, erlaubten ihnen die Wahrnehmung ihrer eigentlichen Bestimmung und gewährten ihre Anerkennung. In der fehlenden Unterschiedlichkeit der Lebenswelten lag nach Riehl die Minderbewertung der Frau begründet, denn wenn die Lebensbereiche der Frauen gleich sind wie die der Männer, »kommen sie doch immer ins Hintertreffen, verlieren ihre Eigenthümlichkeit und gewinnen keine neue dafür, in der platonischen Republik so gut wie bei unseren Kleinbauern«[18].

In seiner inhaltlichen Definition des Frauenlebens stützt er sich auf Hegel, der den platonischen Idealstaat kritisiert: »Die Frauen, deren wesentliche Bestimmung das Familienleben ist, entbehren in der Platonischen Republik dieses ihres Bodens. In derselben folgt daher: indem die Familie aufgelöst ist und die Weiber nicht mehr dem Hause vorstehen, so sind sie auch keine Privatpersonen und nehmen die Weise des Mannes als des allgemeinen Individuums im Staate an. Und Plato läßt die Weiber deswegen ebenso, wie die Männer, vertheilen, alle männlichen Arbeiten verrichten, ja selbst mit in den Krieg ziehen. So setzt er sie auf beinahe gleichen Fuß mit den Männern, hat aber dennoch kein sonderliches Zutrauen zu ihrer Tapferkeit, sondern stellt sie nur hinterdrein, und zwar nicht als Reserve, sondern als arrière-garde, um wenigstens dem Feinde durch die Menge Furcht einzujagen und im Nothfalle auch zu Hülfe zu eilen.«[19]

Riehl entwirft in seiner Untersuchung Frauenbilder, die zwischen »Unweiblichkeit« und »Überweiblichkeit« zu finden sind, wobei die »Unweiblichkeit« bei »niedrig gestellten Kulturen« und die »Überweiblichkeit« in Aristokratie und frühem Bürgertum zu finden seien. »Unweiblichkeiten« sind zu finden, wenn es wenig Unterschiede zwischen den Geschlechtern in Natur, Sitte und Beruf gibt und »Überweiblichkeit«, wenn eine übertriebene Form der »weiblichen« Eigenschaften von Passivität, Unselbstständigkeit und Geziertheit praktiziert wird. Beide Rollenbilder lehnt Riehl ab, da sie seiner Meinung nach negative Auswirkungen auf die soziale Grundform menschlicher Existenz haben. »Die Unweiblichkeit auf niederen Kulturstufen verdunkelt die eheliche Liebe und Hingebung; die Überweiblichkeit der veräußerten Zivilisation zerstört das ›Haus‹.«[20]

Riehl stützt sich im wesentlichen auf Fichte, der ein kompliziertes und merkwürdiges Bild der Ehe und Familie entwarf. Neben Christian Wolff und Rousseau war er der einflußreichste Wegbereiter einer »neuen Bestimmung der Frau«. Bereits Marianne Weber und Gertrud Bäumer haben sich mit dem Frauen-, Ehe- und Familienbild von Fichte kritisch auseinandergesetzt.[21] Da dieses philosophische Konstrukt zum gesellschaftlichen Leitbild avancierte, soll kurz Marianne Webers kritische Darstellung der Vorstellungen von Fichte folgen: Mann und Frau unterscheidet nach Fichte die Gattungsfunktion, »und der Naturzweck der Ehe wird nur dadurch erreicht, daß sich das eine Geschlecht bei der Erfüllung dieser Funktionen nur tätig, das andere aber leidend verhält«[22]. Der Mann, der allein als »Tätiger« seine Befriedigung erreicht, darf sich durch seinen Trieb seine Befriedigung eingestehen. Die Funktion der Frau besteht jedoch in bloßer Passivität, denn um ihren Trieb zu befriedigen, muß sie Objekt der Tätigkeit werden. Ihr Trieb dient nicht der Selbstbefriedigung, sondern der Befriedigung eines geliebten Mannes, »als Trieb nicht zur Befriedigung ihrer Sinne, sondern ihres Herzens. Durch diesen edelsten Naturtrieb, der nur der Frau angeboren ist, im Manne dagegen erst durch die Verbindung mit ihr entwickelt wird, tritt die Frau auch als ›Natur‹ wieder auf dieselbe Stufe wie der Mann: Indem sie sich aus Liebe hingibt, bewahrt sie ihre Menschenwürde, obwohl sie sich zum ›Objekt‹ macht, denn ihre Hingabe kommt ihr nun nicht als Nötigung ihres eigenen Triebes, sondern als freiwillig dargebrachtes Opfer an den geliebten Mann zum Bewußtsein.«[23]

Die Propagierung der Unterschiedlichkeit von Mann und Frau gipfelt in »Geschlechtscharaktere«, die aus der »Natur der Geschlechter« begründet werden. Nach Karin Hausens Untersuchung der Ausführungen in Konversationslexika der ersten Hälfte des 19. Jahrhunderts erweisen sich diese »als ein Gemisch aus Biologie, Bestimmung und Wesen und zielen darauf ab, die ›naturgegebenen‹, wenngleich in ihrer Art durch Bildung vervollkommnenden Gattungsmerkmale von Mann und Frau festzulegen«[24]. Die Polarität von Mann und Frau drückt sich in den konträren Merkmalen ihrer Geschlechtsbilder aus. Der Mann ist der Aktive, die Frau die Passive, er hat Energie, Kraft, Willenskraft, sie Schwäche, Ergebung, Hingebung. Sein Wesensmerkmal ist das Tun, ihres das Sein. Er ist selbständig, zielgerichtet, erwerbend und gebend, sie ist abhängig, emsig, bewahrend und empfangend. Er besitzt Durchsetzungsvermögen, sie Selbstverleugnung, er Gewalt, sie Liebe, Güte.[25]

Hausen spricht von einer neuen Qualität der Bestimmung von Frau und Mann im letzten Drittel des 18. Jahrhunderts; an die Stelle der Standesdefinitionen treten Charakterdefinitionen. »Damit aber wird ein partikulares durch ein universales Zuordnungsprinzip ersetzt: statt des Hausvaters und der Hausmutter (in der »Ökonomie des ganzen Hauses«, U.T.) wird jetzt das gesamte männliche und weibliche Geschlecht und statt der aus dem Hausstand abgeleiteten Pflichten werden jetzt allgemeine Eigenschaften der Personen angesprochen.«[26]

Es geht also nicht um ein Leitbild für die einzelne Frau, sondern um die Konstituierung der Norm für das weibliche Geschlecht – formuliert von höchst angesehenen Philosophen wie Hegel und Fichte, die Riehl zur realen Umsetzbarkeit rezeptbuchhaft konkretisierte.

In dem hier behandelten Zusammenhang, der die räumlich-baulichen Konsequenzen der Auflösung der alten »Ökonomie des ganzen

Hauses« untersucht, und zwar anhand der Kategorien der Arbeit für den direkten Gebrauch und der Arbeit für den Tausch sowie der Zuordnung dieser Arbeitszwecke auf die Geschlechter, liegt die Betonung bei den »charakterlichen« Merkmalen mit direktem und indirektem Raumbezug. Welche dieser Eigenschaften und Verhaltensnormen weist auf Nutzung, Verfügung und Aneignung von Raum hin? Das Bild eines aktiven, selbständigen, zielgerichteten Mannes tut dies indirekt auf eine raumgreifende Weise, das Bild einer passiven, ergebenen, schwachen Frau hingegen weist auf einen engen, begrenzten Raum hin. Die »Bestimmung« des Mannes für außen, die der Frau für innen, des Mannes für Weite, der Frau für Nähe, die des Mannes für Öffentlichkeit, die der Frau für Privatheit zeigt Merkmale mit einem direkten Raumbezug und deutet auf ein geschlechtsspezifisch-räumliches Leben hin.

Mit dieser polaren Wesensbestimmung zwischen den Geschlechtern erreichte die geschlechtliche Arbeitsteilung ihren ideologischen Höhepunkt. Die wirtschaftliche Trennung der Arbeit für den direkten Gebrauch und der Arbeit für den Tausch bekam einen sozial-kulturellen Überbau, der biologisch begründet wurde und räumliche Relevanz hatte. Die Familie als neue soziale Institution wurde der Ort für die Frau, Gesellschaft dagegen wurde zum Ort des Mannes und damit das Haus zum Raum für die Frau und quasi die Welt zum Raum für den Mann. Der polaren gesellschaftlichen Bestimmung der Geschlechter entsprach die konträre Bedeutung von Familie und Gesellschaft.

Die hier dargestellte Entwicklung im sozialen und kulturellen Bereich blieb, obwohl sie eine furiose Entwicklung nahm, zunächst auf eine kleine bürgerliche Schicht beschränkt. In den letzten Jahrzehnten des 18. Jahrhunderts und den ersten des 19. Jahrhunderts entstand so eine neue Kultur, die von einer neuen Schicht, vorwiegend vom Gelehrtenstand und Staatsbeamtentum getragen wurde. Das Biedermeier hatte dort seinen Ursprung und seinen Höhepunkt. Später fand dieses bürgerliche Leitbild von Familie, Gesellschaft und den sozialen Rollen der Geschlechter allgemeine Verbreitung. Der Prozeß der Verallgemeinerung gerade dieser Wertemuster kann hier nur konstatiert werden, genauer geht darauf Möller ein, der in seiner Studie die kleinbürgerliche Form der bürgerlichen Familie untersuchte und bereits für das 18. Jahrhundert die Verallgemeinerung bildungsbürgerlicher Vorstellungen auf andere Gesellschaftsgruppen aufzeigte.[27]

Die proletarische Schicht blieb von der Verallgemeinerung zunächst ausgespart, denn ihre materiellen Lebensverhältnisse waren so, daß weder dem Leitbild der bürgerlichen Frau noch dem der bürgerlichen Familie entsprochen werden konnte. Dennoch – und dies widerspricht den Thesen zum qualitativen, auch im Bereich der Werte vorhandenen Klassenunterschied – übernahmen sie später im 20. Jahrhundert die Lebensform der bürgerlichen Familie. Die zunächst nur für die kleine Schicht der Beamten und Gelehrten gültige Auflösung der »Ökonomie des ganzen Hauses«, denn diese waren bereits früh im staatlichen Verwaltungs- und Militärapparat, also außerhalb des »ganzen Hauses« beschäftigt, wurde in den kommenden Jahrzehnten auch für die proletarischen Schichten Wirklichkeit. Sie gingen eine Ehe ein und lebten in der direkten Verwandtschaftsform zusammen. Nicht ohne Grund sprach man damals auch von Arbeiterfamilien. Im letzten Drittel des 19. Jahrhunderts hatten sich die bürgerlichen Wertvorstellungen verfestigt; sicher, weil inzwischen durch Industrialisierung und Zentralisierung der Arbeit für den Tausch die materiell-wirtschaftlichen Gegebenheiten einer eigenen Existenz und Familiengründung auch für die proletarischen Schichten vorhanden waren. Allerdings, und hierbei gilt, was die Untersuchungen zum proletarischen Leben bezeugen, setzte die materielle Not auch andere Werte als sie bei den Bürgerlichen zu finden waren.

Welchen Aufschwung die bürgerliche Familie als soziales Leitbild damals nahm, zeigt sich an ihrer Würdigung in den Konversationslexika. »Im Conversations-Lexikon für alle Stände füllt die Familie bereits Seiten und bildet die Basis, welche dem bürgerlichen und staatlichen Leben zur festen Unterlage dient.«[28]

Wie die Festigung des bürgerlichen Familienbildes und der damit verbundenen polaren Geschlechtsrollen vom Staat unterstützt und als allgemeine Norm durchgesetzt wurde, belegt für Frankreich J. Donzelot und für Deutschland, speziell für Preußen, U. Gerhard.[29] Ziel der obrigkeitsstaatlichen Maßnahmen war, die nach der Auflösung der »Ökonomie des ganzen Hauses« herrschenden Wirrungen im Lande zu ordnen und zu stabilisieren, und zwar im Sinne einer patriarchalisch geleiteten primären sozialen Ordnungsinstanz. Die alte Hausökonomie war nicht allein ein wirtschaftlicher Verbund, sondern auch eine Sozialform gewesen, sie war in der vorindustriellen Gesellschaft die wichtigste Sozialisationsinstanz. Die bürgerliche Familie, von den Mächtigen in Staat und Wirtschaft getragen, bot Ersatz, sorgte für arbeitsfähige, pünktliche, regelmäßige Arbeitskräfte und sicherte die patriarchalen Strukturen. Mit der Strategie der »Familiarisierung« (Donzelot) der Gesellschaft und der Installierung des »bürgerlichen Patriarchalismus« (Gerhard) wurden sowohl die Voraussetzungen für die Reproduktion von Arbeitskräften geschaffen wie auch –durch patriarchalen Besitzstand – Verantwortung und Staatstreue bewirkt.

Wie sich das bürgerliche Familienleitbild real ausbreitete, bezeugen die beiden folgenden Statistiken (siehe folgende Seite).

Die primär auf verwandtschaftliche Beziehungen beruhende bürgerliche Familie nimmt in den vier deutschen Großstädten zu, ebenfalls die Anzahl der Haushalte mit ausschließlich verwandtschaftlich verbundenen Personen. Hierbei ist zu berücksichtigen, daß in den letzten Jahrzehnten des 19. Jahrhunderts Dienstboten in den bürgerlichen Schichten und Schlafgänger in den proletarischen Schichten eine übliche, nicht-verwandtschaftliche Erweiterung der Haushalte darstellte, damit jedoch nicht das bürgerliche Familienbild in Frage gestellt und eine der alten Hausökonomien entnommene Lebensform intendiert wurde. Sie gehörten nicht zum Haushalt wie ehemals Gesellen, Lehrlinge und Mägde. Diese Tatsachen lassen das Ansteigen der verwandtschaftlich verbundenen Familie noch krasser erscheinen.

Mit der sozial-kulturellen Herausbildung polarer Geschlechtscharaktere auf der einen Seite und der Familie in Abgrenzung zur Gesellschaft auf der anderen Seite trat eine qualitativ neue Stufe der geschlechtlichen Arbeitsteilung in Kraft. Die Aufteilung der Arbeit begründete sich danach nicht mehr aus ökonomischen Kriterien, sondern aus sozial-kulturellen und »biologischen«. Bis zum Ende des 19. Jahrhunderts hatten sich diese sozialen Wertemuster als naturgemäße Wesensunterschiede zwischen den Geschlechtern etabliert. Doch wirtschaftliche Grundlage dieser Entwicklung war die forcierte Industrialisierung, die für breite Schichten die Trennung der Arbeit für den direkten Gebrauch von der Arbeit für den Tausch realisierte. Die wirtschaftliche Trennung der beiden Arbeitszwecke hatte neben diesen sozialen räumliche Konsequenzen, denn die Arbeit für den direkten Gebrauch und die Arbeit für den Tausch fanden an verschiedenen Orten statt. Die dadurch bedingte räumlich unterschiedliche geschlechtliche Nutzung ging damit einher. Gestützt wurde die reale ökonomische und räumliche Trennung durch den sozialen Überbau, denn geschlechtsspezifische Rollenbilder und allgemeine soziale Leitbilder fügten weitere Bestimmungsmomente geschlechtsspezifischer Raumnutzung und -aneignung hinzu. So war die Familie – und damit ein begrenzter Raum, das Haus, die Wohnung – das »Reich der Frau«; die Gesellschaft und damit ein unbegrenzter Raum war das »Terrain des Mannes«. Die ökonomisch, sozial und räumlich separierten Lebensbereiche zwischen Mann und Frau unterlagen zudem einer unterschiedlichen gesellschaftlichen Wertung. Arbeit für den Tausch wurde gesellschaftlich durch Entlohnung entgolten, Arbeit für den direkten Gebrauch nicht.

Insgesamt verstärkte sich die Disparität geschlechtsspezifischer Lebensbereiche in der sozialen Dimension durch die gegensätzlichen Ge-

Anteil der Familienangehörigen an den Haushaltsgemeinschaften in deutschen Großstädten in der zweiten Hälfte des 19. Jahrhunderts (in v.H.)

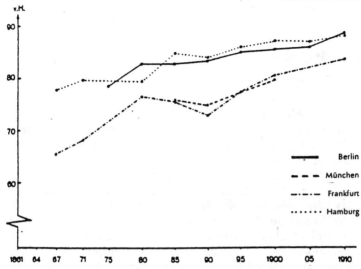

Großstädtische Haushalte mit ausschließlich Familienangehörigen 1867-1910 (in v.H. der Haushalte)[30]

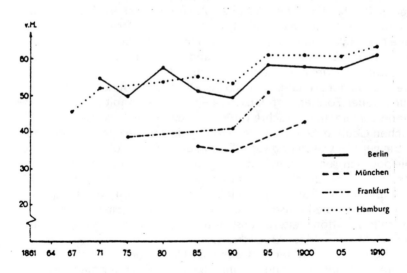

Quelle: Daten des SFB 164 Münster

schlechtsfestschreibungen in den polaren gesellschaftlichen Bereichen mit verschieden großer Raumverfügung und unterschiedlicher gesellschaftlicher Wertung.

3 Räumliche Segregation

Die Auflösung der »Ökonomie des ganzen Hauses« führte zum Wandel der baulich-räumlichen Strukturen. Durch die Trennung der Arbeit für den direkten Gebrauch von der Arbeit für den Tausch verschwanden eng verzahnte Mischnutzungen und räumliche Multifunktionalität. Diese wurden abgelöst von großen städtischen Flächen monofunktionaler Nutzung, auf der einen Seite: Flächen für die Tauscharbeit und auf der anderen Seite: Flächen für die direkte Gebrauchsarbeit. Der durch die Auflösung der Hausökonomie verursachte wirtschaftliche Umwälzungsprozeß betraf das Land wie auch die Stadt und veränderte ihr Verhältnis zueinander. Während die Stadt vorher der Ort wirtschaftlichen Fortschritts und wirtschaftlicher Stärke war, nahm für eine kurze Zeitspanne das Land diese Stellung ein, denn auf dem Land wurde die industrielle Organisation der Tauscharbeit in Form von Hausindustrie und Manufaktur zuerst praktiziert. Die Gründe hierfür waren in den natürlichen Energiequellen bzw. Rohstoffen wie auch in der von den Städten rigide betriebenen Politik zugunsten der alten Zünfte zu suchen. Doch mit der Verbreitung der Dampfmaschine (1765 baute James Watt die erste) wurden die Manufakturen von den natürlichen Energiequellen unabhängig; einziger Grund für einen ländlichen Standort war das städtische Verbot, manufakturell betriebenes Gewerbe anzusiedeln.

Der Verfall der feudalen Wirtschaftsordnung, verbunden mit der Ansiedlung neuer Formen der Tauscharbeit, die den Kapitaleignern hohe Gewinne versprachen, brachte für kurze Zeit einen Aufschwung für die ländlichen Gebiete. So entstanden Dörfer, die vorwiegend von der Hausindustrie geprägt waren und sogar Fabrikdörfer. Doch sobald in den Städten die politisch-rechtlichen Bedingungen geschaffen wurden (z.B. für die Städte in Preußen durch die Stein-Hardenbergschen Reformen (1807–1812)) und neue Transportmittel unabhängiger von Rohstoffquellen machten, wählte die Industrie ihre Standorte dort, wo sie für ihre expandierende Produktion weitere günstige Bedingungen fand wie gute Transportwege, Absatzmärkte, Arbeitskräfte.

Den Konsequenzen der Auflösung der Hausökonomie auf räumliche Strukturen in Stadt und Land soll im folgenden Abschnitt nachgegangen werden. Ich bewege mich also in diesem Kapitel in der räumlichen Dimension der Untersuchung. Es geht um räumliche Auswirkungen des Prozesses der Auflösung der »Ökonomie des ganzen Hauses«. Bezüglich der sozialen Aspekte der räumlichen Veränderungen liegt der Schwerpunkt in der Frage, wie weit die erweiterte Stufe der geschlechtlichen Arbeitsteilung Folgen für die unterschiedliche Raumnutzung und Raumverfügung von Männern und Frauen hatte.[31]

3.1 Hausindustrie und Fabrikdorf

Die hausindustrielle Produktionsweise ließ die alte Form der Hausökonomie bestehen, allein der Kauf der Rohmaterialien und der Verkauf der fertigen Produkte wurden zentral vom Verlag organisiert und lagen nicht mehr in der Hand der »Ökonomie des ganzen Hauses«. Insgesamt behauptete sich die hausindustrielle Hausökonomie bis ins letzte Drittel des 19. Jahrhunderts hinein gegenüber der zentralen Fabrikproduktion in ihrer gesamtwirtschaftlichen Bedeutung für den Bereich der Tauschproduktion. »Immerhin arbeiteten 1882 noch 59,8 Prozent aller in Industrie und Handwerk Beschäftigten in Betriebseinheiten mit nur 1–5 Personen«. Und es ist davon auszugehen, daß davon ein großer Anteil der Hausindustrie zufiel.[32] Deshalb gehen Kriedte, Medik und Schlumbohm in ihrer historischen Untersuchung auch der Frage nach, ob nicht die Hausindustrie – und nicht, wie immer angenommen, die Manufakturen – die eigentlichen Wurzeln der Industrialisierung bildeten.[33]

Dies ist auch der Grund dafür, daß dieser Typ der »Ökonomie des ganzen Hauses«, obwohl er die Wirtschaftsform der vorindustriellen Gesellschaft verkörpert, hier im Kapitel zu den Anfängen der Herausbildung industrialisierter Wirtschaftsstrukturen behandelt wird. Die hausindustrielle Wirtschaftsform vereinigte in sich sowohl die alte wie auch die neue Organisation der gesellschaftlichen Ökonomie. Der Umfang der hausindustriellen Ökonomie war gering und beschränkte sich im allgemeinen auf Eltern und Kinder. Dienstpersonal oder das Zusammenleben von drei Generationen waren Ausnahmen. Für die Gründung der Hausindustrie war eine möglichst hohe Arbeitskapazität beider Erwachsenen ausschlaggebend.[34] Auch die »Kombination von Bevölkerungswachstum und Landknappheit war ein günstiger Nährboden für die Entwicklung von Hausindustrie«[35].

Die wirtschaftlich und räumlich enge Vermischung der Arbeit für den direkten Gebrauch und derjenigen für den Tausch wird in der Beschreibung einer Hausindustrie (um 1875) der Sonneberger Spielwarenindustrie deutlich, und diese Beschreibung gibt nach Rosenbaum ein typisches Bild der räumlichen Nutzungen in der Hausindustrie wieder. »Die Wohnungen bestehen gewöhnlich aus Stube und Kammer, die Räume sind niedrig und von Haus- und Handwerksgeräthe vollgepfropft. In der Stube wird Sommer wie Winter ununterbrochen geheizt, damit die Waare schneller trocknet, die rings um den Herd auf Stangen und Brettern steht. Am Ofen ist eine Vorrichtung angebracht, um heißes Wasser zu halten; der aufsteigende Wasserdunst schlägt sich in der kälteren Schlafkammer nieder und vermehrt dort die natürliche Feuchtigkeit. Die Arbeitsstube, zugleich Küche und Wohnstube, wo sich die Kinder drängen und wo der Meister sein Werk verrichtet, ist gewöhnlich licht, ihre Fenster gehen auf die Gasse; dagegen die Kammer ist selten ventilierbar und noch seltener ventilirt. Sie enthält gerade Raum für 2 oder 3 Betten, die so nahe beisammen stehen, daß zwischen ihnen kein Durchgang frei bleibt; man steigt dann oder wälzt sich von einem Bett in das andere.«[36]

Bedingt durch die Enge der häuslichen Gegebenheiten und durch das organisatorische Ineinanderübergehen von Tauscharbeit und direkter Gebrauchsarbeit mischte sich alles auf kleinstem Raum. Das größte Zimmer war Küche und Werkstatt zusammen. Dieser hohe Grad der Durchmischung verschiedenster Nutzungen erinnert an die bäuerliche Hausökonomie mit ihrer Diele als zentralem Ort. Auch Kriedte, Medik und Schlumbohm betonen die Ähnlichkeiten beider »Ökonomien des ganzen Hauses«. »Proto-Industrie war in einem ganz wesentlichen Sinne Hausindustrie. Doch teilten proto-industrieller und bäuerlicher Haushalt nicht nur das Merkmal der Produktionsform. Über die bloße Produktionsform hinaus war beiden die strukturelle und funktionale Einheit von Arbeit, Konsum und generativer Reproduktion in der Sozialform des ›ganzen Hauses‹ gemeinsam.«[37] Obwohl die hier zitierten Autoren die Hausökonomie als soziales Gebilde ansehen und so in traditioneller Sicht Haus und Familie als Konsum und generative Einheit betrachten, betonen sie doch die allerdings allein durch die Erwerbsarbeit bedingte spezifische ökonomische Grundlage dieser »Sozialform«. Doch der Unterschied zwischen dem bäuerlichen und dem hausindustriellen Typ lag darin, daß die außerhäuslichen Bedingungen andere waren. Ein wesentliches Moment der hausindustriellen Produktion war die Herausverlagerung von Anlieferung der Rohstoffe und Verkauf der fertigen Produkte. Sie führte zu einem empfindlichen Verlust der Autarkie und damit zur Abhängigkeit vom Verleger. Die Herausverlagerung und damit Abhängigkeit betraf jedoch allein die Tauscharbeit, der Teil der direkten Gebrauchsarbeit blieb davon zunächst unberührt. Die direkte und minimale Subsistenz der hausindustriellen Ökonomie war anfangs – später dann immer weniger – auch durch die direkte Gebrauchsarbeit gegeben. Diese Tatsache übersehen leider auch Kriedte, Medik und Schlumbohm in ihrer Untersuchung, wenn sie sich ausschließlich auf nur einen Teil der Hausökonomie, die gewerbliche Tauscharbeit, beziehen und allein von daher eine Abhängigkeit der hausindustriellen Ökonomie vom wirtschaftlichen Gesamtsystem konstatierten.

Im Laufe der zunehmenden Industrialisierung reduzierten sich die Möglichkeiten eigener Subsistenz. Der vormalige kleine Landbesitz wurde aufgegeben und damit auch ein Teil der Produktion von Nahrungsmitteln. Grund dafür war wohl, daß jedes Arbeitsvermögen primär für die hausindustrielle Tauschproduktion eingesetzt wurde. Insofern kann man zwar nicht von einer gänzlichen, doch von einer wachsenden Abhängigkeit vom kapitalistischen Wirtschaftssystem sprechen. Die ökonomische Abhängigkeit und die reale Ausbeutung durch den Verleger führten zu den ärmsten Lebensverhältnissen in der Hausindustrie.[38] Dazu schreiben Kriedte u.a.: »Obwohl die ländlichen Gewerbetreibenden mit dem Fortgang der Proto-Industrialisierung einen zunehmenden Anteil auch ihrer elementaren Subsistenzbedürfnisse nur noch mit Hilfe eines Geldeinkommens befriedigen konnten, dessen Erarbeitung auf kapitalistisch strukturierten Marktverhältnissen und Warentausch basierte, verhielten sie sich zu diesen Vorbedingungen ihrer Existenz noch nach Regeln der traditionellen bäuerlich-gewerblichen Familienwirtschaft.«[39]

In unseren Kategorien gedacht bedeutet dieser Wandel eine inhaltliche und zeitliche Konzentration und Reduktion innerhalb der direkten Gebrauchsarbeit. Inhaltlich konzentrierte sie sich nicht mehr auf die Herstellung, sondern auf die Zubereitung der Nahrung, zeitlich konzentrierte sie sich auf ein Minimum, in dem die notwendigen Arbeiten verrichtet wurden und beschränkte sich insgesamt im Verhältnis zur Tauscharbeit.

Die Erwerbsarbeit dominierte immer mehr das Geschehen in der Hausindustrie. Das Ansehen des Geldeinkommens wuchs mit dem Profit, der durch größere Handelsverflechtungen zustande kam. Als allgemeines Äquivalent schaffte das Geld die Voraussetzung, um solche Güter zu erwerben, die nicht in der eigenen Hausökonomie produziert wurden und die auch nicht gegen die in der eigenen Hausökonomie produzierten Waren zu tauschen waren.

Regional hatte sich die Hausindustrie an spezifischen Orten angesiedelt und entwickelt. »Bevorzugt war sie zu finden in gebirgigen Gegenden, wo bäuerlicher Klein- und Kleinstbesitz vorherrschte und die Landwirtschaft schlechte Erträge brachte. In Mittel- und Ostdeutschland waren die Mittelgebirgsgegenden mit ihren schlechten Böden Zentren der Hausindustrie. Hinzu kamen im Westen Deutschlands der Düsseldorfer und Aachner Bezirk, Lothringen, das Unter-Elsaß, der Württembergische Schwarzwaldkreis und nur zwei Städte: Berlin und Bremen.«[40] Warum gerade diese beiden Städte dazu gehörten, also die Ansiedlung verlegerischer Tätigkeiten dort nicht wie in anderen Städten verboten wurde, wird bei Rosenbaum nicht gesagt. Für Berlin ist zu vermuten, daß der Grund in der relativ jungen Geschichte der Stadt als solcher zu suchen ist, wodurch sich wenig mittelalterliche Wirtschafts- und Gemeindestrukturen etablieren konnten und deshalb die Zünfte nicht diesen relevanten stadtpolitischen Einfluß gewannen. Berlin muß von daher nicht allein für die hausindustrielle Entwicklung, sondern insgesamt für Manufaktur und später Fabrik Bedingungen geboten haben, aus denen sich die spätere expansive Entwicklung der Stadt durch die Industrialisierung auch mit erklären läßt. Diese Vermutung wird bestärkt durch die Tatsache, daß die Stein-Hardenbergschen Reformen – die Aufhebung des Zunftzwangs, die Einführung der Gewerbefreiheit, die Abschaffung der Erbuntertänigkeit und die Selbstverwaltung der Städte durch eine gewählte Bürgerschaft (wenn auch an Zensus und Besitz gebunden) – von Berlin ausgingen, deren Durchsetzbarkeit gegen traditionelle Fesseln und Widerstände gegen die Industrialisierung seitens jahrhundertelang fest verankerter Zünfte leichter möglich war. Insgesamt war die Hausindustrie jedoch ländlich angesiedelt.[41]

Ein Beispiel aus dem Aachener Raum, der Eifel, soll die Situation hausindustrieller ländlicher Strukturen verdeutlichen. Monschau gehörte zu einem Gebiet, in dem vorwiegend Tuch produziert wurde. Bevor dort die Hausindustrie Einzug hielt, gab es in Monschau praktisch kein Gewerbe. Die kleinbäuerlichen Hausökonomien versorgten sich selbst mit dem Nötigsten und für anderes war nichts übrig. Die Standortbedingungen für die Tuchmacherei waren ideal: es gab kalkfreies, weiches Wasser zum Waschen und Färben der Wolle, ganzjährig fließendes Gewässer mit starkem Gefälle zum Betrieb von Walkmühlen, Torf als billiges Brennmaterial und eine arme Bevölkerung. Durch Vertreibung der Protestanten Mitte des 17. Jahrhunderts aus Aachen kam Kapital nach Monschau, mit dem die hausindustrielle Entwicklung begann und das Verlagswesen aufgebaut wurde.

Schon von Anfang an hatten die Tuchverleger fast alle Arbeiten als hausindustrielle Lohnarbeit vergeben, d.h. sie legten die Rohstoffe (hier Wolle) vor, ließen die Tuche hausindustriell fertigen und holten die Produkte ab, um sie zu vertreiben. Das Geld, das sie zahlten, war folglich keine Vergütung der Ware, sondern ein Lohn für die geleistete Arbeit. Die Herstellung der Färbemittel nahm der Verleger selbst vor, denn die Rezepte dazu hielt er streng geheim. In der Anfangszeit brachte es den Vorteil, daß in der alten bäuerlichen Hausökonomie, in der die Tuchherstellung für den eigenen Bedarf »gang und gäbe war, das notwendige Handwerkszeug (Handspindeln, Haspeln, Schergatter, Webstuhl mit Zubehör) noch vorhanden war.

Durch die hausindustrielle Produktion wandelte sich die ehemalige landwirtschaftliche Siedlungsstruktur. In der Tuchmacherhausindustrie erforderte der gewerbliche Arbeitsprozeß einen Standort direkt am fließenden Wasser. So entwickelte sich eine langgestreckte Siedlungsanlage entlang der Rur, die in sich eine starke Mischnutzung hatte. Hinter den Häusern lagen die Hausgärten, die in Monschau bis zur Enteignung zur Errichtung von Manufakturen intensiv bewirtschaftet wurden. (Abb. 21, Seite 126)

Die Häuser der Verleger ragten aufgrund ihrer Größe und Pracht aus der Siedlung heraus. Eines will ich kurz beschreiben: Das »Rote Haus« wurde 1760 von dem Kaufmann und Verleger Johann Heinrich Scheibler errichtet. Er entlohnte 1765 bereits etwa 6000 Arbeiter, und da seine Handelsbeziehungen weit reichten, war sein Haus das eines reichen Kaufmanns. Es lag am Fluß, am besten Standort, dort, wo das Wasser noch sauber war, noch nicht verschmutzt vom Entfetten der Schafwolle, wozu Urin verwendet wurde, und durch flußaufgelagerte Färbereien. In der linken Haushälfte waren die Zimmer für die Arbeit für den direkten Gebrauch und in der rechten diejenigen für den Tausch untergebracht: im Keller links die Küche, recht die Walke (Gerät zum Pressen und Kneten der Wolle, um die Faser zu verfilzen) und die Appretur, im Parterre rechts die Kontorräume und weiter oben in den drei Dachgeschossen Tuchlager und Speicher zur Lagerung der Wolle, links im Parterre das Eßzimmer und das sogenannte Herrenzimmer, darüber diverse Schlafzimmer. Daneben gab es ein extra Kinderhaus, in dem diese mit ihren Betreuungspersonen lebten.

Der Erbauer hatte auch zwei Eingänge für die zwei Hälften seiner Hausökonomie vorgesehen; den für den Teil der direkten Gebrauchsarbeit nannte er »Zum goldenen Helm« und den für den Teil der Tauscharbeit »Zum Pelikan«. (Abb. 22, Seite 127)

Die häuslichen Verhältnisse der Heimarbeiter/innen waren sehr beengt und ärmlich.»Er (der gemeine Mann, U.T.) schränkt sich dabei immer mehr ein und behilft sich mit einem einzigen Zimmer, worin er nicht allein sein Handwerk treibt, sondern auch mit seiner ganzen Hausgenossenschaft wohnt und schläft. Bei dem hohen Preis des Brennholzes versperrt er nun im Winter der äußeren Luft allen Zugang aufs sorgfältigste, und so leben diese Menschen in einer Atmosphäre, die beim Eintritt in ein solches Zimmer jeden Fremden zu ersticken droht.«[42] (Abb. 23, Seite 128)

Später wurden in Monschau Manufakturen errichtet, denn für die Verleger wurde die manufakturelle Produktion profitabel. Damit entfielen

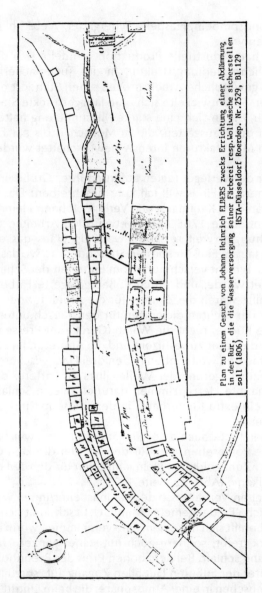

Abb. 21: Monschau/Eifel
Quelle: Willi Hartmann: Die baulich-räumliche Entwicklung Monschaus vor dem Hintergrund wirtschaftlicher, politischer und sozialer Wandlungen, Seminararbeit an der FH Aachen, WS 84/85

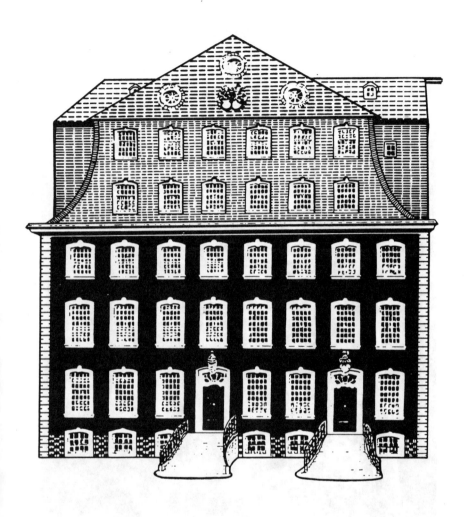

Abb. 22: Das »Rote Haus« in Monschau. Haus des Verlegers J. H. Scheibler, erbaut 1760
Quelle: Prospekt zur Geschichte Monschaus des Verkehrsamtes in Monschau/Eifel

Abb. 23: Hausindustrie
Quelle: Gesine Asmus (Hrsg.): Hinterhof, Keller und Mansarde, Reinbek bei Hamburg 1982, S. 84

Transportkosten, Überwachung und Organisation des Arbeitsablaufs wurden rationeller und die relative Eigenständigkeit der Heimarbeiter, die sich in Monschau inzwischen organisiert hatten und Lohnforderungen aufstellten, fiel damit weg.

Festzuhalten bleibt, daß im hausindustriellen Typ der »Ökonomie des ganzen Hauses« wesentliche Teile der Wirtschaft aus dem Haus verlagert waren. Diese betraf beide Seiten der Hausökonomie, doch besonders diejenige des Tauschs. Die Arbeit für den Tausch war von der Anlieferung der Rohmaterialien und vom verlegerischen Verkauf ihrer Produkte abhängig und die Arbeit für den direkten Gebrauch produzierte die Nahrungsmittel nicht mehr von Grund auf, sondern kaufte die Grundstoffe.

Innerhalb der Gewichtung zueinander veränderten sich mit diesem Typ einige wesentliche Faktoren:
- Das Hauptarbeitsgerät der Tauscharbeit (z.B. der Webstuhl) wurde vom Verleger gestellt, war also dessen Eigentum.
- Das Verarbeitungsmaterial wurde vom Verleger geliefert, den Verkauf der Produkte besorgte der Verleger.
- Damit gewann der ökonomische Einfluß von außerhalb der Hausökonomie ein entscheidendes Gewicht.
- Insgesamt gewann die Arbeit für den Tausch innerhalb der Hausökonomie an Gewicht und dominierte diese.
- Die direkte Gebrauchsarbeit reduzierte sich. War sie früher auch wesentlich Nahrungsmittelproduktion gewesen, konzentrierte sie sich auf die Verarbeitung der Lebensmittel.

Hierbei wird eine Tendenz zur Lohnarbeit sichtbar.

Diese veränderten äußeren und inneren Bedingungen führten zu einer Variante der geschlechtlichen Arbeitsteilung und damit zu neuen räumlichen Nutzungen durch Männer und Frauen. In den Arbeiten von Kriedte u.a. und von Rosenbaum werden für diesen Typus der »Ökonomie des ganzen Hauses« eine relative Aufhebung der geschlechtlichen Arbeitsteilung konstatiert. War die Arbeit beider, von Mann und Frau, in der bäuerlichen und handwerklichen Hausökonomie unverzichtbar für die Wirtschaft und ökonomisch miteinander verzahnt, so war sie doch geschlechtsspezifisch eindeutig zugewiesen. Diese traditionelle Arbeitsteilung wurde nun in der hausindustriellen Ökonomie tendenziell aufgegeben. Neu war, daß die alten Kriterien der Aufteilung: Arbeit für den direkten Gebrauch auf der einen Seite und Arbeit für den Tausch auf der anderen Seite nicht mehr galten. In diesem Typ der »Ökonomie des ganzen Hauses« bestimmte die Tauscharbeit den Wirtschaftskreislauf, und alle Angehörigen beteiligten sich an ihr. Die Arbeit für den direkten Gebrauch geriet in den Hintergrund, und wo noch Reste einer agrarischen Existenz vorhanden waren, wurden sie mit der Zeit aufgegeben.[43] (Abb. 24, siehe unten)

Abb. 24: Heimarbeiter aus Oberfranken bei der Fertigung von Korbwaren
Quelle: Leben und arbeiten im Industriezeitalter. Ausstellungskatalog des Germanischen Nationalmuseums, Nürnberg 1985, S. 240

Die Aufhebung der traditionellen geschlechtlichen Arbeitsteilung ging teilweise sogar so weit, daß die Frau vorrangig die gewerbliche Produktion trug und der Mann die direkte Gebrauchsarbeit verrichtete. Die geschlechtsspezifisch traditionell angeeigneten Fähigkeiten und Kenntnisse wurden überschnitten.

Die Frau als Messer- und Nagelschmied gab es ebenso wie den Mann als Spitzenklöppler. Gerade im Textilgewerbe war vielfach die Frau aus ihrem traditionellen Arbeitsvermögen effektiver als der Mann. »Zumindest im Grenzfall führte die Anpassung der familiären Arbeitsorganisation an die Überlebensbedingungen noch über das Verschwinden der traditionellen Arbeitsteilung der Geschlechter hinaus, zu ihrer Umkehr, zu ihrer Austauschbarkeit: falls die Produktionsbedingungen die ›Vernachlässigung‹ der hauswirtschaftlichen Tätigkeit durch die Frau erzwangen, konnte dieser ›Funktionsverlust‹ vom Mann durch die Übernahme der traditionell weiblichen Rolle kompensiert werden. Das, was zeitgenössischen Beobachtern der Mittel- und Oberschicht allzu schnell als Umkehrung der ›natürlichen‹ Verhältnisse erschien, bedeutete für Weber-, und mehr noch für spezialisierte Spinnerhaushalte, keineswegs ein ›Rollenproblem‹: daß die Männer kochen, fegen und melken ›um das gute fleißige Weib in seiner Arbeit nicht zu stören‹.«[44]

Diese Aufhebung der geschlechtsspezifischen Arbeiten ist grundlegend neu und zeigt eine für Mann und Frau gleichzeitige und selbstverständlich intensive räumliche Nutzungskonzentration im Hause. Ob sich diese Aufhebung der geschlechtlichen Arbeitsteilung auch außerhäuslich fortsetzte, ist aus den Gegenden der Hausindustrie nicht bekannt.

Insgesamt gilt, daß der hausindustrielle Typ der »Ökonomie des ganzen Hauses« einen Übergangstyp von der alten Wirtschaft zur neuen darstellt. Doch diese Form setzte sich nicht durch und verschwand fast gänzlich. Gleiches gilt für die Aufhebung der geschlechtlichen Arbeitsteilung, denn auch sie ist in dieser Qualität außergewöhnlich. Die Prägung des gesamten innerhäuslichen Lebens durch die gewerbliche, hausindustrielle Arbeit auf der einen Seite und auf der anderen Seite die außerhäusliche Abhängigkeit vom Verlag bargen bereits wesentliche Grundlagen der sich durchsetzenden Entwicklung. Nicht das Haus, sondern die Fabrik sollte der Ort der zukünftigen wirtschaftlichen, sozialen und räumlichen Veränderungen werden.

Die ländlichen Regionen der Hausindustrie verarmten, denn die Fabriken wurden nach der Auflösung der städtischen Zunftschranken direkt in die Städte verlegt. (Abb. 25 und 26 Abb. 26, S. 132) Dennoch waren die ersten Manufakturen, in denen die gewerbliche Arbeit aus der »Ökonomie des ganzen Hauses« herausgelöst und zentral organisiert wurden, auf dem

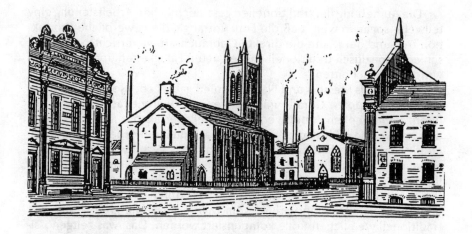

Abb. 25
Quelle: Leonardo Benevolo: Die Geschichte der Stadt, Frankfurt/New York 1984, S. 783

Abb. 26
Quelle: Leben und arbeiten im Industriezeitalter. Ausstellungskatalog des Germanischen Nationalmuseums, Nürnberg 1985

Lande zu finden. »Die ersten Fabrikgründungen wurden hauptsächlich durch bisher als Verleger tätige Kaufleute vorgenommen, die allein über die nötigen Finanzmittel verfügten, um die teuren Maschinen, die noch aus dem Ausland (Belgien, England, Frankreich) eingeführt werden mußten, zu erwerben und um die benötigten Fabrikgebäude zu errichten.«[45]

Der Übergang zum mechanisch betriebenen Webstuhl in der Manufaktur von durch Handgreifung bewegtem Webstuhl im Hause zeigt einen wesentlichen Sprung innerhalb der Entwicklung einer neuen Arbeitsorganisation von Mensch und Arbeitsgerät. Er zeigt aber auch die erste Etappe der Auflösung der »Ökonomie des ganzen Hauses« durch die Zentralisierung der Arbeit für den Tausch am anderen Ort: in der Manufaktur.

Doch erst der mit Dampf betriebene Webstuhl führte im Textilgewerbe zum Durchbruch der Manufakturen auf breiter Ebene und letztendlich zur Gründung von Fabriken. Die Skala von Henning zeigt die Verbreitung der Dampfmaschine am Beispiel Preußens (siehe Grafik unten).

Ob im Textil- oder Eisengewerbe, die Manufakturen bzw. Fabriken wurden größer und immer mehr Arbeit für den Tausch konzentrierte sich dort. (Abb. 27a, Seite 135, Abb. 27b, Seite 136, Abb. 28a, Seite 137, Abb. 28b, Seite 138)

Zahl der Dampfmaschinen in der gewerblichen Wirtschaft Preußens[46]

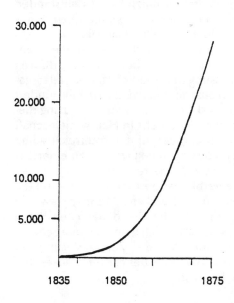

Bis zur Mitte des 19. Jahrhunderts wurden »etwa 6 v.H. der Wollgewebe auf mechanischen Webstühlen hergestellt, 94 v.H. auf Handwebstühlen. Letztere arbeiteten zu einem Drittel in Fabriken oder Manufakturen und zu zwei Drittel in Heimarbeit«.[47] Dieser quantitative Unterschied Hennings wird bei Kuczynski, der sich auf eine Untersuchung von K.H. Kaufhold stützt, noch einmal qualitativ differenziert: er unterscheidet zwischen der dezentralisierten und der zentralisierten Manufaktur. »Bei der dezentralisierten Manufaktur ... war nur ein Teil des gesamten Produktionsprozesses (in der Regel das Anfangs- und/oder das Endstadium) zentralisiert; der übrige Teil wurde durch rechtlich selbständige, doch ökonomisch abhängige Produzenten dezentralisiert in der Art des Verlages durchgeführt. Diese Parallele zum Verlag war indes nur scheinbar, denn die Bindung der nicht-zentralisierten Produzenten war ungleich strenger als die der Verlegten, weil sie nur noch einen Teilbereich der Erzeugung wahrnahmen. Sie waren damit voll in die arbeitsteilig organisierte Koordination des Produktionsprozesses durch den Unternehmer eingespannt.«[48]

Wo auch immer aufgrund günstiger Standortbedingungen (Rohstoffe, Energiequellen durch Wind und Wasser) und außerhalb der Geltungsbereiche städtischer Zunftbestimmungen (außerhalb der Bannmeile also) Manufakturen und später Fabriken errichtet wurden, die Arbeitskräfte mußten nun zum außerhäuslichen Ort der Tauscharbeit hingehen, oft über größere Entfernungen zu diesen Stätten hinziehen. Es entstanden die Fabrikdörfer. Ihre Bewohner waren die durch die »Bauernbefreiung« von ihren Lehen vertriebenen Mitglieder bäuerlicher Hausökonomien sowie städtische Handwerksgesellen, denen die Zunftschranken die Gründung eigener Betriebe und eigener Hausstände verboten, d.h. sie durften nicht einmal heiraten. »Mit der Auflösung der überlieferten Arbeitsorganisation des Gewerbes hängt es auch zusammen, daß im 19. Jahrhundert die Zahl der verheirateten Gesellen stark zunimmt ... Voraussetzung dieser Entwicklung ist es, daß der Geselle nicht mehr in Hausgemeinschaft mit dem Meister lebt,« schreibt Mitterauer, der für den österreichischen Raum nachgewiesen hat, daß diese Entwicklung kurzfristig zu einer Urbanisierung auf dem Land führte.[49] (Abb. 29, Seite 139)

In welchen Räumlichkeiten die verbliebene Arbeit für den direkten Gebrauch verrichtet wurde, ist leider nicht überliefert. Es mag so wie in der Hausindustrie gewesen sein, daß dazu die kleinbäuerlichen Katen dienten. Anders als in der Hausindustrie setzte sich damit das alte Schema der geschlechtlichen Arbeitsteilung fort. Mit der Zentralisierung der Tauscharbeit löste sich insgesamt die »Ökonomie des ganzen Hauses« auf und verlor gleichzeitig ihre agrarische Existenz.

Abb. 27 a: Auf Wasserkraft angewiesene Papiermanufaktur in Weidenmühle in der Nähe von Nürnberg
Quelle: Hermann Glaser: Maschinenwelt und Alltagsleben, Frankfurt 1981

Abb. 27 b: Mit Dampf betriebene Manufaktur
Quelle: Hermann Glaser: Maschinenwelt und Alltagsleben, Frankfurt 1981

Abb. 28 a: Halle einer Drahtzieherei
Quelle: Hermann Glaser: Maschinenwelt und Alltagsleben, Frankfurt 1981

Abb. 28 b: Halle von Werkzeugbauern
Quelle: Hermann Glaser: Maschinenwelt und Alltagsleben, Frankfurt 1981

Abb. 29: Fabrikdorf »Pinzberg«/Bayern
Quelle: Leben und arbeiten im Industriezeitalter, Katalog der Ausstellung im Germanischen Nationalmuseum, Nürnberg 1985, S. 178

Was nach der Herauslagerung der Tauscharbeit am alten Ort verblieb, wandelte sich. Inhalt und Form der direkten Gebrauchsarbeit veränderten sich. Das Resultat, die neue Art der direkten Gebrauchsarbeit, bezeichne ich im folgenden mit dem heute gängigen Begriff der Hausarbeit. Gleiches gilt für den Wandel der Wirtschaftsform, in dem die direkte Gebrauchsarbeit stattfand. Nach der Herauslagerung der Tauscharbeit läßt sich diese nicht mehr als »Ökonomie des ganzen Hauses« bezeichnen. Deshalb spreche ich dann – auch wieder in heute üblicher Bezeichnung – von der Hauswirtschaft.

Es geht also in der ökonomischen Dimension um den Wandel (a) von der »Ökonomie des ganzen Hauses« zur Hauswirtschaft und (b) von der Arbeit für den direkten Gebrauch zur Hausarbeit. Dieser neue wirtschaftliche Bereich blieb dezentral und fand seine räumliche Entsprechung in der »Wohnung«. Der Begriff »Wohnung«, den wir heute für den Ort der Arbeit für den direkten Gebrauch benutzen bzw. die Funktion »Wohnen« bildete sich damit erst in jener Zeit heraus, fand seine inhaltliche Bestimmung durch diese ökonomischen Vorgänge und die räumliche Trennung von Arbeit für den Tausch und Arbeit für den direkten Gebrauch. Auch in der sozialen Dimension deutete sich die zukünftige Entwicklung an:

Die Arbeit für den direkten Gebrauch als Frauenarbeit, deren Ort die Wohnung wurde, definiert die Rolle der Frau als »Frau im Hause« und damit als »Hausfrau«.

So waren die »modernen« Lebensweisen der Industriegesellschaft zuerst auf dem Lande anzutreffen, und das Land, nicht die Stadt, war historisch der Ort, von dem die Auflösung der »Ökonomie des ganzen Hauses«, die veränderten Räumlichkeiten und die Fort- und damit Festschreibung der geschlechtlichen Arbeitsteilung ausgingen.

3.2 Die Industriestadt

Auch in der Industriestadt des 19. Jahrhunderts gab es Verleger und Heimarbeit, und auch die alte Hausökonomie des Handwerks und des Kleinhandels existierten weiter. Doch das Charakteristische an den städtischen Raumstrukturen dieses Jahrhunderts wurde durch die Auflösung der alten Hausökonomie und die damit verbundene Aufspaltung der Arbeit für den direkten Gebrauch und der Arbeit für den Tausch hervorgerufen.

Das 19. Jahrhundert war das Jahrhundert des endgültigen Durchbruchs der Zentralisierung der gewerblichen Arbeit, der Entstehung von Ballungsgebieten, wie sie in ihren Ausmaßen für den mitteleuropäischen Raum bislang nicht üblich waren. Es war auch das Jahrhundert der Stadt, denn im 19. Jahrhundert wurden die Städte »in hohem Grade Tätigkeitsräume der Wirtschaft«[50].

Zum einen schafften die Stein-Hardenbergschen Reformen (1807–1812) in Preußen günstige Bedingungen für die »Rückkehr« der gewerblichen Produktion vom Land in die Städte.[51] Die Anfang des Jahrhunderts erlassenen Edikte wirkten sich erst um die Jahrhundertmitte richtig aus. Zum anderen führte die Gründung des deutschen Kaiserreiches 1872 zu relativ einheitlichen Marktbedingungen innerhalb des gesamten deutschen Raumes.[52] Doch die administrativen Maßnahmen waren nur Rahmenbedingungen räumlicher Strukturen; der Kern dieser Strukturen lag in der Produktivitätssteigerung der gewerblichen Wirtschaft, also der Arbeit für den Tausch, die wiederum von privatem Profitstreben der Eigentümer am Produktivkapital wie auch von technischen Erneuerungen der Arbeitsgeräte abhingen.

Auffallend und in der Literatur auch immer wieder erwähnt ist die Zunahme der städtischen Bevölkerung im 19. Jahrhundert. Alle Daten zeigen für die Städte in diesem Jahrhundert einen enormen Bevölkerungszuwachs. Für Frankfurt und Hamburg gibt die folgende Grafik einen Überblick zur Bevölkerungsentwicklung (siehe Seite 141).

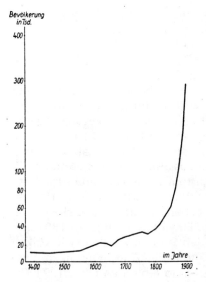

Bevölkerungskurve für die Stadt Frankfurt/M. vom Jahre 1376 bis zum Jahre 1900 mit Eingemeindungen

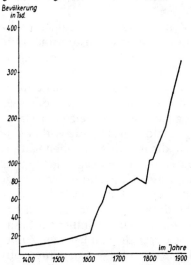

Bevölkerungskurve für die Stadt Hamburg vom Jahre 1376 bis zum Jahre 1901, nicht Staatsgebiet[53]

Quelle: Hans Mauersberg: Wirtschafts- und Sozialgeschichte zentraleuropäischer Städte in neuerer Zeit, Göttingen 1960

Für Hamburg registriert Mauersberg aufgrund hinreichend gesicherten Zahlenmaterials in den 90 Jahren von 1811 bis 1901 ein Anwachsen der Einwohner von 132 007 auf 788 652, also um das Sechsfache. »Mit dem 19. Jahrhundert setzte in der Bevölkerungsgeschichte überhaupt eine ganz andere Entwicklung ein. Jetzt wurden wirtschaftliche und soziale Kräfte freigesetzt, die in dem bisherigen geschichtlichen Ablauf nicht existent werden konnten, weil hierfür jedwede wirtschaftliche und soziale Voraussetzung gefehlt hätte. Diese Bewegung begann vornehmlich im zweiten Drittel des 19. Jahrhunderts und leitete einen bevölkerungsgeschichtlichen Prozeß ein, der von den damals lebenden Statistikern und Staatsökonomen nie vorausgesehen werden konnte.«[54] Es gab insgesamt ein Bevölkerungswachstum in Deutschland, das Fortschritten in Medizin und Hygiene zugeschrieben wird, wofür geringere Säuglingssterblichkeit und gestiegene Lebenserwartung sprechen. Die Gesamtbevölkerung stieg von 24,5 Mio. Einwohnern im Jahre 1801 auf 65 Mio. Einwohner im Jahre 1911. In den Städten wurde der Bevölkerungszuwachs verschärft durch die ländlichen Abwanderungen und den Zustrom an die Stätten der Industrie. So lebten im Jahre 1871 64 Prozent der Bevölkerung auf dem Land und 36 Prozent in Städten, 1919 war das Verhältnis umgedreht: 37 Prozent lebten noch auf dem Land, 63 Prozent in den Städten.

Für die Zeit von 1875 bis 1910, die Zeitepoche der schnell anwachsenden Industrie, haben Hohorst/Kocka und Ritter Wachstumsraten für diverse Städte zusammengestellt, wovon die Tabelle auf S. 143 nur einen Ausschnitt darstellt.[55]

Der enorme städtische Bevölkerungszuwachs resultierte nicht allein aus der Zuwanderung von Arbeitskräften, sondern auch aus der sich durch den Arbeitsplatz eröffnenden Möglichkeit, einen eigenen Hausstand einzurichten. Handwerksgesellen, Tagelöhner u.a., die vorher keine ökonomische Grundlage und auch nicht die rechtliche Freiheit hatten, einen eigenen Hausstand zu gründen, waren nun in der Lage dies zu tun. Nicht selten war die Gründung eines eigenen Hausstandes sicher auch ökonomische Notwendigkeit, zum einen weil der Lohn des Industriearbeiters durch den Lohn von Frau und Kindern[56] »aufgebessert« wurde, zum anderen, weil mit der Befreiung von feudalen und zünftigen Schranken auch die Befreiung von der Versorgung durch die Feudal- bzw. Zunftherrschaft verbunden war. Die Sorge, die sie dafür trugen, daß ihre Leibeigenen, Knechte, Mägde, Lehrlinge und Gesellen ein Dach über dem Kopf hatten, bekleidet und ernährt waren, entfiel mit der Lohnarbeit für den Fabrikherren. Sie nahmen sich nur in wenigen Ausnahmen dieser Sorge an. War in der »Ökonomie des ganzen Hauses« gerade diese Sorge

	Bevölkerung im Jahre			Wachstumsrate der Bevölkerung 1875—1910 in %
	1875	1890	1910	
Berlin	966 859	1 587 794	2 071 257	114,2
Bremen	102 532	125 684	217 437	112,1
Breslau	239 050	335 186	512 105	114,2
Charlottenburg	25 847	76 859	305 978	1 083,8
Chemnitz	78 209	138 954	287 807	268,0
Dortmund	57 742	89 663	214 226	271,0
Dresden	197 295	276 522	548 308	177,9
Düsseldorf	80 695	144 642	358 728	344,5
Duisburg	37 380	59 285	229 438	513,8
Essen/Ruhr	54 790	78 706	294 653	437,8
Frankfurt/M.	103 136	179 985	414 576	302,0
Hamburg	264 675	323 923	931 035	251,8
Hannover	106 677	163 593	302 375	183,4
Kiel	37 246	69 172	211 627	468,2
Köln	135 371	281 681	516 527	281,6
Königsberg	122 636	161 666	245 994	100,6
Leipzig	127 387	295 025	589 850	363,0
Magdeburg	87 925	202 234	279 629	218,0
München	193 024	349 024	596 467	209,0
Nürnberg	91 0181	42 590	333 142	266,0
Stettin	80 972	116 228	236 113	191,6
Stuttgart	107 273	139 817	286 218	166,8

ein Hauptteil der Arbeit für den direkten Gebrauch und es selbstverständliche Aufgabe der Meisterin, sich um das leibliche Wohl derjenigen zu kümmern, die im Handwerksbetrieb die Arbeit für den Tausch erledigten, so ging diese gebrauchswirtschaftliche Existenzsicherung mit der industriellen Zentralisierung und Expansion der Betriebe verloren. Die Folge war, daß sich die Industriearbeiter nun nicht nur selbst um ein Dach über ihrem Kopf zu sorgen hatten, sondern daß ihnen auch alles selbst überlassen blieb, was ihnen vorher durch die Arbeit für den direkten Gebrauch in der »Ökonomie des ganzen Hauses« – wie karg oder üppig auch immer – zugesichert war. Die Hausstandsgründungen wurden also ökonomisch möglich durch den Lohnarbeitsplatz in der Fabrik, ökonomisch notwendig durch den Verlust gebrauchswirtschaftlicher Versorgung. Es strömten also nicht allein die männlichen Arbeitskräfte in die Städte, sondern mit ihnen – oder auch allein – Frauen und Kinder. Deren werden mit den Hausstandsgründungen dann noch mehr geboren.

Die folgende Tabelle über den Anteil der Eheschließungen in Berlin gibt einen Eindruck von der Häufigkeit der Haushaltsgründungen, wobei hier erst die frühe Industrialisierung der ersten Hälfte des 19. Jahrhunderts berücksichtigt wurde.

Eheschließungen in Berlin (in Prozent) der mittleren Bevölkerung im Durchschnitt der Jahre[57]

1816–1820	=	24,36
1821–1825	=	20,59
1826–1830	=	18,83
1831–1835	=	17,68
1836–1840	=	19,31
1841–1845	=	18,89
1846–1850	=	18,23

Dazu schreibt Liebchen: »An der vorstehenden Tabelle fällt auf, daß die Heiratshäufigkeit in dem Jahrzehnt nach 1815 besonders groß war und mit 31,5 Prozent der mittleren Bevölkerung 1815 den höchsten Stand des Jahrhunderts überhaupt erreichte. Erklärt sich diese Tatsache aus dem durch die vorangegangene lange Kriegszeit erzeugten ›Nachholbedarf‹, so kann die in den zehn Folgejahren andauernde relativ hohe Eheschließungsquote nicht mehr darauf zurückgeführt werden; vielmehr dürften diese hohen Raten eine Folge davon sein, daß ›Etablierung‹ und Familiengründung in der durch Gewerbefreiheit liberalisierten Wirtschafts- und Gesellschaftsordnung nach 1815 erleichtert waren. Nach 1825, als der Drang zur Selbständigkeit zwar nicht mehr auf gesetzliche, dafür aber auf ökonomische Schranken stieß, pendelte sich die Heiratshäufigkeit auf einen Wert ein, der in den einzelnen Jahren nur noch geringfügigen Schwankungen unterlag.«[58]

Damit wird die Aussage bestätigt, daß mit der Auflösung der »Ökonomie des ganzen Hauses« die Freisetzung von Arbeitskräften einherging und diese von ökonomischer und sozialer Bindung freien Menschen eigene Hausstände gründeten. Diese Tatsache weist auf ein ungeheuerliches räumliches Wachstum der Städte hin. Und zwar nicht in erster Linie durch manufakturelle und industrielle Produktionsanlagen, sondern durch die vielen Wohnungen, die die einzelnen Haushalte benötigten, denn die Arbeit für den direkten Gebrauch verblieb ja in ihrer dezentralen Organisation. Der Raumanspruch der direkten Gebrauchsarbeit stieg damit gewaltig an. Berlin, vormals als Ort der »Ökonomie des ganzen Hauses« unbedeutend, wuchs mit der Auflösung dieser Wirtschaftsform. Zuerst als Residenzstadt und später als Industriemetropole kennzeichnete seine Entwicklung die neue Wirtschaftsepoche und die neuen räumlichen Strukturen überaus deutlich.[59]

Die Entwicklung zur Industriestadt will ich am Beispiel Berlins veranschaulichen. Berlin war im ausgehenden 17. und angehenden 18. Jahrhundert die Residenzstadt der brandenburgischen Kurfürsten. Die Einwohnerzahl betrug etwa um die Jahrhundertwende 19 000. Im Verhältnis beispielsweise zur Einwohnerzahl von Paris, die damals rund 720 000 betrug, war Berlin unbedeutend und klein. Jedoch bereits Friedrich Wilhelm (1640–1688), auch der »Große Kurfürst« genannt, versuchte Berlin zu einer den anderen europäischen Städten vergleichbaren Residenzstadt zu machen. Dies vor allem auch durch die Förderung des Zuzugs gebildeter Ausländer. Hegemann beschreibt dieses Anliegen des Kurfürsten mit Ironie: »Die großen Steuererleichterungen und sonstigen Vorrechte, durch die der ›Große‹ Kurfürst und seine Frau ihre neuen Berliner Privatstädte für gebildete Ausländer einigermaßen bewohnbar gemacht hatten, bewirkten, daß namentlich die ›Neustadt‹, d.h. die neue Dorotheenstadt, sich als ›le quartier des nobles‹, d.h. Heim französischer Einwanderer, entwickelte im Gegensatz zu der Altstadt, wo die eingeborenen und steuerbelasteten Berliner ihre Häuser der militärischen Einquartierung ausliefern mußten.«[60] Stadterweiterung, also die neue Dorotheenstadt, war notwendig geworden, weil der Kurfürst Militär und für seinen Apparat Beamte und Gelehrte brauchte und diese wiederum benötigten Fläche für ihren Haushalt, d.h. für die Arbeit für den direkten Gebrauch.

Der »Große Kurfürst« achtete auf das Wegenetz in Berlin, um damit Handel und Gewerbe zu stärken. Gegen die unbegehbaren und unbefahrbaren Straßen setzte er Gassenmeister ein, die gegen Geld den Abfall und Kot abtransportierten und er ordnete an, daß an jedem dritten Haus eine Laterne mit brennendem Licht anzubringen war. Diese Verordnungen waren auch nötig, denn beispielsweise lagen »Unter den Linden« zu beiden Seiten große Misthaufen und der Mittelgang dieser Allee war von Schweinen aufgewühlt, denn Pflasterung war selten. Hegemann bemerkte dazu: »Die Pflasterung Berlins war im argen geblieben. Der ›Große‹ Kurfürst hatte in seiner barocken Frömmigkeit an einen Zusammenhang zwischen Pflaster und Laster geglaubt; er hatte deshalb die Gotteslästerungen seiner Untertanen mit Geldbußen bestraft, deren Ertrag für die Pflasterung der hauptstädtischen Straßen dienen sollte.«[61]

Allmählich dämmerte vielen Landesherren und Stadtvätern, daß geräumige Plätze und befestigte Straßen für Handel und Gewerbe äußerst förderlich waren. In der Folgezeit wurde meist um die Königsresidenzen, die Rathäuser und andere öffentliche Gebäude Platz geschaffen und der Untergrund entsprechend befestigt.[62] Friedrich I. verbot die Schweinehaltung ganz, so daß Schweinekoben und später auch Scheunen vor die Stadtmauern verlegt werden mußten. Ein wichtiger Teil der alten Hausökonomie wurde damit per Dekret räumlich ausgelagert.

Zum Beamten- und Gelehrtenapparat wuchs Berlin vor allem durch das Militär. Friedrich I. (1688–1713), seit 1701 preußischer König, und Friedrich Wilhelm I. (1713–1740) betrieben eine Heerespolitik, die Vorrang hatte. Hegemann meint dazu, daß Friedrich Wilhelm I., der »Soldatenkönig«, die Bevölkerung Berlins vermehrte »ähnlich wie der ›Große‹ Kurfürst, vor allem durch eine ungeheure Vermehrung des stehenden Heeres, das mit seinem Troß von Beamten, Weibern, Kindern und Lieferanten großenteils in Berliner Quartiere gelegt wurde«[63]. Ein Teil des Militärs war in Kasernen untergebracht, ein anderer Teil brauchte Raum für Frau und Kinder. Während in den Sammelunterkünften die Versorgung zentral und gegen Geld organisiert war, benötigten diejenigen Militärs mit eigenem Haushalt eigene Räumlichkeiten zu ihrer Verpflegung, d.h. zur direkten Gebrauchsarbeit.

So wuchs Berlin bewohner-und flächenmäßig durch den höfischen Beamtenapparat und durch das Militär, noch bevor die produktionsbedingte Auflösung der Hausökonomie allgemein eine räumliche Erweiterung veranlaßte. Militär und Beamtenschaft waren somit die ersten Gruppen, die diese Form der Hauswirtschaft einführten, zumindest gilt dies für die Residenzstädte. Allgemeines Muster war: die Männer arbeiteten gegen Lohn an zentralen Orten und sie reproduzierten sich durch die Frauenarbeit für den direkten Gebrauch an dezentralen Orten.

Berlin hatte einen typisch mittelalterlichen Kern von Mischnutzung. An Gassen und Plätzen reihten sich die »ganzen Häuser« in unregelmäßiger Folge aneinander. »Die Dorotheenstadt und die Friedrichstadt dagegen, westlich von Cölln planmäßig und schachbrettartig angelegt, beherbergten die prinzlichen Palais und die Häuser der Aristokratie sowie der bürgerlichen Oberschicht. Außerdem hatten sich dort auch höhere und mittlere Beamte niedergelassen.«[64] (Abb. 30, Seite 147)

Zunächst, d.h. im ausgehenden 18. Jahrhundert, siedelten sich in der Nähe der Stadttore und der von ihnen ausgehenden Landstraßen in lokkerer Folge verschiedene Bebauungen an. Meiereien, Kattunbleichen, Wind- und Lohmühlen, Invalidenhäuser, Friedhöfe, Gärtnereien und Holzmärkte. Durch den Zuzug der neuen Beamten- und Gelehrtenschichten sowie der zum Hof gehörenden Adelschicht kam Kaufkraft in die Stadt und deshalb ließen sich Handwerker und Händler nieder, die

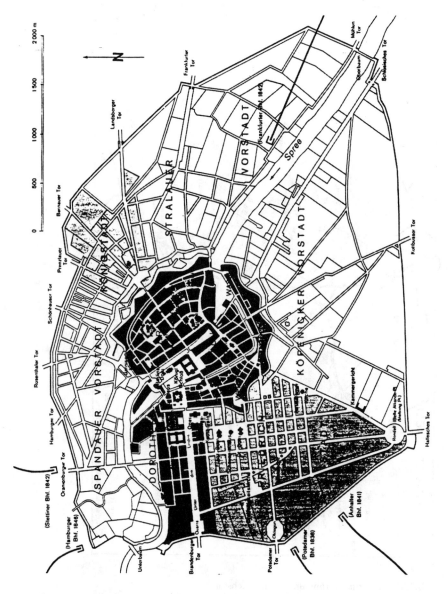

Abb. 30: Die Zollmauer von 1734/36 mit den bis 1850 fertiggestellten Bahnhöfen
Quelle: Berlin, Berlin. Materialien zur Geschichte der Stadt. Publikation im Rahmen der Ausstellung im Martin-Gropius-Bau, Berlin 1987

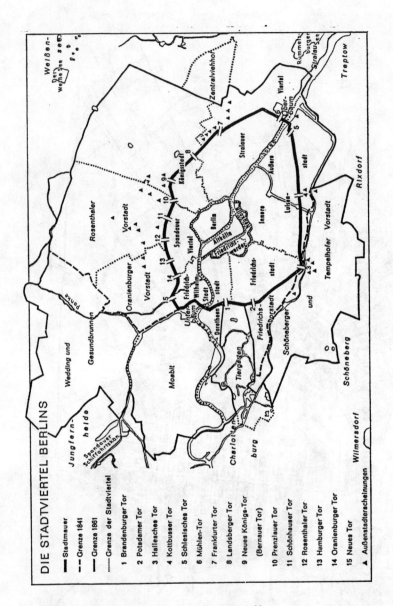

Abb. 31: Industrialisierung und Städtewachstum[66]
Quelle: Ingrid Thienel: Industrialisierung und Städtewachstum, in: Otto Büsch (Hrsg.): Untersuchungen zur Geschichte der frühen Industrialisierung, vornehmlich im Wirtschaftsraum Berlin/Brandenburg, Berlin 1971

in ihren alten wirtschaftlichen Formen der »Ökonomie des ganzen Hauses« bestehen blieben. Zu Beginn des 19. Jahrhunderts wurde in der nördlichen Vorstadt die höfische Eisengießerei errichtet, die später für »unentbehrlichste Arbeiter« »Familienhäuser« vor dem Oranienburger Tor baute. Diese völlig neue Erscheinung in der städtischen Bebauungsstruktur erklären Geist/Kürvers folgendermaßen: »Da die Standortwahl der Ende des 18. Jahrhunderts in den preußischen Provinzen angelegten Industrieanlagen in erster Linie von der Lage der Bodenschätze Erz und Kohle sowie der vorhandenen Wasserkraft abhängt, stellt sich in vielen Fällen das Problem, eine ausreichende Anzahl von ausgebildeten Arbeitern dauerhaft an das Werk zu binden. Es werden deshalb in direkter Nachbarschaft der Hütten und Gruben Kolonien angelegt, wobei die Wohnhäuser mit Garten und Feld den Arbeiterfamilien leihweise oder gegen geringe Miete zur Nutzung überlassen werden.« Auch im Südosten breitete sich vor den Stadttoren die Bebauung aus. Die Köpenicker Vorstadt, ab 1802 Luisenstadt genannt, war Zentrum der Textil- und Bekleidungsindustrie.

Ingrid Thienel stellt in ihrer Untersuchung zum Zusammenhang von Industrialisierung und Städtewachstum die »Trennung von Arbeits- und Wohnplatz« in den Mittelpunkt ihrer Betrachtungen. Am Beispiel von Berlin zeichnet sie das städtische Wachstum aufgrund der frühen Industrialisierung in der Zeit von 1800 bis 1850 nach. Thienel kommt in ihrer Arbeit zu dem Schluß, daß sich bis 1840 in und um Berlin keine Differenzierung in Wohn- und Gewerbebezirke herausgebildet hatte. »So sehr sich die Vorstädte und Stadtteile in ihrer Struktur und Funktion unterschieden, eine Differenzierung in Wohn- und Gewerbebezirke war weder in dem einen noch in dem anderer Gebiet zu beobachten, mit Ausnahme des Vogtlandes, das als Handwerkerkolonie beziehungsweise Wohnsiedlung gegründet worden war.«[67] Sie ergänzt: »Lediglich die höheren Verwaltungsfunktionen waren in bestimmten Stadtteilen lokalisiert. Auch hier waren Wohn- und Arbeitsgebiet identisch.«[68] (Abb. 31, Seite 148)

Dies war sicherlich richtig, denn die räumliche Trennung der Nutzungen befand sich im Anfangsstadium. Gebietserweiterungen waren in dieser frühen Phase der Industrialisierung meist zugleich Raum für beide Arbeitszwecke. Doch geht man räumlich differenziert vor, so ist in den Quartieren der bereits älteren Dorotheenstadt und Friedrichstadt, in denen Beamte, Gelehrte und der Hofadel lebten, eine Konzentration der Wohnhäuser samt den Einrichtungen für den direkten Bedarf zu finden. Zur Aussage Thienels ist zu betonen, daß sie sich auf Bezirke bezieht, das heißt auf große räumliche Einheiten. Im Bezirk Oranienburger Vorstadt beispielsweise führte die königliche Eisengießerei zur zentralen Organisation der Tauscharbeit. Gleichzeitig beherbergte sie auch die in der Nähe der Eisengießerei angesiedelten Wohnhäuser. So war einerseits eine räumliche Trennung von »Arbeits- und Wohnplatz«, andererseits – im großen bezirklichen Rahmen – eine räumliche Mischung von beidem zu konstatieren. Das räumliche Raster müßte die räumlichen Nutzungsstrukturen feiner erfassen und dies vor allem, wenn die Anfänge der Differenzierung in Wohn- und Gewerbegebiete nachgeprüft werden sollen. Erst wenn die Auflösung der »Ökonomie des ganzen Hauses« als bestimmendes Moment der Trennung der Nutzungen im Raum gesehen wird, zeigen sich diese kleinteiligen Anfänge, die den Ursprung der großräumigen Trennung von »Arbeiten und Wohnen« offenlegen.

Während die Textil- und Bekleidungsindustrie noch viel Heimarbeit ermöglichte, war die Tauscharbeit im metallverarbeitenden Gewerbe weitgehend zentralisiert. »Bei der Maschinenindustrie erforderte der Arbeitsprozeß die Tätigkeit der Arbeitenden im Betrieb, das heißt, in den Werkstätten. In der Textilindustrie und erst recht in der Bekleidungsindustrie konnten Teilprozesse, mitunter sogar alle Arbeitsvorgänge, außerhalb der Fabriken durchgeführt werden. Daraus wird die unterschiedliche Nutzung der Grundstücke in den nördlichen und südlichen Vorstädten verständlich.«[69] So waren die Gebäude in der Luisenstadt im Südosten schmal und tief und hatten selten mehr als vier Geschosse. Die später als »Mietskasernen« bezeichneten Wohnhäuser, die durch hohe Bewohnerdichte und intensive bauliche Nutzung gekennzeichnet waren, bildeten in der Luisenstadt vor 1850 eine Ausnahme. Dort waren vorwiegend zwei- bis dreigeschossige Gebäude mit kleineren Nebengebäuden – z.B. Remisen und Ställe – anzutreffen, die vielfach der direkten Gebrauchsarbeit dienten. Für Handwerker und Heimarbeiter »wurden Werkstattgebäude auf den Höfen oder besonders hohe, als Arbeitsstuben für Weber an Webstühlen geeignete Räume errichtet«[70].

Im Norden, in der Rosenthaler und Oranienburger Vorstadt, hatte sich aufgrund der dort ansässigen Metallindustrie eine andere Raum- und Baustruktur entwickelt. Darüber schreibt Thienel: »In der Oranienburger Vorstadt waren die einzelnen Fabrikgebäude als Nebengebäude, Seitenflügel und Anbauten meist hintereinander angeordnet, so daß mehrere Hinterhöfe entstanden.«[71] Daneben gab es im Norden reichlich Grundstücke mit reiner Wohnbebauung. Mehrere mehrgeschossige Gebäude waren auf einem Grundstück hintereinander aufgereiht und mit Seitenflügeln sowie mehreren Höfen versehen, die fast ausschließlich der Arbeit für den direkten Gebrauch dienten. Insgesamt waren Geschoßhöhe und Baudichte im Vergleich zur Luisenstadt ungleich größer.

Dies ist ein Verweis darauf, wieviel Flächen das »Wohnen«, d.h. der räumliche Bereich der dezentralisiert verbliebenen Arbeit für den direkten Gebrauch nach der Auflösung der »Ökonomie des ganzen Hauses« dennoch benötigte, bei aller Enge. Die Knappheit an Grund und Boden bzw. deren Preis zwang dazu, diese Flächen auch vertikal übereinander zu lagern. Nicht nur der technische Fortschritt, die wirtschaftliche Expansion, die Bevölkerungsexplosion verursachten die immense Ausdehnung und Intensivierung bebauter Flächen, auch die Trennung der beiden ehemals unter einem Dach vereinten Wirtschaften bewirkte dies.

Die räumliche Nähe von Erwerbsarbeit und Hausarbeit war aufgrund der vielen Möglichkeiten zur Heimarbeit in der Luisenstadt eher gegeben. Es gab also unterschiedliche Bebauungsstrukturen zwischen den Berliner Vorstädten, die aus der verschiedenen Organisation von Maschinenbau- und Textil- und Bekleidungsindustrie herrührten.

Die großräumige Entwicklung begann in Berlin erst in den 40er Jahren des 19. Jahrhunderts, und auch dabei waren die Metallindustrie und Textil- und Bekleidungsindustrie die führenden Wachstumsbereiche – dies nicht zuletzt aufgrund der fortgesetzten militärischen Nachfrage nach Waffen, Transportmitteln und Tuchen für die Uniformierten.[72]

1862 bis 1872 stieg die Einwohnerzahl von Berlin um 76 Prozent, davon der größte Teil durch Zuzug. Berlin zählte 1850 419 000 Einwohner, 1900 2 Mio., d.h. das Fünffache. Allein die Zahl der Zuzüge stieg von rd. 33 000 im Jahr 1862 auf durchschnittlich rd. 130 000 jährlich in den Jahren zwischen 1871 und 1876. Dies sind die Zahlen der polizeilich Gemeldeten und es ist anzunehmen, daß der reale Zuzug weitaus höher war. Während sich die Zahl der Zuziehenden vervierfachte, verdoppelte sich nur die Anzahl der Wohnungen (siehe Tabelle Seite 152).

Der Wohnungsbedarf wuchs ins Unendliche. Eine Grafik über die Entwicklung der Eheschließungen und der Zunahme der Wohnungen in Berlin veranschaulicht dies (siehe Grafik Seite 153). In den 70er Jahren herrschte eine akute Wohnungsnot. (Abb. 32, S. 154)

Nach dem gegen Frankreich geführten und gewonnenen Krieg 1870/71, der Gründung des Nationalstaates sowie der Auswahl Berlins als Regierungssitz trafen gleich mehrere Faktoren für eine räumlich expansive Entwicklung zusammen. So setzte in den 70er Jahre die Mietshausbebauung in großem Maßstab ein[74]. Sogenannte Terraingesellschaften, meist von reichen Kaufleuten getragen, kauften vor den Toren Berlins Land und bebauten es mit Mietshäuser, die, weil außerhalb des der Städteordnung unterworfenen Gebietes gelegen, meist ohne Feuerschutz, Straßenbeleuchtung und Kanalisation entstanden. »Erst Ende 1870, mit dem sich abzeichnenden Stadtwachstum größeren Ausmaßes, kommt die

Daten zur Bevölkerungsentwicklung und Wohnungsproduktion in Berlin 1862 – 1876

	1	2	3	4	5	6	7	8	9	10	11	12	13	14
1862	567560	20360	33416	20749	15018	+5731	14629	1877	43,8%	6041	113048	13320	2666	2,00%
63	596390	28830	45567	22845	17580	+5265	23565	22002	51,7%	6794	120599	7551	2238	2,19%
64	632500	36110	64115	24631	19148	+5483	30627	33488	47,7%	6879	129193	8594	3614	2,80%
1865	657690	25190	72002	25817	21471	+4346	20844	51158	28,9%	8154	138356	9163	5047	3,65%
66	665710	8120	72015	27354	26361	+993	7127	6488	89,9%	7385	146081	7725	5007	2,76%
67	703120	37410	80481	27005	19522	+7483	29927	50554	37,2	8271	153433	7352	8627	5,55%
68	728590	25470	81870	28831	24525	+4306	21164	60706	25,9%	8029	158740	5307	6088	3,84%
69	762450	33860	92316	29192	22393	+6799	27061	65255	29,3%	8423	163057	4317	3557	2,18%
1870	774310	11860	96736	31362	24960	+6402	5458	91278	5,6%	8814	166144	3087	1791	1,08%
71	824580	50270	132871	28805	31816	-3011	53281	79590	40,0%	8225	168541	2397	2073	1,23%
72	864300	39720	129854	35045	27800	+7245	32475	97379	25,0%	11481	173003	4462	1166	0,67%
73	900620	36320	137176	36156	26472	+9684	26636	110540	19,4%	12397	176276	3273	1542	0,63%
74	932760	32040	127808	40204	27686	+12518	19522	108286	15,3%	13106	184583	8307	1435	0,76%
1875	964240	31480	133412	43757	31225	+12532	18958	114454	14,2%	14529	199902	15319	3527	1,80%
76	995470	31230	121943	46283	29185	+17098	14132	107811	11,6%	12093	219910	20008	7527	3,52%

1 mittlere Zahl der Einwohner – 2 Zunahme der Bevölkerung – 3 polizeilich gemeldeter Zuzug – 4 Geburten – 5 Todesfälle – 6 Geburtenüberschuß (Geburten – Todesfälle) – 7 Wanderungsgewinn (Zunahme der Bevölkerung – Geburtenüberschuß) – 8 Abwanderung – 9 von den polizeilich gemeldeten Zuziehenden werden als Wanderungsgewinn für den Bevölkerungszuwachs verzeichnet (polizeilich gemeldeter Zuzug – Wanderungsgewinn) – 10 Eheschließungen – 11 Zahl der Wohnungen – 12 Zunahme der Wohnungen (1862 incl. Eingemeindung des Wedding) – 13 leere Wohnungen – 14 leere Wohnungen pro 100 aller Wohnungen

Wohnungsbedarf[75]

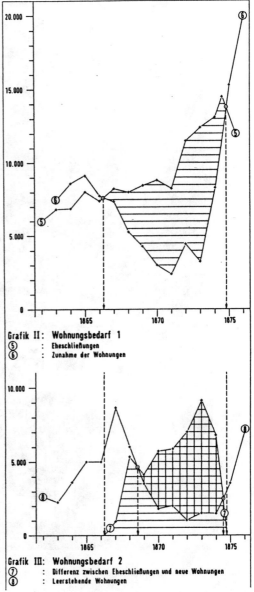

20.000
15.000
10.000
5.000
0
1865
1870
1875
Grafik II: Wohnungsbedarf 1
5 : Eheschließungen
6 : Zunahme der Wohnungen
10.000
5.000
0
1865
1870
1875
Grafik III: Wohnungsbedarf 2
7 : Differenz zwischen Eheschließungen und neue Wohnungen
8 : Leerstehende Wohnungen

Quelle: Jo. F. Geist/K. Kürvers: Das Berliner Mietshaus 1862-1945, München 1984, S. 123

Abb. 32: Obdachlosenbaracken in Berlin 1872 (Holzstich nach einer Zeichnung von G. Koch)
Quelle: Hans J. Teuteberg/Clemens Wischermann: Wohnalltag in Deutschland 1850-1914, Münster 1985, S. 102

Diskussion über den Bebauungsplan auf.«[76] Dieser sogenannte Hobrecht Plan, der bereits 1862 entstand, war dann bis 1919 die rechtliche Grundlage »und auf seinem Grundgerüst entsteht die Mietshausbebauung«[77]. Vor dem Hintergrund der wirtschaftlichen und räumlichen Dynamik der Berliner Entwicklung entstand der Städtebau als eine neue fachliche Disziplin.[78]

Dies sind alles bekannte Tatsachen, und sie zeugen von den Anfängen der modernen Industriestadt, sie zeugen aber auch von dem wesentlichen Anteil, den die direkte Gebrauchsarbeit in ihrer dezentralen Form dazu beitrug. Unerwähnt bleibt meist, daß diese Entwicklung nicht allein aus der Expansion im Erwerbssektor erklärt werden kann, wobei Wohnungen entweder als Naturkonstante oder als Nachfolgenotwendigkeiten hingenommen werden. Die Fragen, warum die Tauscharbeit in zentralisierter und die direkte Gebrauchsarbeit weiterhin in kleinteiliger Form verrichtet wurden, warum es niemals eine relevante Entwicklung zur Zentralisierung der Hausarbeit gegeben hatte und die Versuche dazu kläglich gescheitert sind, wurden nicht gestellt.[79]

Für die dezentrale Form der Hausarbeit wurden Räumlichkeiten benötigt, zwar nach sozialer Schicht in unterschiedlicher Größe und Ausstattung, doch immer als eigenständige Wohneinheiten. (Abb. 33, S. 156) Welche Relevanz diese dezentrale Form der Hausarbeit auf städtische Raumstrukturen hatte, wird bei der Darstellung der Berliner Stadterweiterung in der zweiten Hälfte des 19. Jahrhunderts deutlich. Trotz spekulativer Dichte der Bebauung beanspruchte die Arbeit für den direkten Gebrauch große Flächen im Stadtraum.[80] Hinzu kommen die mit der Trennung von Hausarbeit und Erwerbsarbeit verursachten Verkehrssysteme. Zunächst einmal die Straßen als solche; ihre Begeh- und Befahrbarkeit sind nicht allein für den Transport von Gütern zwischen den Erwerbsbranchen, zwischen Produzent und Konsument, sondern ganz wesentlich für die Wege zum Erwerbsarbeitsplatz geplant und gebaut. Gleiches gilt für die technischen Verkehrsmittel, ob individuelle oder gemeinschaftlich genutzte. Auch hier ist Berlin beispielhaft, bereits 1877 bestand ein ausgebautes öffentliches Verkehrsnetz.[81] (Abb. 34, Seite 157)

Mietwohnungsbau, Wohnungsmarkt und die vielfältigen damit zusammenhängenden gewerblichen Branchen konnten sich nur vor diesem Hintergrund entwickeln. Berücksichtigt man diese Tatsachen, so ist sicherlich nicht zu leugnen, daß die direkte Gebrauchswirtschaft neben der Erwerbswirtschaft stadträumliche Strukturen und Entwicklungen bestimmte.

Geist/Kürvers haben in ihrer hier schon mehrfach zitierten Untersuchung über die Entwicklung des Berliner Mietwohnungsbaus »Meyers

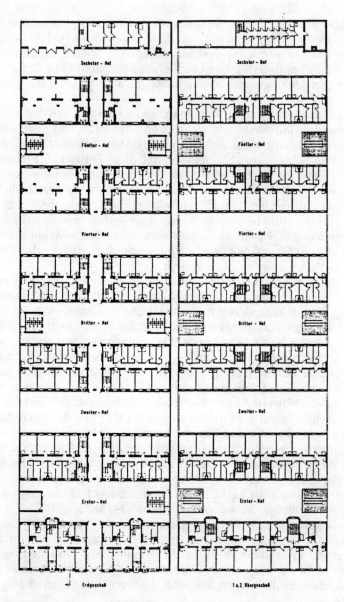

Abb. 33: Mietwohnungsbau in Berlin 1873/74
Quelle: Johann F. Geist/Klaus Kürvers: Das Berliner Mietshaus 1862-1945, München 1984, S. 140/141

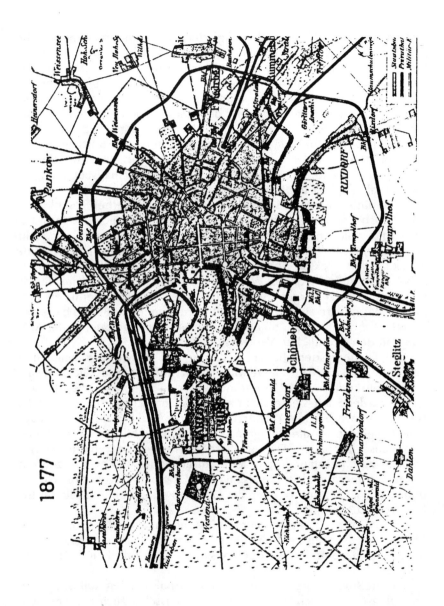

Abb. 34: Berliner Verkehrsnetz
Quelle: Dieter Radicke: Öffentlicher Nahverkehr und Stadterweiterung. Die Anfänge einer Entwicklung, beobachtet am Beispiel Berlin zwischen 1850–1875, in: Gerhard Fehl/Juan Rodriquez-Lores (Hrsg.): Stadterweiterungen 1800–1876, Hamburg 1983, S. 355

Hof« in der Ackerstraße im Wedding (früher Oranienburger Vorstadt) besonders hervorgehoben, um daran einige Merkmale der Geschichte des Mietshauses aufzuzeigen. Dieses Beispiel verdeutlicht noch einmal die Relevanz der dezentralen Organisation der Hausarbeit auf Ausmaß und Struktur der Stadterweiterungen. Im Rahmen ihrer Untersuchung haben Geist/Kürvers auch die Umgebung des »Meyerschen Hofes« und damit die Entwicklung der Oranienburger Vorstadt dargestellt. Der große Sprung in der Bebauung läßt sich zwischen den beiden Bestandsaufnahmen von 1855 und 1888 erkennen. Waren die Parzellen zunächst nur auf der Straßenseite bebaut, erstreckte sich die Mietshausbebauung bereits 33 Jahre später in die gesamte Parzellentiefe.

In Berlin entstand in der Folge eine mit Mietskasernen geschlossene Mietshausbebauung. Berlin war Regierungssitz, Geschäfts- und Industriestadt und vielleicht auch eine Metropole, Berlin war aber auch eine Mietskasernenstadt. Mit der Trennung der Arbeit für den Tausch und der Arbeit für den direkten Gebrauch mußten in der Regel die Männer ihren Arbeitsplatz außerhalb ihres Wohnplatzes aufsuchen, hinzu kam, daß der Grad der Selbstversorgung in der Hausarbeit sich stark reduziert hatte und viele Produkte außerhalb gekauft werden mußten. Beides bedeutete Verkehr auf den Straßen, ob nun zu Fuß, mit dem Rad oder später Auto, oder mit den öffentlichen Verkehrsmitteln.

Die Trennung der ehemals vereinten Arbeitszwecke brachte neue Probleme, und diese Probleme waren auch räumlicher Art. Der Transport von Arbeitskräften von den Berliner Vororten zu ihren Erwerbsarbeitsstätten in der Stadt stellte sich bald als wesentliches Problem dar. Die Nachfrage nach billigem Wohnraum war groß und Private wie auch Spekulanten gingen vor die Stadtgrenzen, um dort auf billigen Grundstücken ihre Häuser zu bauen. Die auf diese Weise »gelöste Wohnungsfrage«, nämlich durch ein außerhalb der Stadt liegendes größeres Angebot an billigem Wohnraum, brachte alsbald die »Eisenbahnfrage« in die Debatte und führte 1882 zur Eröffnung der Stadtbahn und dem Ausbau der Berliner Vorortbahnen.[82]

Der Werkswohnungsbau verdeutlicht nochmal die hier vorgetragene These: die Fabrik als zentraler Standort der Tauscharbeit und die Wohnungen als dezentrale Orte der Hausarbeit; eine Fabrik und viele Wohnungen.

Die meisten Autoren beachten in ihren Analysen den Auflösungs- und Trennungsprozeß nicht und verlegen sich ausschließlich auf eine Seite. Sie ziehen allein die gewerbliche Arbeit zur Erklärung von räumlichen Strukturen heran. In dieser Nichtbeachtung bilden Hillebrecht und Thienel Ausnahmen, denn sie thematisieren den Trennungsprozeß in ihrer

Diktion von »Arbeiten und Wohnen« als wichtige Entwicklung. Sie übersehen jedoch die räumlich durchaus wichtige Determinante der unterschiedlichen organisatorischen Entwicklungen von »Arbeiten und Wohnen«. Der Städtebauer Hillebrecht führt dazu aus: »Die Strukturveränderung der Wirtschaft stellt sich in den städtebaulichen Auswirkungen zunächst als Vorgang der ›Entmischung‹ von Baugebieten dar, die ehemals in der wirtschaftlichen Nutzung und in der Bauform größte Vielfalt zeigten.«[83] Und in jüngster Zeit formulierten zwei Historiker: »Die Trennung von Wohnung und Arbeitsstätte bildete eines der grundlegenden Merkmale dieses Urbanisierungsprozesses, was sich von den Gliederungsprinzipien vorhergehender Epochen prinzipiell unterscheidet.«[84]

Die aus der Trennung resultierende Pendelwanderung, aufgrund der geschlechtlichen Arbeitsteilung in der Regel für den männlichen Teil der Bevölkerung, wird auch von Thienel als ein bis dahin unbekanntes Phänomen betont. Nach ihren Ausführungen hat es bereits in der Zeit der frühen Industrialisierung in Berlin eine Pendelwanderung, d.h. eine regelmäßige räumliche Bewegung von Personen zwischen zwei Orten, gegeben. Dies, so kritisiert sie zu Recht, ist in der geographischen Literatur erst in Zusammenhang mit dem modernen Nahverkehrssystem angesprochen worden. »Anfänge einer echten Pendelwanderung lassen sich schon in der Zeit der frühen Industrialisierung in Berlin beobachten.«[85]

Für die moderne Industriestadt, ihre räumliche Entwicklung und Struktur waren zwei Faktoren maßgebend:
– Die Auflösung der »Ökonomie des ganzen Hauses« und die räumliche Trennung der Erwerbsarbeit von der Hausarbeit und
– ihre unterschiedliche Organisationsform: die zentralisierte Erwerbsarbeit und die dezentrale Hausarbeit.

In diesem Sinne haben sich Industriestädte nicht in kontinuierlicher Folge aus den mittelalterlichen Städten entwickelt, sondern erst durch den Umbruch, den die Aufspaltung der ehemals vereinten Arbeiten in der alten Hausökonomie herbeiführte. Die breite Ausdehnung der Bauten für den direkten Gebrauch, Wohnhäuser genannt, ist ein wichtiger räumlicher Faktor der Stadtentwicklung. Die in dezentraler, familialer Kleinorganisation weitergeführte Hausarbeit prägt die Raumstruktur der Industriestadt. Waren es in der frühen Industrialisierung die innerstädtischen Wohnviertel, waren es später die Wohngebiete an den Stadträndern.

Die reine Gebietserweiterung, also die quantitative Ausdehnung der Städte (äußere Stadterweiterung) und nicht die Intensivierung städtischer Nutzungen in gegebenen Grenzen, vollzog sich im 19. Jahrhundert im wesentlichen in zwei Etappen. Regierung und Verwaltung priorisierten die Ansiedlung von gewerblicher Industrie. Sie stellten die dazu notwendigen Genehmigungen aus und schafften die notwendigen politisch-administrativen Voraussetzungen. Diese erste Etappe war durch die Setzung der Rahmenbedingungen von Seiten der politischen Institutionen geprägt. Der im Verhältnis zur zweiten Etappe langsame Bevölkerungszuwachs in den Städten beruhte allein auf dem Ausbau von Verwaltung und Militär.

Erst in der zweiten Etappe der quantitativen Stadterweiterung, grob der zweiten Hälfte des 19. Jahrhunderts zuzuordnen, vollzog sich die reale Stadterweiterung. Die gewerbliche Industrie nutzte die städtischen Vorteile und verlagerte ihre Standorte in die Städte. Die Städte nahmen an Flächenumfang zu, der Bevölkerungszuwachs stieg enorm. Der Bevölkerungszuwachs stellt einen wesentlichen Indikator zur Stadterweiterung dar, und zwar verstärkt durch den gesellschaftlichen Anspruch einer familial-bezogenen Wohnweise. Jede männliche Arbeitskraft benötigt Raum für (s)eine Familie. Dies war die Norm und wurde ökonomisch von Grundstücks- und Wohnungsbaugesellschaften genutzt, indem sie ihre Profite mit der hohen Nachfrage nach Wohnungen machten. Gemeinschaftliche Schlaf- und Eßstätten für Arbeitskräfte gab es nur vereinzelt. Unter den Begriffen Männerwohnheim und Frauenwohnheim haben diese Wohnformen bereits damals schon eine negative Wertung erfahren.

In dem Zusammenhang der Auflösung der »Ökonomie des ganzen Hauses« lassen sich sogar drei verschiedene Phasen erkennen:

- Die erste war durch die absolutistischen Staaten, den durch sie betriebenen Aufbau eines Beamten- und Militärapparates begründet. Die Heranziehung solcher männlicher Personen hieß auch ihre tägliche Reproduktion und die Unterbringung ihrer Familien zu sichern. In Berlin war dies sehr deutlich. Dorotheenstadt und Friedrichstadt waren vorwiegend Gebiete für Wohnhäuser dieser Berufsgruppen. Beides waren Flächen, die bereits vorher schon in die städtischen Strukturen durch Erschließung und Ansiedlung integriert waren (innere Stadterweiterung, d.h. Intensivierung der Bodennutzung).
- Die zweite Phase war die der frühen Industrialisierung in der ersten Hälfte des 19. Jahrhunderts. Gewerbefreiheit in den Städten und Abbau der Zollschranken veranlaßten Manufakturen und Hausindustrie, vom Land in die Städte zu ziehen oder sich vor den Stadttoren anzusiedeln. In ihrer Nähe entstanden die Mietshäuser für ihre Arbeiter. Oranienburger und Rosenthaler Vorstadt im Norden sowie Luisenstadt im Südosten von Berlin sind in diese Phase der räumlichen Erweiterung einzuordnen.

- Die dritte Phase leitete den großen Durchbruch der zentralisierten Form der Tauscharbeit und die dezentral in Familien organisierte direkte Gebrauchsarbeit ein. Die räumliche Ausdehnung der sogenannten Wohnungen richtete sich in dieser Phase auf weiter außerhalb der Stadtgrenzen liegende Gebiete. Gleichzeitig entstand aufgrund der massenhaften Trennung der Erwerbsarbeit von der Hausarbeit die Notwendigkeit technischer Verkehrsverbindungen. Der Bedarf an Raum für die Arbeit für den direkten Gebrauch wuchs und konnte nicht befriedigt werden. Dieser Bedarf – vor allem nach billigem Wohnraum – führte zur sogenannten Wohnungsfrage. Deshalb sind auch in dieser Phase die Anfänge des Baugewerbes im großen Rahmen, das große Vermietungsgeschäft sowie alle Sparten der Immobilienbranche zu finden.

4 Die Hausarbeit

Auf der Mikroebene führte die Auflösung der »Ökonomie des ganzen Hauses« zur Veränderung in den Tätigkeiten der direkten Gebrauchsarbeit. Die nach außerhalb verlagerte Tauscharbeit und ihre gesellschaftliche Belohnung durch Geld und Anerkennung führte langfristig zur Aufgabe eines Teils derjenigen Tätigkeiten, die gegen Geld gemacht wurden und die es zu kaufen gab. In der alten Gesellschaft hatte die Produktion von Nahrungsmitteln die Arbeit für den direkten Gebrauch beherrscht, jetzt jedoch die Zubereitung der Nahrung.

Um den Wandel zu verdeutlichen, kurz eine Rückkehr zu den vorindustriellen Inhalten der direkten Gebrauchsarbeit. Gartenbau und Viehhaltung beanspruchten den größten Teil der Arbeit, deshalb wurde äußerst wenig Wert auf Anrichtung der Speisen wie auf die Sauberkeit der Häuslichkeit gelegt. Dies galt für die Hausökonomien aller Stände. Die Ausstattung des Hauses mit Möbeln, die geputzt werden mußten, und mit Arbeitsgeräten zum Putzen war gering. Insbesondere dekorative und schmückende Gegenstände fehlten fast völlig und waren nur vereinzelt in den oberen Schichten der mittelalterlichen Stadtbevölkerung zu finden. Ausnahmen bildeten die Häuser des Adels, die gerade in der Ausschmückung ihrer Häuser Reichtum und gesellschaftliche Macht darstellen wollten. Doch allgemein waren »Tischsitten« und »Kochkunst« unbekannt und es wurde aus gemeinsamen Töpfen gegessen. In auch schon damals vereinzelt kursierenden und für den Adel bestimmten »Benimmvorschriften« wurde gemahnt, sich nicht in die Hand zu schneuzen und anschließend die Hand in den gemeinsamen Pott zu stecken. Es wurde auch gemahnt, die Notdurft draußen und nicht in der Nähe der Eßtafel zu verrichten. Üblich war es, Essensreste auf den Boden zu schmeißen, wo sie dann von den Haustieren gefressen wurden. Arbeit machte der Gartenbau und die Viehhaltung und beanspruchte Zeit und Kraft. Die Arbeit für den direkten Gebrauch in der alten Hausökonomie bestand also vorwiegend aus der Produktion von Nahrungsmitteln.

Dieses nun veränderte sich mit der Herausverlagerung der Tauscharbeit aus der »Ökonomie des ganzen Hauses« und ihrer Auflösung. Um die Unterschiedlichkeit auch begrifflich zu fassen, nenne ich die neue Form dem heutigen Sprachgebrauch entsprechend Hausarbeit. Der Hausarbeit steht auf der anderen Seite die Erwerbsarbeit als beruflich betriebene Arbeit gegenüber. Die »Ökonomie des ganzen Hauses« wurde mit der Herausverlagerung der Arbeit für den Tausch zur Hauswirtschaft.

Erinnert sei daran, daß es hier nicht um den Wandel der Arbeit für den Tausch zur Erwerbsarbeit geht, sondern um den Wandel der Arbeit für den direkten Gebrauch zur Hausarbeit und deren sozial-räumliche Entwicklung. Hausarbeit verlagerte sich, ihr Inhalt bewegte sich weg von der stofflich-materiellen Produktion zur emotional-psychischen Arbeit. Ihr Schwerpunkt lag eben nicht mehr in der Subsistenzbeschaffung, denn die materielle Grundexistenz wurde durch den Kauf von Waren gesichert, sondern in ihrer verfeinerten Zubereitung. Die Regeln der »feinen Küche« umfassen etliche gedruckte Seiten der damals erschienenen Bücher zu Haushalt, Heim und zu den Aufgaben der Hausfrau. Die Verlagerung der Arbeitsinhalte war sowohl auf die zunehmende Technisierung der stofflich-materiellen Hausarbeit wie auch auf den »Prozeß der Merkantilisierung der Nahrungsmittel«[86] zurückzuführen. Das »Staub saugen« war ebenso neu wie das »Einkaufen«.

Der im folgenden dargestellte Wandel in der Arbeit für den direkten Gebrauch betraf – so ist einzuwenden – allein die bürgerliche Hauswirtschaft und nicht die proletarische. Die Hausarbeit in den Hauswirtschaften der Arbeiter konzentrierte sich auf das Nötigste. Geringe Löhne führten zu den kärgsten Lebensverhältnissen, so daß von »feiner Küche« keine Rede sein konnte. Doch auch die proletarische Hausarbeit produzierte keine Nahrungsmittel, denn der Hausgarten für Gemüse und Obst und die Viehhaltung waren in den großen Städten nur selten vorhanden und für die Bewohner städtischer Mietskasernen fast ganz ausgeschlossen. So waren Nahrung, Kleidung und Unterkunft allein aus dem Lohneinkommen zu bestreiten, das in der Anfangsphase der kapitalistischen Industrialisierung äußerst gering war und sich auf das Minimum menschlicher Existenz beschränkte. Da blieb wenig übrig für andere Dinge.

Die Hinweise aus einem weit verbreiteten Buch zur »Führung eines Arbeiterhaushaltes« verdeutlichen, daß die bürgerlichen Normen der Hausarbeit auch auf die Arbeiterklasse angelegt wurden. In der Realität jedoch vollzog sich der Wandel zur Hausarbeit im 19. Jahrhundert zunächst allein bei der bürgerlichen Schicht. Doch auch die proletarische Hausarbeit nahm im 20. Jahrhundert die bürgerlichen Normen an. Diese »Verbürgerlichung« proletarischer Hausarbeit hatte ihre materielle Grundlage in den steigenden Löhnen. Nicht von ungefähr, denn Massenkonsum hieß auch Massenproduktion und verhieß hohe Gewinnraten für die Unternehmer, und dazu war die umfangreiche Arbeiterklasse als Nachfrager wichtig.[87] Insgesamt führte diese Entwicklung im 20. Jahrhundert zu einer Vereinheitlichung der Hausarbeit. Die bürgerlichen Werte waren die herrschenden Werte, weil sie die Werte der herrschenden Klasse waren und durchdrangen auch die proletarische Lebensweise und speziell den Bereich der Hauswirtschaft.

Für die Arbeiterfrauen, d.h. Hausfrauen von Arbeitern – auch, wenn sie selbst als Arbeiterinnen tätig waren –, wurden in einem 1882 veröffentlichten Führer »Das häusliche Glück« ein »vollständiger Haushaltungsunterricht nebst Anleitung zum Kochen für Arbeiterfrauen« Regeln der Hausarbeit aufgestellt, die auf Ausschmückung der Wohnung, Reinigen der Wohnung sowie auf das Verhalten der Frau gegenüber dem Manne gerichtet waren.[88] Und selbstverständlich wird von einer separaten Küche in der Arbeiterwohnung ausgegangen. Angesichts der Tatsache, daß die Arbeiterschicht in miserablen Wohnverhältnissen lebte, meist in nur einem feuchten, dunklen Raum, der nur mit den notwendigsten Möbeln ausgestattet war, sind diese Vorschriften absurd. »In den 80er Jahren (des 19. Jahrhunderts, U.T.) betrug der Anteil der Wohnungen mit nur einem Zimmer in Hamburg 28%, Berlin 49%, Dresden 55%, Chemnitz 70%.«[89]

Trotz dieser Ungereimtheiten wird dieses Buch von der Königlich Preußischen Regierung offiziell empfohlen. Hier einige Beispiele zur Reinigungsarbeit: »Das Wohnzimmer muß täglich zweimal mit dem Haarbesen gekehrt und gelüftet werden – Morgens nach dem Frühstück und nach dem Mittagessen. Beim Kehren soll stets ein Fenster geöffnet sein, damit der Staub möglichst rasch herauszieht und jedesmal nach dem Kehren muß der Staub vom Tische, von den Stühlen, den Fensterbänken, den Schränken und von allen Bilderrahmen abgewischt werden.«[90] Danach folgen ebenso aufwendige Regeln zum »Putzen und Schrubben«, zur »Tilgung der Fett- und Tintenflecke«. Für das Schlafzimmer gibt der Ratgeber folgende Empfehlung: »Gleich nach dem Aufstehen muß das Bett abgedeckt werden. Decken, Oberbett, Kissen und Bettücher lege man auf

163

zwei vor dem geöffneten Fenster stehenden Stühlen auseinander. Erst nach dem Frühstück und dem Spülen der dazu gebrauchten Geschirre beginne man die Reinigung des Schlafzimmers mit dem Bett machen. Unterbett oder Matratze muß täglich umgewendet, Kopfkissen und Pülven gehörig aufgeschüttet, die Leintücher und Decken schön glatt und unten sorgfältig eingesteckt werden.«[91]

Es geht noch weiter mit Anweisungen z.B. zum Reinigen der Möbel, der Fenster und des Ofens. Man kann sich leicht vorstellen, daß diese Reinigungsarbeiten im bürgerlichen Haushalt – der meist mit einem Dienstmädchen ausgestattet war – noch ausgiebiger vorgeschrieben und ausgeführt wurden. Denn für die bürgerliche Schicht bildeten Hauswirtschaft und Wohnung den Hintergrund für ihre Repräsentation. (Abb. 35, S. 165) »Ob es Sommer oder Winter ist – zuerst müssen die Fenster geöffnet werden; dann macht man zu Winterszeit sofort Feuer im Ofen an, nimmt Decken und Kissen auf, schüttelt sie aus und bürstet sie am offenen Fenster mit sauberer Bürste ab. (Die Bürste muß zum Zweck der Reinigung öfter mit warmen Kartoffelmehl abgerieben und dann über ein weißes Papier gestrichen werden; ist sie sehr unsauber, so wasche man sie mit Benzin oder Borax-, Soda- oder Salmiakwasser, ohne jedoch das Holz zu durchnässen.) Man legt die abgebürsteten Sachen beiseite und bedeckt sie, oder man trägt sie noch besser aus dem Zimmer und wendet sich dann den Teppichen zu ... Die abgebürsteten Teppiche schlägt man leicht zusammen und wischt dann die Polstermöbel mit einem mit Salmiakwasser eingefeuchteten Tuch ab ... Danach wischt man die untere Seite des Teppichs mit dem feuchten Scheuertuch ab, um den durchgefallenen Staub aufzunehmen, schüttelt die Vorhänge aus, steckt sie auf und beginnt mit der Reinigung des Fußbodens ... Zum Aufwischen nimmt man am besten zwei Eimer mit kaltem Wasser, so daß man stets das Scheuertuch zweimal ausspülen kann ... Daß man auch die Möbel nicht mit dem Scheuerlappen berühren darf, ist selbstverständlich. Sie müssen so zusammengestellt werden, daß sie nicht hinderlich sind, doch darf man sie nicht mit nassen Händen anfassen.«[92]

Der unterschiedliche soziale Stand wird an den Einrichtungsgegenständen deutlich: Teppiche, Vorhänge, Kissen waren auch in der Vorstellung bürgerlicher Ratgeber im Arbeiterhaushalt nicht vorhanden. Doch auch für die karge und ärmliche Hauswirtschaft wurden die Anweisungen für psychische Hausarbeit geprägt. Dazu gehörte die Gestaltung der Wohnung zu einem gemütlichen Heim. Im »Häuslichen Glück« für Arbeiterfrauen wird die »Ausschmückung der Wohnung« mit folgenden Sätzen empfohlen: »Einen schönen Schmuck der Wände bilden gute Bilder, wenn sie eine passende Darstellung enthalten und nicht in übergroßer

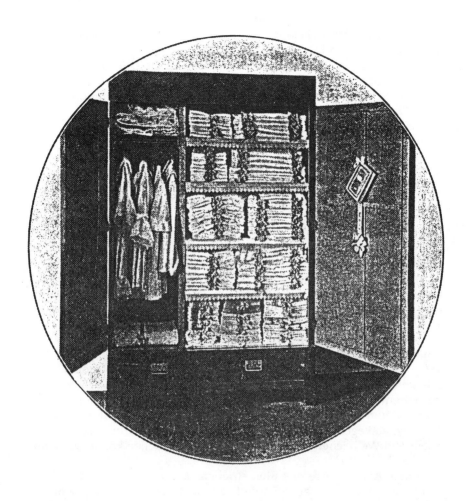

Abb. 35: Wäscheschrank mit Fach zum Anhängen von Frisiermänteln, Röcken usw.
Quelle: Minna Neuberger (Hrsg.): Ich kann wirtschaften. Das Buch von der billigen, praktischen und gesunden Führung des Hauswesens, Berlin und Wien 1910, S. 211

Zahl umherhängen. Religiöse Bilder sind unter allen Umständen den Bildern mit weltlichen Darstellungen vorzuziehen. Der Einfluß, den die an der Wand hängenden Bilder auf den Geist und die Denkungsweise der Kinder ausüben, isst viel größer, als manche Eltern ahnen, und wenn sie auch für sich selber keinen Anstoß nehmen an so manchen sinnlich-üppigen Darstellungen, wie man sie auf weltlichen Bildern findet, dann sollten sie doch wenigstens ihrer Kinder wegen Anstoß daran nehmen und sie nicht aufhängen.«[93]

Auch Eckbrettchen, Blumentöpfe vor den Fenstern wurden empfohlen, letztere mit der Begründung: »Was die Sterne am dunklen Firmament, die Augen an einem lieben Kinde, das sind die Blumen in der Natur; sie sind geschaffen, den Menschen zu erfreuen. Drum sollte jede Hausfrau auch die Blumen lieben, sie pflegen, so viel es ihre Zeit und Mittel gestatten, um sie zu benutzen, ihre Wohnung zu verschönern.«[94]

In den bürgerlichen Ständen bedeutete die Einrichtung und Ausschmückung der Wohnung viel, sie repräsentierte den Stand des Hausherrn und seines Haushaltes. Die Wohnung war die Kulisse für die nach außen gerichtete Geselligkeit. »Form und Ablauf der Feiern wurden durch die Gesetze des ›guten Tons‹ festgeschrieben und spiegeln den Zwangscharakter bürgerlicher Repräsentation wider.«[95] In einem Büchlein mit dem Titel »Der gute Ton«, das in der 23. verbesserten Auflage 1900 erschien, wurden im Detail die Benimmvorschriften der feinen Gesellschaft aufgeführt.[96] Diese Verhaltensvorschriften umfaßten das persönliche Erscheinungsbild, das Verhalten in der Familie, in einer Gesellschaft und in der Öffentlichkeit. Darin sind Einrichtung und Ausschmückung der einzelnen Räume genau beschrieben. »Das Zimmer des Hausherrn trage das Gepräge gediegener Behaglichkeit, alles, was den Eindruck von Weichlichem und Weiblichem oder des Leichtfertigen machen könne, verbanne daraus.«[97]

Lange Ausführungen zu Blumenschmuck, zum Drapieren der diversen Vorhänge, zu Tapeten und zu anderem Wohnungsschmuck bildeten einen wesentlichen Teil der neuen Bücher zur Hausarbeit. (Abb. 36, S. 167) Der andere, ebenso umfangreiche Teil beinhaltete das Kochen. Die Zubereitung der Nahrung vervielfältigte sich. In den zwei wohl meistgekauften Kochbüchern, dem »ABC der Küche«, zuerst erschienen im Jahre 1885, und dem »Praktischen Kochbuch« von Henriette Davidis vom Anfang des 20. Jahrhunderts umfassen die Anleitungen zur Zubereitung allein eines Nahrungsmittels 30 bzw. 40 Seiten. So gibt es beispielsweise Rezepte für »Rinderbrust, Spitzfleisch oder Teilung gedünstet«, es gibt »Rindfleisch mit Äpfeln«, »Rindfleischhaschee« mit und ohne Reis, es gibt »Rindfleischpudding«, »Rindfleisch mit Reis-

Abb. 36: Tafeldekorationen, die man sich aus Draht und Blumen selbst anfertigen kann.
Quelle: Minna Neuberger (Hrsg.): Ich kann wirtschaften. Das Buch von der billigen, praktischen und gesunden Führung des Hauswesens, Berlin und Wien 1910, S. 447

überstrich«, »Rindfleisch mit Zwiebeln«, »Bouletten«, »Rindfleisch in Scheiben«, »Rindfleischsalat« und so folgen noch 26 Arten zur Zubereitung von Rindfleisch.[98]

Aber nicht allein das privilegierte und teure Nahrungsmittel Rindfleisch erfuhr diese Verfeinerung, sondern auch die Kartoffel und der Reis. Reiskaltschalen, Spanischer Reis, diverse Reisaufläufe und Reiskompotte, Reiskuchen, Reis-Mehl-Auflauf bzw. -Pudding, Reispasteten, Reis-Nudelgerichte füllen Seite um Seite der nahezu 1000 Seiten umfassenden Kochbücher.[99]

Jedes Möbelstück, jeder Vorhang und insbesondere das gesamte Ensemble der Einrichtung der Wohnung bildeten Statussymbole der Hausherrn. Ein Teil der Wohnung, bei den weniger begüterten bürgerlichen Familien die »gute Stube«, bei den begüterten der Salon, das Herrenzimmer und das Wohnzimmer, war halböffentlich, bestand also aus Räumen, die jederzeit auf Besuch eingerichtet waren.

Neben dieser repräsentativen Funktion diente diese neue Art der Hausarbeit, die Ausschmückung, aber auch der Schaffung eines »gemütlichen Heimes«. Die gemütliche Atmosphäre sollte vor allem dem Hausherrn den Aufenthalt in der Wohnung attraktiv machen. »Der Mann pflegt im Wohnzimmer keine anstrengende Beschäftigung, vielmehr läßt er sich in Gemütlichkeit von den Ereignisses des häuslichen Tages und von den Geniestreichen seiner Sprößlinge erzählen; darum genügt es, wenn für den Herrn des Hauses im Wohnzimmer ein guter Sitzplatz vorhanden ist, auch ein Rauchtischchen tut gut.«[100]

Für die Arbeiterfrau heißt es: »Wünschest du, liebe Leserin, daß dein Gatte recht häuslich werde, daß er sich bei dir zu Hause recht heimisch fühle und nicht zu oft draußen und im Wirthshause seine Erholungsstunden zubringe, dann mußt du mit allem Eifer darauf bedacht sein, deine Wohnung und Alles, was drin ist, stets rein und sauber zu halten, mußt überall strenge Ordnung walten lassen und darfst auch nicht unterlassen, sie nach Kräften zierlich und nett zu schmücken.«[101]

Diese auf die seelische Verfassung des Mannes zielenden Aufwendungen gehen sogar über das gemütliche Einrichten hinaus. Die psychische Hausarbeit fordert auch direkte Verhaltensweisen von der Frau. In einem Kapitel des »häuslichen Glücks« werden folgende Maxime dazu aufgestellt: bescheiden und selbstlos zu sein, »um des Mannes Wünsche zu erfüllen, selber auf Bequemlichkeit verzichten, um sie dem Manne zu verschaffen, selbst immer gern entbehren, um dem Manne eine Freude zumachen«. Und unter der Überschrift »Ertrage die Fehler deines Mannes mit Geduld« ist zu lesen: »Du selber bist doch wahrlich auch nicht ohne Fehler, dein Mann muß doch oft genug auch mit deinen Schwächen Geduld haben. Er hat nun einmal den Fehler, schnell aufgeregt und heftig zu werden, besonders, wenn ihm auf der Arbeit oder sonstwo etwas Verdrießliches begegnet ist, warum willst Du nun gleich grollen, wenn er in solcher Stimmung sich auch einmal gegen dich vergißt.«[102] Diese Verhaltensregeln als selbstverständlicher Bestandteil der Hausarbeit bedeuten alltäglich schwere Arbeit. Ihre Einhaltung erfordert von den Frauen viel Kraft, körperlich und seelisch.

Später ging man in den bürgerlichen Kreisen noch weiter und rief die Frauen zur geistigen Teilnahme am Leben des Mannes auf. Die Frau soll »ihn durch geistiges Verstehen stärken, durch eigene Gedanken befruchten, durch Liebe und Selbstaufopferung seine Wunden heilen«[103]. In diesem Buch wird nun die geistige Hausarbeit als besonders wichtig hervorgehoben. »Bevor die verständige und ideal denkende Frau auf einen überflüssigen Putzgegenstand oder eine sinnlose Handarbeit ihre kostbare Zeit, durch Anschaffung entbehrlicher Gegenstände das Geld vergeudet, soll sie sich stets, ihre alleroberste Pflicht vor Augen halten, durch Lesen oder Besuch von Vorträgen, ihrem Gatten eine ebenbürtige Genossin, ihren Kindern eine allen Anforderungen gewachsene geistige Führerin sein zu können.«[104]

Die Erziehung der Kinder zu gesellschaftsfähigen Individuen war ein neuer und wesentlicher Bestandteil der Hausarbeit geworden. Im Unterschied zum früher üblichen Vorgehen im Umgang mit Kindern, dem »Aufziehen« durch Nahrung und der Einübung, der für die »Ökonomie des ganzen Hauses« nützlichen Fähigkeiten, strebte die »Erziehung« größere Ziele an und bedeutete weitaus mehr Arbeit an Kindern. Die Professionalisierung der »Erziehung«, die Pädagogik, trug ihres dazu bei. Zur Hausarbeit gehörte selbstverständlich die »Sozialisationsarbeit«. Pestalozzi (1746–1827) und später Fröbel (1728–1852) postulierten eine neue »Erziehung«.[105] Beide wurden als Erneuerer gefeiert, waren Begründer der institutionellen Kindererziehung (Schule, Kindergarten) und setzten damit Maßstäbe für die Kinderbetreuung in der Hausarbeit. Ariès hat in seiner »Geschichte der Kindheit« den Prozeß des Wichtignehmens von Kindheit und Kindern historisch herausgearbeitet (18. Jahrhundert), welcher dann zur staatlichen Institutionalisierung der Kindererziehung und Ausbildung sowie zu den anspruchsvollen Zielen in der familialen Kinderbetreuung führte.[106]

Der Wandel in der Hausarbeit wird deutlich, es veränderten sich:
- zum ersten die Arbeitsinhalte im Bereich der stofflich-materiellen Arbeit, d.h. von der Nahrungsmittelproduktion weg hin zur Nahrungszubereitung, und es wird weitaus mehr Gewicht auf die Reinigung gelegt;

- zum zweiten bildeten sich zwei neue Bereich der Hausarbeit heraus: die psychische und die geistige Hausarbeit,worunter ich auch die Kindererziehung subsumiere. Die Schaffung eines »Heimes« wie auch die Repräsentation des Hausstandes und vor allem die emotionale Zuwendung in der Erziehung der Kinder waren die Ziele der psychischen Hausarbeit. Die geistige Hausarbeit beinhaltete eine dem Mann und den Kindern angemessene Allgemeinbildung.

Ökonomisch auf der Mikroebene hatte sich also viel geändert und die Trennung von Tauscharbeit und direkter Gebrauchsarbeit führte nicht allein zum Wandel in der Erwerbsarbeit, sondern auch zu einer Veränderung der Arbeitsinhalte in der Hausarbeit.

5 Die Hausfrau

Das Neue am Bild der Hausfrau wird meist nicht gesehen. Es ist eine Rolle, die der Frau »auf den Leib geschrieben« ist und damit in der »Natur« des weiblichen Geschlechts liegt. »In all diesen chaotischen und gewaltsamen Treiben der Kräfte, in dieser Entwicklung aus den Dämmerzuständen der menschlichen Seele zu der klaren, rechnenden, sich selbst begreifenden Vernunft des Kulturmenschen, in diesem Aufwärtsstreben der Menschen aus der Ursprünglichkeit der alten Wirtschaftszustände zu den starken, großen männlichen Kulturen der Gegenwart ist die Hausfrau recht eigentlich der ruhende Punkt in der Erscheinungen Flucht gewesen, ist das Weib der klare vollendete Spiegel all jener ungestümen Begebenheiten geworden, die sich draußen in Wald und Flur zutrugen, die aber nur selten bis zu ihrer Hütte drangen, wo sie mit den Kindern selbst in den barbarischen Zeiten fast immer als etwas Schutzbedürftiges Unantastbares sogar dem Feinde erschien.«[107] Die Rolle der Hausfrau setzt sich aus verschiedenen Segmenten zusammen,die sich erst nach der Auflösung der »Ökonomie des ganzen Hauses« herausgebildet haben. Es ist falsch zu meinen, wie dies im vorangehenden Zitat Minna Neuburger tut, daß die Hausfrau über alle Zeiten der Menschheitsgeschichte hinweg eine konstante Erscheinung gewesen ist.[108]

Wie bereits im Abschnitt zur geschlechtlichen Arbeitsteilung dargestellt, haben sich im Zusammenhang mit der Trennung der Arbeit für den Tausch und der Arbeit für den direkten Gebrauch unterschiedliche soziale Geschlechtsbilder entwickelt, die zwischen Mann und Frau bis zur Polarität entgegengesetzte Eigenschaften und Verhaltensweisen benennen und damit auch unterschiedliche Räumlichkeiten den Geschlechtern zuweisen. Um diese Gegensätzlichkeit und Unterschiedlichkeit nun zu einem Ganzen wieder zusammenzufügen, werden Liebe, Ehe, Familie und das Heim bemüht, in denen die Frau als Hausfrau ihre Erfüllung findet.

Die Hausfrau ist somit auf der einen Seite Resultat der Polarität der Geschlechter und auf der anderen Seite ihrer Zusammenführung. Um diese »Quadratur des Kreises« zu vollbringen, wird die Frau per Geschlecht und sozialer Rolle aufgefordert, sich in Ehe und Familie dem Manne zu unterwerfen.

Marianne Weber äußert sich in bezug auf die Auffassung Fichtes von der Ehe, die im damaligen Staat als sittlich-philosophische Grundlage akzeptiert wurde, kritisch. Doch in ihrer Untersuchung zur »Rechtsentwicklung von Ehefrau und Mutter« im 19. Jahrhundert resümiert sie in Hinblick auf die rechtliche Stellung der Frau: »Da der natürliche und sittliche Zweck der Ehe nur durch Unterwerfung der Frau verwirklicht werden kann, soll der Staat darauf verzichten, sie als juristische Persönlichkeit zu betrachten. Für ihn ist sie vom Tage der Heirat an mit dem Manne identisch. Dieser wird also in allem ihr gesetzlicher Vormund und gerichtlicher Vertreter, und selbstverständlich unbeschränkter Eigentümer aller ihrer Güter. Er allein lebt ein öffentliches Leben, sie selbst behält lediglich ihr häusliches Leben.«[109]

Die Festschreibung der Frau als Hausfrau begründete sich in dem als natürlich gesehenen »Geschlechtscharakter« der Frau. Liebe und Ehe waren die einzigen Lebensperspektiven, die eine Frau erfüllten.[110]

In Meyers Konversationslexikon von 1876 ist unter dem Stichwort »Frauenfrage« folgendes zu lesen: »Die Stärke des Kopfs beim Mann muß an die Stärke des Herzens der Frau eine ausgleichende Ergänzung finden, wenn in einem Volk die rohe Gewalt des Stärkeren nicht vorherrschen, das Seelenleben nicht zurücktreten soll.«[111]

In seiner »Philosophie der Geschlechter« erläutert Simmel das Verhältnis von Mann und Frau. In seinen Ausführungen steht die Frage der relativen oder absoluten Polarität zwischen den Geschlechtern an erster Stelle und damit auch die Hausfrauenrolle. Simmel vollzieht dabei die »Quadratur des Kreises« folgendermaßen: »Die individuelle Frau ist eben deshalb schwerer zu definieren als der individuelle Mann, weil sie als Genus leichter zu definieren ist. Wo schon der allgemeine Begriff als etwas Besonderes, differentiell Bestimmtes empfunden wird, da ist die Individualisiertheit gewissermaßen in das Generelle hineingezogen und hat sich an ihm erschöpft, so daß für die weitere Individualisierung nicht mehr recht Raum und Interesse übrig bleibt.«[112] Deshalb gilt für Simmel, »daß das Generelle bei ihr viel mehr als beim Mann in der Form des persönlich Individuellen lebt. In der typisch vollendeten Frau wird vieles ganz Gattungsmäßige, eigentlich Unpersönliche, zu etwas völlig Persönlichem, so innerlich erzeugt, als träte es hier zum ersten Mal aus dem Einzigkeitspunkt der Persönlichkeit heraus in die Welt.«[113] Damit hat Simmel die grundsätzlich wichtigen Merkmale der weiblichen Personen definiert, die sie für Liebe, Ehe, Familie und Heim prädestinieren und sie aus anderen gesellschaftlichen Bereichen und öffentlichen Räumen ausschließen. Einerseits ist die »vollendete Frau« ganz Gattungswesen und deshalb unpersönlich, andererseits aber hat sie die Eigenschaft, etwas Unpersönliches als Persönliches innerlich zu erzeugen.

Andere Autoren schaffen die Bewältigung dieses Paradoxons, nämlich der Frau keine Persönlichkeit und damit auch nicht dem Mann Gleichwertiges zuzugestehen, aber dennoch der Frau in Ehe und Familie, Liebe und Achtung entgegenzubringen, leichter. Sie verzichten auf die Achtung und wohl auch auf die Liebe. In einem mehrbändigen Werk zur Beziehung von »Mann und Weib« aus dem Jahre 1890 ist zu lesen: »Bis in unsere Gegenwart hinein ist die Frau in steter Abhängigkeit vom Manne erhalten geblieben. Von seiner Wahl zur Geliebten und Gattin hängt die Existenz des Weibes ab. Natürliche Dankbarkeit und Gesetz haben es daher begreiflicherweise zum pflichtschuldigen Gehorsam veranlaßt. Bei den Völkern der Alten Welt und noch heute bei den Orientalen gilt das Weib als Ware, die auf den Markt gebracht wird. So sitzt in jedem Weibe ein gewisser unterwürfiger Sklavensinn, mit dem es zu seinem Herrn, dem Manne hochblickt.«[114] Nun wäre es falsch zu glauben, daß dieses dreibändige Werk zu den rückständigen Büchern in Sachen Frauenemanzipation gehörte. Immerhin gehörten zwei Vertreterinnen der alten Frauenbewegung, Lily Braun und Marie Stritt, zu den Autoren.

Diese »natürliche« mindere Position gegenüber dem Manne konkretisiert sich in der Rolle der Hausfrau und Mutter, während diese Rolle nicht nur eine andere, dem Mann entgegengesetzte, die seine ergänzende wird, sondern selbst als mindere gilt.

Bei Simmel liegt die »echteste« Wesensbestimmung der Frau in der Mütterlichkeit. Daneben resultiert aus einer anderen, nämlich der Koketterie, »die Beschäftigung mit gleichsam abseits liegenden Gegenständen: mit Hunden oder Blumen oder Kindern. Denn dies ist einerseits Abwendung von dem, auf den es abgesehen ist, andererseits wird ihm doch durch jene Hinwendung vor Augen geführt, wie beneidenswert sie ist; es heißt: nicht du interessierst mich, sondern diese Dinge hier – und zugleich: dies ist ein Spiel, das ich dir vorspiele, es ist das Interesse für dich, dessentwegen ich mich zu diesen anderen hinwende.«[115] Neben die Fixiertheit der Frau auf das Subjektive und Mütterliche tritt die alltägliche »Beschäftigung mit Hunden, Blumen, Kindern«, gemeint ist hierbei die alltäglich anfallende Hausarbeit, die der Frau ja zugleich abgefordert wurde. Dies ist wirklich ein Zirkelschluß. Aber auch dieser »abseits liegende Kleinkram« ist bei Simmel begründet im Wesen der Frau und dient allein der Koketterie, der Lockung des Mannes. Deshalb erscheint es nur konsequent, daß in der Beurteilung der allgemeinen Kulturleistungen der Frauen von Simmel konstatiert wird: »Insoweit also die Frauen an der objektiven Kulturleistung versagen, braucht dies kein dynamisches Manko gegenüber einer allgemeinen menschlichen Forderung zu bedeuten, sondern nur die Inadäquatheit zwischen einer Wesensart, in der alle Lebensinhalte nur aus der Kraft eines unteilbaren subjektiven Zentrums heraus und unmittelbar mit diesem verschmolzen existieren — und der Bewährung in einer Sachenwelt, wie sie durch die differentielle Natur des Mannes aufgebaut ist.«[116]

Simmel spricht von Haus und setzt es in Anführungsstriche, denn er meint eigentlich damit das Heim, jenes neue Gebilde, das sich nach der Auflösung der alten Hausökonomie als ein stark ideologisch befrachtetes Etwas herausgebildet hat, und eben dieses neue Gebilde war nach Simmel Schöpfung der Frau. Das »Haus« ist der Ort, an dem »die gesamten Lebensinhalte gestaltet werden, es gibt ... kein Interesse, keinen Gewinn oder Verlust äußerer und innerer Art, kein von den Individuen irgend berührtes Gebiet, das nicht, mit allen anderen zusammen, in die einzigartige Synthese des Hauses einströmte, keines, das nicht irgendwie in ihm abgelagert wäre ... Dies nun zustande gebracht zu haben, ist die große Kulturleistung der Frau. Hier ist ein objektives Gebilde, dessen Eigenart mit nichts anderem verglichen werden kann, durch die besonderen Fähigkeiten und Interessen, Gefühlsweise und Intellektualität der Frau, durch die ganze Rhythmik ihres Wesens geprägt worden.«[117] Diese eindeutige Parallelität zwischen weiblichem Wesen und »dem Haus«, das Simmel ja als ihr Gebilde betrachtet, muß notwendigerweise zur Frau des Hauses, zur Hausfrau hinführen. In der Führung des Hauses »sind typische Zwecke und allgemeine Verwirklichungsformen vorgezeichnet, beide aber doch in jedem Falle auf individuelle Variabilität angewiesen, auf spontane Entschlüsse. Verantwortung in unwiederholbaren Situationen. Der Hausfrauenberuf, in all seiner Mannigfaltigkeit von einem durchaus einheitlichen Sinn gelenkt, ist so ein mittleres Gebilde zwischen der Produktion aus dem urschöpferischen Ich heraus und der bloßen Wiederholung vorgezeichneter Betätigungsformen; und dies begründet seine Stellung in der sozialen Wertungsreihe: ... er kann von jeder bloß durchschnittlichen Begabung erfüllt werden und ist doch nicht subaltern, braucht es wenigstens nicht zu sein.«[118]

Diese Bestimmung von Frau und Haus wird in Absetzung und im Gegensatz zum Wesen des Mannes und der außerhalb des Hauses existierenden Welt interpretiert. Simmels Schriften spiegeln durchaus die Leitbilder der Zeit wider, jedoch fehlt jeder Gedanke an historische Vorgänger. Die geschichtliche Dimension des gesellschaftlichen Prozesses der Herausbildung von Hausarbeit, Haushalt und Familie und der Auflösung sozioökonomischer Gebilde wie der »Ökonomie des ganzen Hauses« und der damit einhergehenden Veränderung geschlechtlicher Rollen fehlen gänzlich.

Auch in dem volkstümlichen Werk zur Beziehung von Mann und Frau fehlt die kurz vorher stattgefundene gesellschaftliche Veränderung durch die Auflösung der alten Hausökonomie, dies trotz historischer Argumentationsweise: »... und von alters her wurde das Weib verbannt in das Gehege des Hauses und des Heimes ... Und da die Geschäfte des Tages, der häuslichen Wirtschaft, der Pflege der Kinder nicht immer genügend Zeit beanspruchen, so blieb auch noch eine solche übrig, um sich der Nachbarsfrau zu nähern, um mit dieser zu sprechen, über all die tausend kleinen Dinge, die den beschränkten Wirkungskreis der Frau umfassen, zu plaudern ... sie ist eine Klatschbase geworden.«[119]

Die allgemeine Gültigkeit der Zuordnung der Frau auf das Haus wird auch in den lexikalischen Ausführungen deutlich: »Erst in der Koncentrierung ihrer Kräfte auf die Wahrnehmung der Interessen des innern Hauswesens vermag die Frau ihre mannigfachen, von dem Manne nimmer zu erreichenden Vorzüge des Herzens und des Gemüths zu entfalten.«[120]

Die Bestimmung der Frau als Hausfrau war eindeutig. Die aus der »Natur der Frau« begründeten Eigenschaften deckten sich mit den Leitbildern von Ehe und Familie. Sowohl in der populärwissenschaftlichen wie auch in der fachwissenschaftlich Literatur war es unumstritten, daß die Frau zur »Hausfrau« geboren war. Die Versuche der Frauenbewegung, die Erwerbsarbeit den Frau zu ermöglichen, stellten nie die andere »Bestimmung« der Frau als Hausfrau, Mutter und Gattin in Frage.[121] So konnte meist unwidersprochen die These von der »Naturhaftigkeit« der »Hausfrau« vertreten werden. Die Frau, die aus Liebe nur für Ehemann und Kinder lebt und deren Welt die Wohnung ist, ist gängiges Bild der Industrialisierungsphase der Gesellschaft. Auf der einen Seite steht die gewerbliche Industrie, auf der anderen stehen Familie und Heim. Die Trennung von Rationalität und Emotionalität fügte sich so harmonisch zusammen, dies allerdings nur für Ehegatten und Familienväter, die über beide gesellschaftlichen Sphären verfügten. Die propagierten gesellschaftlichen Leitbilder »Liebe, Ehe, Familie« wurden als naturgemäße Formen des menschlichen Zusammenlebens gesehen und damit auch die Rolle der Frau als Hausfrau. (Abb. 37, S. 175)

Abb. 37: Georg Kugler: Familienszene in »altdeusch« 1894
Quelle: Ingeborg Weber-Kellermann: Die Familie, Frankfurt/M. 1976, S. 160

Das hier aufgezeigte Bild der Frau als Hausfrau bildete sich in den bürgerlichen Schichten heraus. Es war real der Rahmen der damaligen bürgerlichen weiblichen Existenz. Die Minderbewertung der Frau als nicht das »eigentliche«, sondern als das »andere Geschlecht« sowie die weitere Verfestigung der Teilung der Arbeit zwischen Mann und Frau galten jedoch auch für die Arbeiterklasse. Die Vorstellung, daß Frauen der Arbeiterklasse vorwiegend wie die Männer in der Fabrik arbeiteten, ist nicht richtig. Die Fabrikarbeit war eher eine Ausnahme. »Nicht in der Fabrik, sondern in der städtischen Dienstmädchenarbeit bestand nämlich zunächst die typische weibliche Erwerbserfahrung in der Industrialisierung. ... Seit Mitte des 19. Jahrhunderts strömten alljährlich Zehntausende junger Mädchen und Frauen vom Land in die Städte. Die meisten suchten und fanden dort Arbeit als Dienstmädchen. Um die Wende zum 20. Jahrhundert war fast ein Drittel aller Frauen, die außerhalb der eigenen Familie arbeiteten, in häuslichen Diensten. In Industrie und Gewerbe, einschließlich Heimarbeit, waren nur halb so viel Frauen beschäftigt. Dienstmädchen machten in Berlin sogar rund die Hälfte aller weiblichen Beschäftigten der Altersklasse zwischen zwanzig und dreißig aus. 1880 zählte man in Berlin rund 62.000, 1890 85.000 Dienstmädchen, in Berlin inklusive Vororte im Jahr 1900 rund 126.000, 1905 rund 148.000.«[122]

Zwar war die Erwerbsarbeit der Frauen in der Arbeiterklasse größer als in den bürgerlichen Schichten, doch sie bestand nur zu einem geringeren Teil aus Arbeit in Industrie und Gewerbe. Sicher ist, daß Dienstmädchen nicht verheiratet waren und zu vermuten ist, daß auch einige von den Fabrikarbeiterinnen dies nicht waren. Ehe, Familie und Heim konnten aus materiellen Gründen für die proletarische Klasse keine real gelebten Werte werden. Die Aufrechterhaltung der geschlechtlichen Arbeitsteilung auch in der Arbeiterklasse zeigt die Untersuchung von Walser deutlich: Frauen gingen als Dienstmädchen in die bürgerlichen Hauswirtschaften, Männer als Arbeiter in die Fabriken.[123]

Auch in der hier behandelten sozialen Dimension der Herausbildung der Rolle der Hausfrau gilt, was bereits im vorangegangenen Abschnitt gesagt wurde: die bürgerlichen Normvorstellungen griffen auf die Arbeiterklasse über. Die bürgerliche Hausfrau des 19. Jahrhunderts wurde zum allgemein gültigen Leitbild und die wirtschaftliche Entwicklung wie auch die Klassenkämpfe um mehr Lohn schafften dazu die notwendigen ökonomischen Voraussetzungen. Im 20. Jahrhundert gesellte sich zur »Verbürgerlichung« der Hausarbeit die bürgerliche Hausfrau.

Die ideologische und auch materielle Unterstützung dieser Lebensform seitens offizieller Instanzen hatte nach Donzelot eine staatspolitische Bedeutung. Seine These ist, daß die staatliche Unterstützung dieser Lebensform politischem Kalkül entsprang. Das mit der Zentralisierung der gewerblichen Arbeit einhergehende Anwachsen der Arbeiterschaft in den großen Städten führte zu unreglementierten Tagesabläufen. Elend beherrschte die Situation und damit auch sogenannte wilde Ehen, Alkoholismus und uneheliche Kinder. Die historische Untersuchung von Donzelot zeigt am Beispiel von Frankreich die staatlichen Maßnahmen in neuem Licht. Vorschriften zur Verhinderung von Seuchen oder solche im familienrechtlichen Bereich reihen sich nach Donzelot in die Strategie der »Familiarisierung« der Gesellschaft ein. Das gesamte Gesundheits-, Erziehungs- und Bildungswesen und auch die Gesetzgebung zum Eigentum an Grund und Boden diente diesem Zweck. So z.B. auch »die Eröffnung spezifischer Berufslaufbahnen für Frauen, um sie gründlich auf die Familie vorzubereiten, die Arbeiterinnen vor dem Fall in die Prostitution zu bewahren und um endlich die Rivalität zwischen Männern und Frauen zu verringern, weil sich die soziale Laufbahn direkt aus der Verlängerung ihrer häuslichen Tätigkeiten ergibt«[124].

Für Donzelot war die Rolle der Hausfrau eine bewußt vom staatlichen Apparat veranlaßte Inszenierung: Die Hausfrau als soziale Instanz zur Disziplinierung von Mann und Kind. Für ihn wurde die Frau sogar zur Verbündeten von Staat und Kapital.

Die ungeordnete und unübersichtliche Situation in den Städten nach der Auflösung der alten Hausökonomie erforderte sicherlich eine äquivalente soziale Institution, denn die »Ökonomie des ganzen Hauses« war ja nicht allein eine ökonomische Gemeinschaft, sondern auch eine Sozialisations- und Ordnungsinstanz. Das Modell der bürgerlichen Familie auch als Lebensmodell für die Arbeiterschaft durchzusetzen, diente sicher der Ordnung und Disziplinierung der Arbeiterschaft und verschaffte dem Unternehmer arbeitsfähige Leute. Diese Ausrichtung staatlicher Politik, die bürgerliche Familie als allgemeine gesellschaftliche Norm zu setzen, erfuhr in den 20er Jahren unter der sozialdemokratischen Regierung der Weimarer Republik noch einmal eine Verfestigung und ist bis heute von der Steuerpolitik bis hin zur Wohnungsbaupolitik zu verfolgen.

Allerdings – und dies ist an Donzelots Untersuchung kritisch anzumerken – war das Modell der bürgerlichen Familie und damit der Hausfrau kein staatliches Produkt. Das Bild der Hausfrau, der Frau für Ehe und Familie, die für die Hausarbeit zuständig ist, entstand – wie die neue Form der Hausarbeit – in Zusammenhang mit der Auflösung der alten Hausökonomie und der Trennung der gewerblichen Arbeit von der direkten Gebrauchsarbeit. Der ideologische Überbau wurde erst später formuliert.

Die Argumentation zur Propagierung dieser Frauenrolle konzentrierte sich auf die »naturgemäße Bestimmung« der Frau für den Bereich der Familie und des Hauses. Mit dieser Bestimmung wurde der Frau ein abgegrenzter Raum zugewiesen. Haus und Wohnung bildeten den Raum, den die Frau nutzte, über den sie im gewissen Grad verfügte und den sie sich auch aneignen konnte. Der Begriff der Hausfrau bezeichnete bereits die räumliche Zugewiesenheit der Frau. Die Widersprüchlichkeit in diesem Begriff wurde dabei nie thematisiert: als Frau zur »Hausfrau« wurde, hatte sich das »ganze Haus« aufgelöst und wurde durch die Wohnung ersetzt. Damit offenbart diese Begrifflichkeit auch eine gewisse reaktionär-romantische Sehnsucht.

Die mit der Auflösung der alten Hausökonomie einhergegangene geschlechtsspezifische Trennung der Arbeit brachte neben einer geschlechtsspezifisch unterschiedlichen räumlichen Konzentration auch eine räumliche Reduktion für Frauen hervor. Die Beschränkung auf die Wohnung verschloß für die Frauen den weitaus größeren anderen Teil der Gesellschaft und versperrte ihnen weitgehend den Zugang, die Verfügung und Aneignung des öffentlichen Raumes.

Diese aus dem »Wesen der Frau« begründete Bestimmung ließ keine Alternativen zu. Die ideologische Überformung und absolute Fixierung verwundert. Kann man doch für diese abstrusen Gedankengänge – auch ansonsten geschätzter Wissenschaftler – keine wissenschaftlich fundierten Gründe finden, und die Argumentation von Donzelot hat zwar ihre Richtigkeit, greift jedoch zu kurz und erklärt nicht das Phänomen als Ganzes. Es erstaunt um so mehr, wenn man sich erinnert, welche Aufgaben und Rollen den Frauen in der »Ökonomie des ganzes Hauses« oblagen. Das Wissen über diese alte ökonomisch-materiell bestimmte Aufgabe, nämlich ihren Teil an der gesamten Hausökonomie beizutragen und sie damit zu erhalten und zu mehren, verlor sich völlig. Diese vorwiegend funktionale Bestimmung ließ auch einmal – wie beispielsweise in den hausindustriellen Ökonomien, aber auch in anderen Hausökonomien, z.B. den adeligen Stadtpalästen – ein Überschreiten der Arbeitsbereiche zwischen den Geschlechtern zu, wenn dies im Interesse der gesamten Hausökonomie lag. Die aufgrund der »Natur des Geschlechts« festgelegten Aufgabenbereiche versperrten prinzipiell eine solche Möglichkeit.

6 Wohnung und Wohnideologie

So wie sich nach der Herausverlagerung der Erwerbsarbeit aus der »Ökonomie des ganzen Hauses« die Hauswirtschaft und eine neue Frauenrolle, die der Hausfrau, herausbildete, so entstand auch die Wohnung als eine neue Form der Räumlichkeit. Wie vorher gezeigt wurde, gab es früher Häuser, die nach ganz anderen Prinzipien gebaut und eingerichtet waren. Dieses Neue drückte sich sowohl im Baulichen wie auch in der Einrichtung dieser Räumlichkeit aus. Basis dieser neuen baulich-räumlichen Strukturen war neben der ökonomischen und räumlichen Trennung der Erwerbsarbeit und der Hausarbeit auch eine neue und eigenständige Auffassung von diesen Räumlichkeiten. Dort wurde »gewohnt«, und mit diesem Begriff war nicht nur die »gewohnte« Umgebung gemeint, sondern damit verband sich ein ganzes Spektrum von Werten, z.B. Privatheit, Erholung, Gemütlichkeit, Statussymbolik.

Die Wohnung wurde zur Räumlichkeit, in der unterschiedliche geschlechtsspezifische Nutzungen abliefen. Männer und Frauen brauchten die Wohnung zu verschiedenen Zwecken: der Mann zur geistigen und körperlichen Regeneration, die Frau vorwiegend zur Hausarbeit und weniger zu ihrer eigenen Erholung. Die erweiterte Stufe der geschlechtlichen Arbeitsteilung zeigte sich auch am Beispiel der Wohnung, denn die meiste Zeit des menschlichen Wachseins verbringen die zwei Geschlechter getrennt: der Mann am außerhäuslichen Erwerbsarbeitsplatz, die Frau in der Wohnung, ihrem Arbeitsplatz.

Die Räumlichkeiten der Wohnung folgten bestimmten Prinzipien. Diese galten für alle Schichten der Bevölkerung, doch – und dies ist gleich einzuschränken – nur, wenn es die wirtschaftlichen Verhältnisse zuließen. Die beengten, ärmlichen Wohnverhältnisse der meist proletarischen Bevölkerung zeugten von ökonomisch bedingten Restriktionen, jedoch nicht von einer alternierenden sozial-räumlichen Lebensvorstellung. Ihre wirtschaftliche Lage war oft so miserabel, daß sich ihre Vorstellungen auch auf engstem Raum nicht verwirklichen ließen. Die typischen »Küche und Stube«-Wohnungen im Berliner Mietwohnungsbau des letzten Jahrhunderts nötigten zur Verrichtung der Arbeiten auf kleinstem Raum. Diese räumlichen Bedingungen entsprachen jedoch nicht den Werten und Wünschen der Arbeiterklasse. In dieser Hinsicht brachte sie zur bürgerlichen Schicht keine alternative Wohnkultur hervor. Ihre Werte und Vorstellungen orientierten sich vielmehr an den bürgerlichen Wohnformen.

So ist Jürgen Kocka zuzustimmen, daß für bestimmte Bedürfnisse und Erwartungshorizonte die »kleinen Beamten« Vorbildcharakter für die Arbeiter hatten.[125] Diese Aussage traf auch auf die Wohnwünsche zu, und schon Anfang unseres Jahrhunderts kritisierte ein Autor in den Sozialistischen Monatsheften:»Diese Nachahmerei zeigt sich natürlich noch viel mehr in der inneren Ausstattung der Räume, was sich schon als notwendige Folge des falschen Grundrisses ergibt, der nicht den Lebensbedingungen der Arbeiterfamilie entstammt,sondern eine verkümmerte Nachäffung des bürgerlichen Wohnungsgrundrisses ist.«[126]

Auch hier gilt, was bereits in den vorhergehenden Abschnitten gesagt wurde: die bürgerliche Wohnung wurde auch für die Arbeiterklasse zum Wohnmodell. Dies jedoch verstärkte sich erst im 20. Jahrhundert. Im 19. Jahrhundert waren die Wohnungen zwischen den bürgerlichen Schichten und denen der Arbeiterklasse verschieden. Der typische Grundriß eines Hauses zeigt diesen »Klassenunterschied« deutlich. Vorne zur Straßenfront zwei Wohnungen für die bürgerlichen Schichten und hinten zum Hof die »Küche-Stube«-Wohnung für die Arbeiterschaft. Keine der im folgenden dargestellten, für die bürgerliche Wohnung typischen Prinzipien waren im 19. Jahrhundert in den Arbeiterwohnungen der großen Städte zu finden. Weder Privatisierung und Intimisierung durch Flure waren vorhanden noch lag die Küche im hinteren Bereich der Wohnung. Meist lagen die Räume hintereinander und gingen direkt ineinander über. Oft trat man von der Wohnungseingangstür gleich in die Küche. (Abb. 38, S. 181)

Bevor ich auf die konkreten Veränderungen eingehe, einige Anmerkung zum Wohnbegriff, die – wie ich meine – beispielhaft zeigen, welche ideologische Überfrachtung mit diesem Begriff einhergeht. Die Tatsache, daß Wohnen ein neues sozial-räumliches Gebilde ist und es kein allgemeines und in der Menschheitsgeschichte immer schon vorhanden gewesenes Wohnbedürfnis sozusagen als »Wohntrieb« gegeben hat, wird leider auch von Historikern nicht gesehen. So schreibt Teuteberg: »Die Befriedigung des alltäglichen Wohnbedürfnisses, d.h. von billigem, ausreichendem und zugleich hygienischem Wohnraum, gehört ähnlich wie die Sicherung von Nahrung und Bekleidung zu den ältesten Menschheitsproblemen. Das Wohnen kann zu den ›sozialen Totalphänomen‹ (Marcel Mauss) gerechnet werden, die zu allen Zeiten und Orten auftreten und mit allen anderen Lebensbereichen des Menschen direkt oder indirekt verbunden sind. Das Hausen (mittelhochdeutsch ›husen‹ = wohnen, aufhalten, beherbergen, wirtschaften) bzw. das Behausen (mittelhochdeutsch ›behusen‹ = mit einem festen Haus versehen, besiedeln, Obdach geben) ist eine conditio humana und bildet eine der anthropologischen Grundkonstanten.«[127]

Nur kurz möchte ich darauf hinweisen, daß es erst im Zusammenhang mit der Miete darum ging, ›billig‹ zu wohnen und dieses auch nur für bestimmte Schichten zutraf. Das Haus war in der alten Hausökonomie Eigentum, oft selbst gebaut. Schauen wir in andere Gesellschaften, so gab es zwar im antiken Rom ein verbreitetes Mietswesen, doch es war nur dort in der antiken Metropole mit ihrem großen Militär- und Beamten-

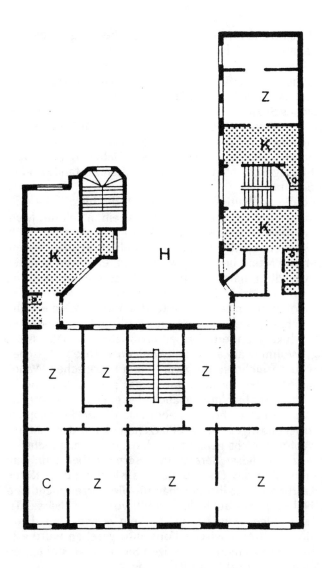

Abb. 38: Berlin. Straßentrakt 1865, Seitenflügel als Erweiterung 1877
Quelle: Berlin: Von der Residenzstadt zur Industriemetropoloe, Bd. 1, TU Berlin, Berlin 1981, S. 308

apparat zu finden. Die Hygiene war eine Erscheinung der Neuzeit. Sicher spielte dabei auch die Erhaltung der Arbeitskraft für die Industriegesellschaft eine Rolle und nicht allein humanitären Antrieben sind gesunde Wohnverhältnisse zu danken. Das von Marcel Mauss zitierte »soziale Totalphänomen« Wohnen, das zu allen Zeiten und Orten auftritt, kann nicht als einheitliches Sozialgefüge gesehen werden. »Hausen« und »Behausen«, also das Bleiben und Seßhaftwerden an einem Ort als eine »conditio humana« zu sehen und als Begründung für das »soziale Handlungsfeld Wohnen« heranzuziehen, ist absurd. Diese Sicht vergißt, daß 99 Prozent der Menschheitsgeschichte im »Nichtseßhaften Zustand« und im »Nicht-Wohnen« bestand.[128]

Während die Seßhaftigkeit, worauf sich die historische und soziologische Literatur zum Wohnen bezieht, erst einen Teil der Menschheitsgeschichte umfaßt, ist jede solche Seßhaftigkeit noch weit entfernt von dem, was wir heute unter Wohnen verstehen. Seßhaft waren und gehaust haben die Menschen dort, wo sie sich ernähren konnten. In diesem Sinne war die Ernährung und Arbeit das Primäre, was das Siedeln bestimmte, und wie im Vorhergehenden gezeigt, war es die Arbeit, die Haus und Hof bestimmte. Die Seite des Wohnens, die Behaglichkeit und Gemütlichkeit, die Erholung und Reproduktion bedeutet, ist neu und ein Produkt geänderter gesellschaftlicher Verhältnisse. So ist es fragwürdig, Wohnen als eine der wenigen anthropologischen Grundkonstanten zu bezeichnen, die zwar einem historischen Wandlungsprozeß unterlag, die aber im Kern immer das gleiche war und in der Geschichte der Menschheit immer auch das gleiche bedeutete. Wohnen allein auf die Formel zu bringen, »ein Dach über dem Kopf zu haben« oder »ein trockenes, geschütztes Plätzchen« kann der späteren Bedeutung von Wohnen nicht gerecht werden und ist angesichts der Breite und Relevanz, die dieser Bereich in unserem Leben einnimmt, viel zu kurz gegriffen. Wie das Dach bietet die Kleidung dem Körper Schutz und die Nahrung erhält ihn. So mag für die vorgeschichtliche Zeit sowohl die Nahrung wie auch der Schutz vor Kälte, Nässe, Tieren und Feinden dazu beigetragen haben, daß ein »Dach über dem Kopf haben« als eine anthropologische Konstante gesehen wurde. Doch dies als Vorläufer vom Wohnen im heutigen Sinne zu verstehen, erinnert an den Vergleich von Urwald und Parkanlagen.

Zur Wirtschaft- und Sozialgeschichte gehört eben auch die Geschichte der Hausarbeit oder – besser gesagt – die Geschichte der Arbeit für den direkten Gebrauch, die konstituierendes Element dessen ist, was Wohnen war und ist. Leider wird diese Fragestellung wie in der Wohnsoziologie auch in der Geschichte des Wohnens ausgespart. Deshalb, so ist zu vermuten, kommen dann derartige Definitionen zustande wie die zitierte von Teuteberg.

Der Sprung von den Räumlichkeiten der »Ökonomie des ganzen Hauses« zur Wohnung zeigt den Veränderungsprozeß. Zur Wohnung gehört im allgemeinen weder ein Gemüsegarten noch ein Hühnerstall. Die Veränderung in der Arbeit für den direkten Gebrauch weg von der Nahrungsmittelproduktion hin zur Aufwertung der Nahrungszubereitung und dem Bereich der Pflege und Ausschmückung fand so ihren räumlichen Ausdruck. Das Auffälligste in der Raumstruktur der Wohnung selbst nach der Herausverlagerung der gewerblichen Arbeit war der innere räumliche Differenzierungsprozeß der Nutzungen. Die Nutzungen konzentrierten sich an bestimmten Orten in der Wohnung, und zwar in räumlich abgeschlossenen Zimmern, die von einem Flur abgingen. Für das Schlafen gab es das Schlafzimmer, für das Kochen die Küche, für die Repräsentation den Salon bzw. die »gute Stube«, für die Kinder das Kinderzimmer usw.

Auch hierbei bildete die Hausarbeit den ökonomisch-materiellen Hintergrund. Die Zubereitung der Nahrung in der Küche und die Darreichung im Eßzimmer entsprach dem gesteigerten Anspruch an Gemütlichkeit und Repräsentation. In gepflegter und gereinigter Umgebung sollte gegessen werden und das Kochen und damit Gerüche, Unordnung wurden verbannt in einen zumeist nach hinten gelegenen Raum, der auch noch flächenmäßig knapp bemessen war. (Abb. 39, Seite 184) Das Essen, die Gemütlichkeit, die Repräsentation und die körperliche Regeneration forderten Räume und ihre entsprechende Ausstattung und Pflege.

Erinnert sei an die Paläste des Adels, die ebenfalls eine hochdifferenzierte Nutzungsstruktur aufwiesen. Im Unterschied jedoch zu den neuen bürgerlichen Wohnungen, gab es keine räumliche Schwelle zwischen öffentlichen und privaten Räumen. Diese Schwellen waren ein wesentlicher Bestandteil der bürgerlichen Wohnungen. Es gab sogar verschiedene Abstufungen des Übergangs von der Öffentlichkeit der Straße zur Privatheit des Schlafzimmers. Das Treppenhaus, die erste räumliche Schwelle zur Privatheit, gehörte noch eher zur Straße. In den bürgerlichen Wohnhäusern war es auf repräsentative Wirkung hin ausgerichtet. Das Treppenhaus hatte die Funktion, die Menschen auf Etagen und Wohnungen zu verteilen. Doch immerhin bildete das Podest, eine vor der Wohnungseingangstür gelegene Fläche, von der aus der Besucher klingelte und Einblick – bei geöffneter Tür – in die private Wohnung nehmen konnte, diese dann oft auch betrat, eine räumliche Kommunikationsfläche zwischen Öffentlichkeit und Privatheit. Umgekehrt waren das Podest vor der Wohnungseingangstür und die Treppe der Weg in die Öffentlichkeit der Straße.

Abb. 39: Hausfrau mit Dienstmädchen (links), Berlin um 1910
Quelle: Heidi Müller: Dienstbare Geister. Leben und Arbeitswelt städtischer Dienstboten, Berlin 1981, S. 147

Betrat der Besucher die Wohnung, dann befand er sich in einem weiteren Raum mit halb-öffentlichem Charakter. Der Eingangsflur stellte eine in seiner Verbreitung neue Erscheinung in der Wohnung dar. Flure waren in den Häusern der »Ökonomie des ganzen Hauses« nur vereinzelt und wenn, dann bei den herrschaftlichen Hausökonomien zu finden. Der Flur war nach damaliger Sicht eine Verschwendung umbauten Raumes. Später war er üblich und in vielen bürgerlichen Wohnungen gleich zweimal vorhanden. Der Flur war nicht allein eine Verkehrsfläche, um von einem Zimmer ins nächste zu kommen, er war auch ein Vorraum zu den Hauptzimmern. Dort wurde die Garderobe abgelegt, dort wurden Gäste empfangen.

Doch aufgehalten wurde sich nicht im Flur. Der Flur bildete aber nicht allein einen Zwischenraum nach außen, sondern schaffte eine Abgeschlossenheit der einzelnen Zimmer innerhalb der Wohnung. Man konnte also die Türe des Zimmers schließen und war ungestört. Diese Möglichkeit des Abschließens der einzelnen Zimmer führte auch innerhalb der Wohnung nochmal zu einer Intimisierung. »Der Flur bildet eine Schaltstelle zwischen den gegenüberliegenden Wohnhälften; er gehört im Grunde niemanden und vermag daher potentielle Konflikte aufzuheben. Das Halbdunkel, in das er getaucht ist, sowie seine Enge tragen dazu bei, daß die Beziehungen der Bewohner untereinander abflauen oder ›vorsichtiger‹ werden.«[129]

Die reichen Hausökonomien des Adels und der Patrizier hatten genug Fläche in ihren Häusern, doch die Zimmer hatten oft zwei Türen und man durchquerte das eine, um in das andere zu gelangen. Flure als reine Verkehrsflächen waren selten. Die innere räumliche Differenzierung der Nutzungen wurde also von einem räumlichen Abschließungsprozeß zur Intimisierung innerhalb der Wohnung begleitet.

Die nächste Schwelle im Vordringen zu den privaten Räumen war bei den gut situierten bürgerlichen Schichten der Salon, bei den ärmeren die »gute Stube«. Dorthin wurde der Gast geführt und bewirtet. Diese Räume dienten der Repräsentation und in diese Zimmer wurde an Hausarbeit und Geld alles hineingesteckt, was übrig war. »Die schönsten und größten Räume waren die Repräsentationszimmer, die oft nur zweimal im Jahr genutzt wurden und sonst leerstanden. Die anderen Zimmer, die Besucher normalerweise nicht zu Gesicht bekamen, waren dunkel und unerfreulich.«[130]

Dazu gehörte auch die Küche, die früher in der alten Hausökonomie einen zentralen räumlichen Platz einnahm. Die Küche wurde in den Wohnungen nun ins abseits, in den hinteren Teil der Wohnung verdrängt. Wie groß und differenziert die Raumaufteilung in der Wohnung auch war, die Küche lag an einem räumlich unterprivilegierten Platz. Hinzu kam, daß sie sich im Raumumfang stark reduziert hatte und letztendlich zu einer »Naßzelle« verkam.

So veränderten sich mit der Auflösung der alten Hausökonomie auch die räumlichen Strukturen im sozial-räumlichen Mikrobereich der Wohnung. Nach der Trennung der Erwerbsarbeit von der Hausarbeit war der Wandlungsprozeß in der räumlichen Nutzung der direkten Gebrauchsarbeit durch folgende Prinzipien gekennzeichnet:
- räumliche Differenzierung der Nutzungen (Wohnzimmer, Schlafzimmer, Küche etc.),
- räumliche Trennung der Sphären von Öffentlichkeit und Privatheit (Treppenhaus, Wohnungseingangsdiele, Empfangszimmer),
- Intimisierung der Wohnung durch räumliche Abschließung (Flur),
- Unsichtbarmachung der Hausarbeit durch Verlagerung der Küche in den hinteren Teil der Wohnung,
- Hierarchisierung der Nutzungen durch verschieden große Raumzuweisung (große Wohnzimmer, kleine Küche).

Neben dem Empfangszimmer wurde Wert auf die Einrichtung des Wohnzimmers gelegt, denn auch dorthin hatte der Besuch Zutritt. Ein Hauptgegenstand des Wohnzimmers war das Sofa. Das Sofa war seit dem Biedermeier Inbegriff der »guten Stube«. Welche Verbreitung das Sofa fand, zeigt die Untersuchung von Ruth Mormann für den Raum des Herzogtums Braunschweig. Sie zeigt damit gleichzeitig, wie sich die »gute Stube«, später das Wohnzimmer, als allgemein gültige Norm verbreitete.

Anhand von Inventaren, das sind »detaillierte Verzeichnisse des gesamten mobilen und immobilen Hab und Guts, die sehr realistische Einblicke in die vergangene Lebenswirklichkeit und vor allem die Wohnungsausstattung geben«[131], läßt sich auch die Verallgemeinerung des Anspruchs »repräsentativ zu sein« zeigen. Die Verbreitung des Sofas, wenn wir dieses als Indikator repräsentativen bürgerlichen Wohnens nehmen, nahm folgenden Verlauf: »Den frühen Übernahmen am Ende des 18. Jahrhunderts folgte in der ersten Hälfte des 19. Jahrhunderts die ›frühe Mehrheit‹: Nach 1850 zog auch die ›späte Mehrheit‹ nach, so daß am Ende des Jahrhunderts der Sättigungsgrad erreicht war.«[132] Obwohl Ruth Mohrmann viele ihrer Kriterien nicht weiter erläutert, zeigt diese Untersuchung insgesamt doch den schnellen Verbreitungsgrad der »guten Stube«.

Insgesamt war die Einrichtung dieses Zimmers reichhaltig, sei es nun Wohnzimmer oder allein Empfangszimmer – je nach sozialer Schicht unterschiedlich. Doch unabdingbar war – wie gesagt – das Sofa, der Tisch, Stühle, Sessel, das Büffet, die Anrichte, Tapete, Fensterdekoration etc.

(Abb. 40a, S. 188, Abb. 40b, Seite 189) In den Haushaltsbüchern wird viel Wert auf die Einrichtung der Wohnung gelegt, wobei die »privaten Räume« gegenüber den »öffentlichen Räumen« nicht wichtig genommen wurden[133]. Am Beispiel einer bürgerlichen Etagenwohnung in Hamburg läßt sich die Relevanz der Repräsentation darstellen. Die Einrichtung dieser Wohnung wurde zwischen 1910 und 1917 genau registriert (Abb 41[134], S. 190 und 191).

Die Bezeichnung der Räume in der Legende wurden in Anführungsstriche gesetzt, weil dies nur eine repräsentative Benennung war und nicht der realen Nutzung entsprach. Der Autor lebte dort und beschrieb Möbelstücke und ihre Nutzung. »Bei Beschaffung der ›Aussteuer‹ für die junge Frau 1891 waren vor allem die Möbelstücke der als Repräsentation gedachten beiden Räume ›Salon‹ (›gute Stube‹) und ›Eßzimmer‹ neu und von höchster Qualität beschafft worden. Dabei waren zusammengehörend im Salon das Sofa, die beiden Sessel und der sechseckige Tisch (Bezug roter Samt, dazu eine entsprechende Tischdecke mit Goldborte). Einzelstücke waren das Klavier (Perzina/Schwerin) und der Damenschreibtisch in Nußbaum. Einzelstücke waren auch die diversen größeren oder kleineren Sockel für Palmen und Plastiken. Im Eßzimmer gehörten zusammen der Auszugstisch, die 6 Stühle und das hohe Büffet, alles in heller Eiche von ausgezeichneter Verarbeitung. Der Repräsentationswert dieser beiden Räume wurde unterstrichen durch das Vorhandensein von Teppichen und ›Portieren‹, die die großen Öffnungen der Schiebetüren einfaßten ... Es ist anzunehmen, daß Gäste und Besucher nur die beiden Eßzimmer und Salon betreten sollten, daher war der Kreis der in allen anderen Räumen vorhandenen Mobilien mehr als bescheiden.«[135]

Nach der Aufstellung der Möbel diente das sogenannte Kinderzimmer in Wirklichkeit als Aufenthaltsraum für die Familie, denn dort befanden sich Eßtisch, 6 Stühle, ein altes Sofa, ein alter Kleiderschrank usw., jedoch keine Kinderbetten. Die waren mit 2 Holzstühlen, einer alten Kommode, einem alten Kleiderschrank Inventar des sogenannten kleinen Schlafzimmers. Die Küche war zu einem reinen Arbeitsort geworden, der jeden sonstigen Aufenthalt von der Einrichtung wie auch von der Belichtung her verbat. Sie lag an einem schmalen Luftschacht zum Nebenhaus und war noch nicht mal mit einem Stuhl ausgestattet. Das Dienstmädchen, so es eines gab, konnte sich nur in ihrer ebenfalls nur über den Luftschacht belichteten Kammer auf einen Stuhl setzen und sich ausruhen.

Auch die Wohnung in der Arbeiterschicht wurde wenn möglich nach dem Repräsentationsgesichtspunkt eingerichtet, jedoch war Funktion und Einrichtung der Küche eine andere. Veranschaulicht wird diese Tatsache durch die Beschreibung einer Wohnung in einer für Arbeiter er-

Abb. 40a: Beispiel für eine Wohnungsausstattung des späten 19. Jahrhunderts
Quelle: Leonardo Benevolo: Die Geschichte der Stadt, Frankfurt/New York 1984, S. 851

Abb. 40b: Beispiel für eine Wohnausstattung des späten 19. Jahrhunderts
Quelle: Leonardo Benevolo: Die Geschichte der Stadt, Frankfurt/New York 1984, S. 851

Abb. 41: Die Wohnung einer Hamburger Familie des oberen Mittelstandes 1910-1917

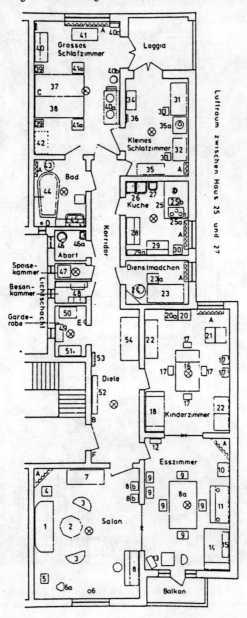

Familie des oberen Mittelstandes 1910–1917
Zeichenerklärung

»Salon«
1. Sofa, roter Samt
2. Achteckiger Tisch, darauf Decke, mit Goldfäden bestickt
3. Sessel mit rotem Samt bezogen
4. Hohes Gestell, darauf »Gänseliesel« (Gips)
5. Holzgestell mit großer Palme
6. Kl. geschnitzter Tisch mit kl. Palme
6.a Hölz. Hocker, kleeblattförmig geschnitzt
7. Kleiner Schreibtisch mit vergoldeter Schreibgarnitur und Schreibmappe
8. Klavier, schwarz (Perzina/Schwerin), mit Drehsessel
8.a 2 Stühle

»Eßzimmer«
8.a Eßtisch (Eiche), ausziehbar
9. 6 passende Stühle (Rohrgeflecht)
10. »Stummer Diener« (mit grüner Decke)
11. Hohes Buffet (Oberteil mit Rückwand und 2 Säulen). Auf der Standfläche grüne Decke. Kaffee- und Teekanne (Nickel, niemals benutzt)
12. Kl. dunkles Eichen-Zigarrenschränkchen des Hausherrn. In der Tür geriffeltes Buntglas
13. Kl. Mahagoni-Schrank für Bücher (Lexikon), Türen mit Bleiverglasung (Blumen im Jugendstil). Unten ein Fach für Atlas und Alben
14. Einfaches »Chaiselongue« mit Gobelindecke und einigen Kissen, zusammengelegte Decke
15. Eichenbord (geschn.), darauf Zinnbecher: »München/Marienplatz« und altdeutscher Humpen
15.a Nähtisch mit kl. Sessel

»Kinderzimmer«
16. Eßtisch, zusammengesetzt aus größerem und kleinerem Tisch. Fichte, bemalt (alt), darauf einfache Tischdecke (Heimarbeit)
17. 6 Stühle, hell, poliert (alt), mit Rohrgeflecht
18. Altes Sofa mit Plüsch bezogen
19. Alter Kleiderschr. (Tanne, bemalt)
20. Alte Kommode, weiß gemalt
20.a Nähmaschine
21. Kinderpult (Sitz/Arb.-Tisch) verstellbar
22. Einfacher Schrank mit zwei Fächern. Türen mit geriffeltem Glas (Spielzeug)

»Mädchenzimmer«
23. Eisern. Bettgestell
23.a Stuhl
24. Eisernes Waschgestell und Schüssel und Seifenschale
24.a Kleiderbord

»Küche«
25. Großer Kachelherd mit Feuerstelle, an der Seite eingebaute Gasflammen
25.a Gasherd
25.b Gasbackhaube
26. Eingebaute »Aufwasche« (zwei Becken aus glasiertem Ton)
27. Desgl. »Handstein« mit 2 Messinghähnen
28. Küchenbuffet mit Glastüren oben
29. Großer Küchentisch, weiß
29.a Darüber breites Holzbord, vorne Haken
30. Weißer Küchenstuhl

»Kinderschlafzimmer«
31. Eisernes Bettgestell für Kind I
32. Desgl. (kleiner) für Kind II
33. 2 Holzstühle (weiß)
34. Alte Holzkommode (weiß)
35. Alter, kleiner Kleiderschrank (weiß)
36. Wandriegel (weiß, Bett m. Haken)

»Schlafzimmer« (Eltern)
37. Bett I (Fichte, gelb bemalt)
38. Desgl. II
39. 2 Nachttische, desgl., schmal, hoch, Messingbeschläge
40. Desgl. Frisiertoilette mit Drehspiegel und Schubfächern. Am Spiegel zwei ausziehbare Kerzenhalter (niemals benutzt)
40.a Desgl. Waschtisch für 2 Personen. Marmorplatte und Marmorbord. 2 Waschschüsseln (Ton, hellgelb glasiert). In jeder passende Wasserkumme. Wasserflasche aus Glas und 2 Trinkgläser. An der Seite: Handtuchhalter (2 Glasstangen in Messingstützen)
40.b Wassereimer (Steingut)
41. Alte »Wäschetruhe«, rot bezogen, oben gepolstert
41.a 2 passende Holzstühle (Rohrgeflecht)
42. Eisernes Kinderbett

»Badestube«
43. Badeofen: Kupfer, Brikettfeuerung. Bis 1913
44. Große Badewanne, nach Hamburger Art stehend in einem flachen Holzkasten mit Bleiverkleidung
45. Seit 1913: weiß. Waschbecken mit 2 Mess.-Hähnen, darüber breites Holzbrett zum Ablegen etc.

»Toilette«
46. Keramik-Sitz (englisch, mit blauer Blumenbemalung) und Mahagoni-Deckel, Mess.-Armaturen
46.a Kleines Waschbecken, 1 Mess.-Hahn, darüber Messinglampe mit geschweiftem Glaskranz

»Speisekammer«
(mit 4 Holzborden rechts)
47. Hölzerner »Eisschrank« mit Fach für Eis, alles mit Zink verkleidet (nie benutzt). Darauf altes Kabarett mit kleinen Schüsseln

»Besenkammer« mit Holzborden rechts. Inhalt nur eine olle Schrubber.
48. Eiserne Wandtür für Kohlenschütte (vom Dachboden aus)

»Garderobe«
49. Eiserne Mangel (1913 beschafft) mit Drehrad
50. Alte Kommode (darüber »Garderobenbrett« geplant) »Korridor« (Flur)
52. »Garderobe« (Holzfläche, grau gemalt) mit Spiegel, Schubkästchen, Garderobenhaken
53. Einfaches Hakengestell f. Kindergarderobe
54. Wäscheschrank (zum Schlafzimmer passend), ferner: Auf der Loggia ha den Schlafzimmern: Eiserne Gartenbank (zusammenklappbar), desgl. Tisch. Fast nie benutzt.

»Technische Einrichtungen«
A Heizkörper (das Haus hatte schon seit 1905 Heizung), die im Salon und Eßzimmer durch kaminförmige Verkleidungen »kaschiert« waren. im Eßzimmer hatten wir aus der vorherigen Wohnung kupfernes Gerät von der bisherigen Ofenausstattung vor die Verkleidung gestellt: breites, niedriges Gestell zum Auffangen herausfallender Glut. Feuerzange, Feuerschaufel. In den anderen Räumen, auch Kinderschlafzimmer waren die Heizkörper angebracht unter einem breiten Fensterbrett. Diese »Fensterbretter« waren für die Kinder höchst interessant als Spieltische, Abstellplätze und Sitze.
Die Fensterflügel gingen (nach alter Hamburger Baugewohnheit) nach außen, waren stabil und zugdicht. Außen grün oder braun bemalt (haltbar), innen weiß.
B »Sprechrohr« vom Treppenhaus unten zum Korridor, auf beiden Enden Stöpsel mit Flöte. Die Anlage ist theoretisch sicher nützlich gewesen -- ich habe sie nie in Benutzung gesehen, weil die Kinder immer und überall versuchten, Murmeln hindurchzujagen. Darum waren alle Rohre längst unheilbar verstopft.
C 1) Schnur mit Deckenschalter für Beleuchtung (1913 neu)
2) Zwei Klingelschnüre mit Druckknöpfen zu Glocken in der Küche und im Mädchenschlafzimmer (nie in Betrieb, da Schnüre von den Kindern abgerissen und Glocken längst übermalt bzw. übertünscht waren).
D Kupferne Steigeleitung für »Heizwasser« in der Badestube, man mußte immer kontrollieren, ob das Wasser auch warm sei.
E »Telefon«, elektrische Klingel: zu betätigen an der Haustür unten vor dem Eingang.

»Teppiche und Vorhänge«
Teppiche nur im Salon und Eßzimmer, desgl. Gobelinvorhänge (»Portieren«) an den großen Schiebetüren (Salon: rot, bestickt; Eßzimmer: desgl. grün, zweimal an den Schiebetüren). - im Korridor roter Läufer (13 m). In den beiden Vorderzimmern Parkett, sonst gelackte Dielen.

richteten Kleinhaussiedlung. »Dort vor uns liegt ein besonders nett ausschauendes freiliegendes Einfamilienhaus, das uns geradezu als ein Ideal einer menschlichen Behausung anmutet. Nicht nur praktisch und billig gebaut, sondern auch solide und äußerlich schön liegt das Häuschen ganz in Grün eingebettet mit seinem roten Dach und weiß gekalkten Wänden, von denen sich die grün gestrichenen Schlagläden hübsch abheben, vor uns ... mit einem Wort: ein Idyll! In froher Erwartung betreten wir das äußerlich in jeder Hinsicht so reizende Haus, nachdem wir noch einen zufriedenen Blick über die weißen Gardinen hinter den vorderen Fenstern geworfen haben ... Aber wir werden in vieler Hinsicht bitter enttäuscht! Schon beim Öffnen der Haustür schlägt uns eine dumpfe, von Kappes-Geruch durchschwängerte Luft entgegen: und als wir die Wohnküche betreten, prallen wir vor den uns entgegenschlagenden Gerüchen und Dünsten entsetzt zurück. Die ganze Familie ist in der Wohnküche versammelt. In der Nähe des von der Zubereitung der Speisen noch warmen Herdes, über dem an Stangen Windeln trocknen, steht sogar der Wagen mit dem noch im Säuglingsalter befindlichen Jüngsten ... Nunmehr betreten wir das Allerheiligste, die ›gute Stube‹, oder, wie die Frau mit Stolz sagt, den ›Salon‹. Auch hier sind alle Fenster geschlossen und außerdem noch die Vorhänge vorgezogen, damit die vorwitzigen Sonnenstrahlen nicht den schönen roten Plüschbezug der Prunksessel ausblassen könnten, obwohl gehäkelte Deckchen und besondere Überzüge diese Pracht kaum noch sichtbar werden lassen.«[136]

Die Wohnung in der Funktion eines Statussymbols wurde schichtübergreifendes Leitbild.[137] War es räumlich möglich, wurde in einem, dem »Wohn«-Zimmer, die »kalte Pracht« inszeniert. Dies zeigen diese Aufzeichnungen eines Beamten aus dem Jahre 1912 deutlich. Sie zeigen aber auch die Verachtung gegenüber den realen Lebensverhältnissen der Arbeiterschicht, die schlechte ökonomische Lage und bürgerliche Leitbilder zu verbinden suchten.

Das bürgerliche Wohnmodell fand seine breite Realisierung erst in den 20er Jahren des 20. Jahrhunderts. Das proletarische Wohnungselend in den Mietskasernen mit den »Küche-Stube-Wohnungen« sollte durch neue und bessere Wohnungen für die Arbeiterklasse behoben werden. Maßstab hierfür war die bürgerliche Wohnung, die zwar nicht maßstabsgerecht, doch in kleinerem und einfacherem Rahmen auch für die Arbeiterklasse bessere Wohnverhältnisse schaffen sollte. Getragen wurden diese Reformen von einer breiten sozial orientierten gesellschaftlichen Bewegung. Vor diesem Hintergrund entwickelte sich das sogenannte Neue Bauen, eine Richtung in Architektur und Städtebau, die bei den Sozialdemokraten der Weimarer Republik viel Resonanz fand und beispielhafte

Bauprojekte realisieren konnte. Im Siedlungsbau wurde die »Neue Wohnung für das Existenzminimum« entworfen und gebaut.[138] Die Kleinwohnung, nach dem bürgerlichen Wohnmodell konzipiert, wurde in der Folge für die »breiten Schichten des Volkes« zur allgemeinen Wohnnorm. Die »Verbürgerlichung« des proletarischen Wohnens hatte sich durchgesetzt.

Der Ort der Wohnung wurde
- zum räumlichen Kern der Privatsphäre,
- zum Freizeit- und Erholungsbereich und
- zum Statussymbol.

Das Private, Intime waren Werte, die erst gegen Ende des 19. Jahrhunderts Allgemeingut wurden, und die Wohnung wurde zum Hort für alles Private und Intime. Der Wohnung wurde die Bedeutung eines Nestes zugeschrieben. Daraus folgten dann so seltsame Bedeutungsinhalte für die Wohnung wie die folgende: »Das Gefühl, daheim zu sein, gewinnt durch die Möglichkeit, sich in einer Art Sicherheitszone zu verschanzen, an Bedeutung. Durch den Schutz vor äußerer Bedrohung erlangt die häusliche Abgeschiedenheit eine gewisse Exklusivität.«[139] Das Nest als Schutzraum vor der äußeren Welt und damit die Wohnung als Schutz vor der Öffentlichkeit impliziert, daß die »äußere Welt«, die Öffentlichkeit, eine feindliche sei.

Dem entsprach der zweite Punkt des neuen Leitbildes der Wohnung; sie wurde als Freizeit- und Erholungsbereich gesehen. Der gängige Gebrauch des Begriffs Haushalt mein Konsum und eben nicht Arbeit. Auch diese Bedeutung ist Resultat der Auflösung der alten »Ökonomie des ganzen Hauses«, denn erst die ökonomische und räumliche Trennung von Tauscharbeit und direkter Gebrauchsarbeit ließ die polaren sozial-räumlichen Sphären entstehen. So war die Wohnung im Gegensatz zu Fabrik, Werkstatt und Büro ein Erholungsbereich. Sie war der Platz, an dem man sich von der Arbeit erholt. Die Erholungsstätte Wohnung benötigt die Unsichtbarkeit der Hausarbeit. Während der Freizeit des Hausherrn sollte die Hausarbeit so unsichtbar wie möglich verrichtet werden. Barbey registriert ebenfalls eine »Neudefinition« der Wohnung: »Diese (Neudefinition, U.T.) bezieht sich besonders auf die Stunden zwischen dem Abendessen und dem Zubettgehen, wo man eine Möglichkeit findet, den Tagesablauf ›anzuhalten‹; darüber hinaus bezieht sie sich auf spontan gesammelte Bilder auf gespeicherte Erinnerungen und schließlich auf die Beobachterperspektive des Bewohners gegenüber der Außenwelt, wodurch es ihm möglich wird, das ganze Blickfeld von einem Punkt aus zu umspannen. Durch diese privilegierte Position erhält er für wenige Augenblicke die Illusion, Mittelpunkt der Welt zu sein.«[140] Was ihm nicht in der äußeren Welt beschieden war, sollte sich im privaten Bereich erfüllen, die Wohnwelt als Illusion.

Wohnung war nicht allein privates Heim und Erholungsort, sondern auch Statussymbol. Der repräsentative Aufwand, der in den Wohnungen betrieben wurde, zeugte von einer Relevanz dieser Funktion. Schon allein die Lage der Wohnung im Stadtgebiet spielte eine große Rolle.[141] Anzahl der Räume insgesamt, Größe und Ausstattung des Empfangsraumes dienten dazu, den Status des Hausherrn nach außen hin darzustellen. Die Wohnung als Statussymbol war nicht so neu, denn bereits in den alten »Ökonomien des ganzen Hauses« der reichen Stände wurde Wert auf die äußere Repräsentanz gelegt. Der wesentliche Unterschied lag jedoch darin, daß der soziale Status nicht seine Basis in dem Haus wie früher, sondern außerhalb von ihm, in Fabrik, Büro und Geschäft hatte. Die Wohnung war nur Spiegel dessen.

Das Leitbild der Wohnung als Heim, privates Refugium und Erholungsstätte mit repräsentativer Funktion korrespondierte mit den Wertvorstellungen zur Familie und zur Rolle der Hausfrau. Die mit der Trennung der Erwerbsarbeit und der Hausarbeit einhergehende Geschlechtertrennung konkretisierte sich auch in der Wohnung, die Wohnung wurde zum Ort der unterschiedlichen geschlechtsspezifischen Ansprüche und Nutzungen. Für den Mann zur Reproduktion und Repräsentation, für die Frau wurde die Wohnung vorwiegend Arbeitsplatz. So waren innerhalb der kleinräumlichen Strukturen geschlechtsspezifische Nutzungsunterschiede zu finden. Parallele räumliche Nutzungen zwischen Männern und Frauen waren nur marginal vorhanden und spielten für die Organisation der Hauswirtschaft eine untergeordnete Rolle.

Insgesamt ergab sich eine Verbindung der verschiedenen gesellschaftlichen Wertvorstellungen zu einem gemeinsamen Lebensleitbild. Hausarbeit wurde zur »Gefühlsarbeit« der Frau, die nicht mehr »arbeitete«, sondern »Hausfrau« war und ihrer Familie ein »zu Hause schaffte«. Der Mann sollte sich »zu Hause wohl fühlen« und sie sollte ihm eine »anregende Gesprächspartnerin« sein und ihren Kindern eine »treu sorgende Mutter«. Dieses Sozialgemälde, zusammengesetzt aus den neuen Werten Familie, Hausfrau und Mutter, komplettierte sich durch die räumliche »Nest«-Komponente, die Wohnung.

Die Interpretation der Wohnung als Heim und Erholungsort verleugnete eine wesentliche Seite des Wohnens, nämlich die Seite der Hausarbeit. Deshalb ist das neue und bis heute gültige Verständnis von Wohnen als Ideologie zu bezeichnen. Allein aus der Nutzungs- und Wertvorstellung einer geschlechtsspezifischen Sicht einen Lebensbereich zu definieren, führt zu einer falschen, weil einseitigen inhaltlichen Bedeutung.

Wohnen, Wohnungsbau wird allein unter dieser einen Sichtweise gesehen. Doch in den Wohnungen wird bis heute ein notwendiger Teil der gesellschaftlichen Arbeit verrichtet. Es ist der Teil der alten Hausökonomie, der die Arbeit für den direkten Gebrauch ausmacht – trotz allen inhaltlichen Wandels. Die Verwischung dieser Funktion läßt eine bis heute gängige Ideologie von Wohnen entstehen, die Wohnen als emotionalen Gegenbereich zur Berufswelt versteht.

IV. Zusammenfassung und Folgerungen

Das folgende Resümee will den theoretischen Ertrag der Arbeit zusammenfassend darstellen und zunächst der Frage nachgehen, ob es eine richtige Entscheidung war, die historische Vorgehensweise zu wählen und den Schwerpunkt der Analyse in die vorindustrielle Gesellschaft zu legen. Dies tat ich, um die Relevanz der Arbeit für den direkten Gebrauch zu belegen, und zwar als einen unerläßlichen und aktiv prägenden gesellschaftlichen Faktor, der in seiner Eigenständigkeit Siedlungs-, Stadt- und Hausstrukturen bestimmt hat. Später – ohne diese Darstellung und Analyse – , so war zu vermuten, würde die Gebrauchswirtschaft in späterer Zeit nur noch schwierig zu erkennen und zu durchdringen sein, da sie als Konsumeinheit, Freizeit- und Regenerationseinrichtung, also als abhängige, sekundäre Einheit erscheint. Deshalb die Auseinandersetzung mit der »Ökonomie des ganzen Hauses«, der primären Wirtschaftsform der vorindustriellen Gesellschaft und den sie konstituierenden Kategorien: der Arbeit für den direkten Gebrauch und der Arbeit für den Tausch.

Die Fragestellung der Untersuchung, ob und wie die hauswirtschaftliche Arbeit die gesellschaftlichen Räume geprägt hat, wurde in drei Dimensionen verfolgt. Die ökonomische Dimension zeigte den Wandel der Arbeit für den direkten Gebrauch in der vorindustriellen Gesellschaft hin zur Hausarbeit mit veränderten Arbeitsinhalten und einem ideologischen Überbau in der Industriegesellschaft. In der sozialen Dimension wurde untersucht, welche Menschen an die Arbeitsfunktionen gebunden waren. Die geschlechtliche Arbeitsteilung bildete dabei die zugrundeliegende Kategorie. Die Wahl dieser Kategorie setzt natürlich Prämissen, und diese waren mir auch wichtig, denn nur selten war der Blick sozialwissenschaftlicher Forschung darauf gerichtet worden. Dabei spielte mein Interesse eine Rolle, über geschlechtsspezifische Nutzungs- und Aneignungsräume Erkenntnisse zu gewinnen. Die Wirkungen der ökonomischen und sozialen auf die dritte, die räumliche Dimension, bildete die wesentlichste und am ausführlichsten behandelte Untersuchungsebene. Hierbei wurde in Siedlungsstrukturen und Hausstrukturen unterschieden.

Das Defizit in den stadtsoziologischen Arbeiten wurde deutlich: die Ignoranz gegenüber der Gebrauchswirtschaft führte zu einseitigen sozial-räumlichen Erklärungen, die allein die Tauschwirtschaft als gesellschaftlich und räumlich bestimmende Kraft sahen. Prägnant wurde diese Einseitigkeit in ihrer methodologischen Konsequenz, die bei einer ganzen Reihe empirischer Studien Zweifel an ihrer Validität aufkommen ließen. Da werden – egal ob es sich um Männer und Frauen handelt – Fragen zur Hausarbeit und Nachbarschaft gestellt, da wird einfach und theoretisch unhinterfragt die Hausfrau als Modellgruppe genommen und ihre Aussagen auf die Gesamtpopulation übertragen. Insbesondere empirische Untersuchungen zur Wohnqualität berufen sich in der Definition ihres Untersuchungsgegenstandes auf biologische und psychologische Plattitüden in der Art: Schon der Urmensch brauchte eine Wohnung, oder die Wohnung ist der individuelle Schutzraum vor der feindlichen Außenwelt. Beides läuft im Grunde auf das gleiche hinaus, nämlich die gesellschaftswissenschaftliche Ignoranz gegenüber dem qualitativen Faktor Wohnen.

Der in dieser Arbeit gewählte Ansatz interpretiert Wohnen als Räumlichkeit für Gebrauchswirtschaft und Regeneration auf der Basis der »Ökonomie des ganzen Hauses«. Die Beschäftigung mit der Hausökonomie zeigt, daß sie im Hinblick auf meine Frage wenig Aufmerksamkeit erfahren hatte, denn auch sie war hauptsächlich von einer Seite her, vom Standpunkt der Tausch- bzw. Erwerbswirtschaft, betrachtet worden, wobei die andere Seite, die Gebrauchswirtschaft, unter den Tisch fiel. So war ich gezwungen, eine inhaltliche Definition zu entwickeln, die beide Seiten berücksichtigt. Der Entwurf einer Typologie der »Ökonomie des ganzen Hauses« war das Resultat dieser Überlegungen. Hierbei unterscheide ich die Typen und gegebenenfalls auch ihre jeweiligen Varianten aufgrund der Arbeit für den Tausch und der Arbeit für den direkten Gebrauch, ihrer Qualität, ihrem Verhältnis zueinander und ihrer Wichtigkeit in der gesamten Hausökonomie.

Es ergaben sich insgesamt drei Typen, von denen zwei Varianten hervorbrachten. Der 1. Typ der »Ökonomie des ganzen Hauses« ist der feudalen Epoche zuzuordnen. Für diesen Typ ist charakteristisch, daß in ihm fast ausschließlich für den direkten Gebrauch produziert wurde. Dabei sind zwei Varianten zu unterscheiden, die sich aus der damaligen feudalen Gesellschaftsordnung ergaben:
– die ritterlich-herrschaftliche »Ökonomie des ganzen Hauses« und
– die bäuerliche, von ihr abhängige »Ökonomie des ganzen Hauses«.
Diese beiden Varianten des 1. Typs der »Ökonomie des ganzen Hauses« repräsentieren die duale Feudalherrschaft. Der Ort dieser »Ökonomie des ganzen Hauses« war das Land.

Der 2. Typ der »Ökonomie des ganzen Hauses« bildete sich in der Epoche der Ständeordnung heraus. Die Produktion dieses Typs ist gekennzeichnet durch eine relative Gleichwertigkeit von Tauschwirtschaft und direkter Gebrauchswirtschaft, auch wenn es hier und da ein Übergewicht der einen oder anderen gab. Seine Varianten sind:

- die handwerkliche und kleinhändlerische »Ökonomie des ganzen Hauses«,
- die patrizische »Ökonomie des ganzen Hauses«,
- die aristokratische »Ökonomie des ganzen Hauses«.

Der Ort des 2. Typs der »Ökonomie des ganzen Hauses« war die Stadt. Der 3. Typ ist die hausindustrielle »Ökonomie des ganzen Hauses«. Dieser Typ der Epoche der Proto-Industrialisierung vereinte noch beide Wirtschaften, die des Erwerbs und die des Gebrauchs, in sich. Doch das Besondere war, daß die Arbeit für den Tausch die Arbeit für den direkten Gebrauch dominierte. In dieser »Ökonomie des ganzen Hauses« waren Anfänge der industriellen Produktionsform (Verlag) enthalten und damit auch ihre eigene Auflösung. Der Ort des 3. Typs der »Ökonomie des ganzen Hauses« war wiederum das Land.

Die Typologie der »Ökonomie des ganzen Hauses« gab die Möglichkeit, die Veränderung von Tauscharbeit und Gebrauchsarbeit in ihrem Verhältnis zueinander, in ihrer gesellschaftlichen Relevanz und in ihren räumlichen Strukturen zu analysieren. Konkrete historische Beschreibungen aus dem Bereich der Stadt- und Hausforschung ließen sich so anhand dieser Typologie interpretieren. Für die Kategorie der geschlechtlichen Arbeitsteilung benötigte ich ebenfalls theoretische Kriterien, die sowohl eine hohen Grad an Allgemeingültigkeit haben und auch auf die vorindustrielle Gesellschaft anwendbar sind. Leider erfüllten keine Arbeiten, selbst nicht im Bereich der Frauenforschung, diese Voraussetzungen. Die wenigen theoretischen Ableitungen zur geschlechtlichen Arbeitsteilung stützen sich meist auf die Gebärmöglichkeit der Frau und leiten von daher eine Teilung der Arbeit zwischen Mann und Frau ab. Sie begründen also biologisch die gesellschaftliche Arbeitsteilung zwischen den Geschlechtern.

Die Sichtung historischer Literatur zur Frauenarbeit und Männerarbeit bestätigte meine These, daß die ökonomischen Kategorien der Arbeit für den Tausch und der Arbeit für den direkten Gebrauch mit denen der Teilung der Arbeit zwischen den Geschlechtern korrespondierten. So ist als Ergebnis dieser Überlegungen festzustellen:
- im 1. Typ der »Ökonomie des ganzen Hauses«, der ländlichen Hausökonomie, orientierte sich die geschlechtliche Arbeitsteilung an den Kriterien »hausnah« und »hausfern«;
- in der Hausökonomie des städtischen Handwerks und Kleinhandels galten die Kategorien der »Arbeit für den Tausch« und der »Arbeit für den direkten Gebrauch« als Kriterien geschlechtlicher Arbeitsteilung.

Die städtischen Kriterien setzten sich durch und bestimmten auch noch später, nach der Auflösung der »Ökonomie des ganzen Hauses«, die geschlechtliche Arbeitsteilung. Alle vier Kriterien, die der alten ländlichen Gesellschaft »hausnah« und »hausfern« wie auch die der neuen städtischen Gesellschaft »Arbeit für den Tausch« und »Arbeit für den direkten Gebrauch« trugen dazu bei, die geschlechtlich unterschiedliche Raumnutzung und Raumverfügung herauszuarbeiten.

Die ländlichen Siedlungsstrukturen in der vorindustriellen Gesellschaft waren wesentlich von der direkten Gebrauchsarbeit bestimmt. Auch nach der Herausbildung von Handwerk und Handel und der Entstehung erster städtischer Strukturen war es die direkte Gebrauchswirtschaft, die den ländlichen Raum prägte. Zwar mögen Standortwahl und räumliche Organisation auch nach militärischen, politischen und handelsökonomischen Gesichtspunkten gewählt worden sein, die örtlichen Bedingungen für die eigene Gebrauchswirtschaft bildeten jedoch gleichgewichtige, wenn nicht sogar relevantere Besiedlungsfaktoren, denn ohne Subsistenz und Prosperität konnten die feudalen Fronhöfe weder herrschen noch diese verteidigen.

Die direkte Gebrauchsarbeit als notwendige Basis bestimmte auch die bäuerlichen »Ökonomien des ganzen Hauses«. Die vorindustriellen dörflichen Strukturen waren neben topografischen und eigentumsrechtlichen Bedingungen vorrangig Resultat räumlicher Nutzung durch gebrauchswirtschaftliche Arbeit. Dorfkerne waren Orte der hausnahen bäuerlichen Arbeit und damit der Arbeit von Frauen. Frauen waren die Hauptnutzerinnen innerdörflicher Räume, sie holten Wasser vom Dorfbrunnen und sie wuschen dort. Der dörfliche öffentliche Raum war ein von Frauen gestalteter Arbeitsraum und deshalb auch genutzt zur Kommunikation und Regeneration.

Gleiches galt für den öffentlichen Raum mittelalterlicher Städte. Dort dominierte der 2. Typ der »Ökonomie des ganze Hauses« die räumliche Organisation. Da dieser Typ sowohl die Arbeit für den direkten Gebrauch wie auch die Arbeit für den Tausch beherbergte, waren beide Arbeitszwecke raumrelevant und suchten ihre besten Standorte. Abhandlungen und Untersuchungen zur mittelalterlichen Stadtstruktur und -entwicklung beachten allein die Tauschwirtschaft, doch auch die »andere Seite« der Hausökonomie trug wesentlich zur ökonomischen und räumlichen Entwicklung der Städte bei. So waren neben den immer benannten Handelskontoren und Werkstätten auch die für die Gebrauchswirtschaft der Hausökonomien notwendigen Gemüsegärten und Ställe für das Hausvieh prägende städtische Gestaltungsfaktoren. Der mittelalterliche Marktplatz veranschaulicht diese Aussage, denn auf ihm fanden sowohl Tauscharbeit, das Verkaufen, wie auch direkte Gebrauchsarbeit, das Kaufen, statt. So versinnbildlicht der alte Markt mit seiner Gleichrangigkeit beider Arbeitszwecke eigentlich die »Ökonomie des ganzen Hauses« im öffentlichen Raum. Auch Grundstücksgrößen und -lagen orientierten sich an beiden Arbeitszwecken. Straßen waren in Form und Ausmaß auch immer Resultat der aneinandergereihten Hausökonomien. An den Straßenfronten wechselten sich Verkaufsläden mit Schweinekoben ab. Der Winkel, d.h. der Abstand zwischen den Häusern, richtete sich in der Größe auch nach dem in der Hausökonomie anfallenden Abfall, denn in der Regel wurde er dorthin geworfen. Die Tiefe des Grundstücks richtete sich nach der für die Hausökonomie notwendigen Anbaufläche für Gemüse und die Bebauung des Grundstücks auch nach den Produktionserfordernissen der direkten Gebrauchswirtschaft. Hinzu kam die Allmende, eine subsistenzwirtschaftlich genutzte Fläche für Ackerbau und Weide.

Das Stadt-Land-Verhältnis erscheint vor diesem Hintergrund in einem neuen Licht. Denn es geht nicht mehr allein um die Produktivität und Rentabilität der Tauscharbeit, sondern auch um die Notwendigkeiten der direkten Gebrauchswirtschaft in den Hausökonomien. Das Verhältnis zwischen Stadt und Land war das Verhältnis zwischen dem 1. Typ und dem 2. Typ der »Ökonomie des ganzen Hauses«, also beider Seiten dieser Wirtschaftsform. Die gängige Betrachtungsweise dieses Verhältnisses konzentriert sich auf die Tauscharbeit und interpretiert den Zusammenhang bzw. Gegensatz nur von der Tauschwirtschaft her. Der Begriff der territorialen Arbeitsteilung meint allein die Teilung der Tauscharbeit: die Stadt als Ort der gewerblichen Arbeit, das Land als Ort der landwirtschaftlichen Arbeit. Doch das Stadt-Land-Verhältnis kann nur anhand des Begriffs der »Ökonomie des ganzen Hauses« adäquat erfaßt werden. Erst die Gebrauchswirtschaft – dominant im 1. Typ – bildete die Basis für die Herausbildung der Tauschwirtschaft, und erst das Zusammenspiel beider Arbeitszwecke in der Stadt – im 2. Typ – schuf die Grundlage für die Dominanz der städtischen Hausökonomie über die ländliche und damit der Stadt über das Land. Ebenso erscheint die Aussage von der zeitweiligen Abhängigkeit der Stadt vom Land in der frühen Phase der Stadtbildung in einem neuen Licht, denn diese wird mit der Angewiesenheit der Stadt auf die ländliche Lebensmittelproduktion begründet. Übersehen wird dabei die städtische Gebrauchswirtschaft.

Auf die mikroräumliche Ebene habe ich in der Untersuchung besonderen Wert gelegt, denn sie wurde bislang in der sozialwissenschaftlichen Forschung vernachlässigt. Die Literatur aus den Bereichen der soziologischen und historischen Wohnforschung gab dazu wenig her, sie bewegt sich bis heute in einem spekulativ-naiven theoretischen Ansatz.

Die Gegenüberstellung der Typologie der »Ökonomie des ganzen Hauses« mit den Merkmalen der geschlechtlichen Arbeitsteilung auf der einen Seite und den Ergebnissen der historischen Hausforschung auf der anderen Seite erlaubte neue Einblicke in die Zusammenhänge zwischen sozio-ökonomischer und baulich-räumlicher Dimension.

Beim bäuerlichen Typ der Hausökonomie zeigte sich, daß der Herd sozialer und baulicher Mittelpunkt eines vorindustriellen Bauernhauses war. Die historische Forschung nennt dies ganz eindeutig als Tatsache. Dies, vor dem Hintergrund unserer Fragestellung gesehen, impliziert, daß die hausnahe Arbeit und damit die Frauenarbeit den sozialen und baulichen Kern des Bauernhauses prägte. Die bäuerlichen Hausstrukturen ergaben sich fast ausschließlich aus der Arbeit, und zwar aus der für den direkten Gebrauch, die Regeneration spielte eine untergeordnete Rolle. Die Räumlichkeiten waren so gebaut, daß sie diesem Arbeitszweck entsprachen. Meist gab es eine große multifunktional genutzte Fläche und daneben kleine Koben, die speziell einer Funktion dienten (Viehkoben, Schlafkoben). Je ärmer die bäuerliche Hausökonomie war, desto weniger gab es baulich-räumliche Differenzierungen und Einrichtungsgegenstände nur für einen Zweck.

Die städtischen Hausökonomien bestanden zum einen Teil aus der Arbeit für den Tausch, dem Handwerk und Handel. Diese Hausökonomien stellten das Hauptkontingent in den vorindustriellen Städten Mitteleuropas dar. Beide Arbeitszwecke, die des Tausches wie auch die des direkten Gebrauchs, bestimmten die häusliche Struktur und die Aufteilung und Bebauung des Grundstückes einer handwerklichen und kleinhändlerischen »Ökonomie des ganzen Hauses«. Wie die »Ökonomie des ganzen Hauses« in sich stark vernetzt war, waren auch ihre Räumlichkeiten multifunktional in Baulichkeit und Einrichtung. Die Diele war der Hauptraum, als Herdraum der zentrale Ort für die Arbeit für den direkten Gebrauch, als Werkstatt der zentrale Ort für die Tauscharbeit. Jedoch fand im Laufe der Zeit eine erste räumliche Konzentration zwischen der Tauscharbeit und der direkten Gebrauchsarbeit statt. Der Herd verlagerte sich an die Rückfront des Hauses, hin zu Hof, Garten und Stallungen, die Werkstatt rückte zur Straßenseite. Mit einer Fensterlade versehen, wurde sie gleichzeitig zu einem Verkaufsraum. Diese Konzentration war jedoch nur tendenziell vorhanden, bei reicheren Hausökonomien eher als bei ärmeren, doch gleichzeitig existierten immer noch Häuser mit Ställen zur Straßenseite hin.

Mit der tendenziellen ökonomischen und räumlichen Konzentration ging eine soziale im Hinblick auf die Geschlechter einher, denn die damit verbundene räumliche Trennung der geschlechtsspezifischen Nutzungen konzentrierte und trennte auch die Geschlechter räumlich voneinander. Nicht mehr räumliche Merkmale der Arbeit »hausnah« und »hausfern«

waren ausschlaggebend, sondern ökonomische Kriterien. Seit die Tauscharbeit sich im großen Rahmen in der Hausökonomie entfaltet hatte, oblag sie den Männern. Arbeit für den direkten Gebrauch war Frauenarbeit, Arbeit für den Tausch Männerarbeit. Dennoch galt, bedingt durch die »Ökonomie des ganzen Hauses« als einer eng verzahnten Wirtschaftsform, daß die beiden Arbeitszwecke wie auch die beiden Geschlechter in der räumlichen Nutzung stark miteinander verbunden waren. Erholung spielte – wie bei den bäuerlichen Hausökonomien – eine untergeordnete Rolle. Obwohl in dieser städtischen »Ökonomie des ganzen Hauses« die Tauscharbeit begann, einen ökonomischen, sozialen und räumlichen Stellenwert einzunehmen, blieb sie Teil der Hausökonomie und damit blieb auch die Arbeit von Männern und Frauen eng ökonomisch verzahnt und räumlich gemischt.

Die herrschaftlichen »Ökonomien des ganzen Hauses« beanspruchen besondere Aufmerksamkeit, konnten sie doch nicht unter die des Mittelstandes subsumiert werden. Deshalb erschien ein Vorgehen angemessen, das die Herrschaftsökonomien gesondert betrachtet. Da waren zunächst die ländlichen frühen Fronhöfe. Sie waren große bäuerliche Hausökonomien, die außerdem militärische Gesichtspunkte bei Standortwahl und Baulichkeit berücksichtigten. Da waren viele Jahrhunderte später die Stadtpalais des Adels, die Häuslichkeiten des gleichen Standes. Während Standort und Befestigung einer Burganlage nach herrschaftlich-militärischer Maßgabe ausgerichtet waren, waren Anlage und Innenraum weitestgehend durch die Arbeit für den direkten Gebrauch bestimmt. Im städtischen Palais des 17. Jahrhunderts entfaltete sich eine weitaus differenziertere herrschaftliche Hausökonomie. Die Repräsentation der Macht spielte eine ebenso wichtige Rolle wie die Arbeit für den eigenen Bedarf. Man kann sagen, daß in diesem Typ der Hausökonomie die direkte Gebrauchsarbeit selbst zum Repräsentationsobjekt wurde. Baulich läßt sich das an der Lage der Zimmer ablesen. Küche, Vorratsräume u.a. lagen an der Straßenfront, Empfangsräume im hinteren Teil eines Palais. Macht und Reichtum repräsentierten sich durch Eigenständigkeit und Unabhängigkeit der Hausökonomie, dargestellt in offensichtlichen Wirtschaftsräumen für den eigenen Gebrauch bzw. die Bewirtung der Gäste.

Auf dem Fronhof herrschte das alte bäuerliche Kriterium der geschlechtlichen Arbeitsteilung: haus- und herdnahe Arbeit war Frauenarbeit, haus- und herdferne Arbeit Männerarbeit. Später, in den Stadtpalais des Adels, läßt sich keine allgemeine Aufteilung der Arbeit zwischen Frauen und Männern erkennen. Diese Spezifik des späten herrschaftlichen Typs der »Ökonomie des ganzen Hauses« fand in den Räumlichkeiten der Aristokratie ihre Entsprechung. Das differenzierte Geflecht der Repräsentation eigener Macht erforderte diverse und hierarchisch abgestufte Dienerschaften und Räumlichkeiten. Darüber verfügten beide Geschlechter, der Fürst und die Fürstin in getrennten Flügeln ihres Palais. Gleichen oder ähnlichen Pflichten beider Geschlechter in Herrschaft und Dienerschaft standen geschlechtsspezifisch getrennte Räumlichkeiten gegenüber. Insgesamt, so ist das Resümee, prägte neben militärischen und repräsentativen Aufgaben die Arbeit für den direkten Gebrauch die häuslichen Nutzungs- und Baustrukturen.

Die Hausökonomien des städtischen Patriziats waren große Wirtschaften, die vom Handel und vorwiegend vom Fernhandel dominiert wurden. In ihnen konzentrierten sich die Arbeitszwecke deutlich. Ökonomischer Reichtum schaffte die Möglichkeit der räumliche Ausbreitung. Die Arbeit für den Tausch konzentrierte sich an der Straßenseite, die Arbeit für den direkten Bedarf zum Hof hin, und anders als bei der aristokratischen »Ökonomie des ganzen Hauses« bedeutete dies gleichzeitig eine ökonomisch-räumliche Trennung der Geschlechter. Denn in der Hausökonomie des Patriziats galt das gleiche Kriterium der geschlechtlichen Arbeitsteilung wie in den handwerklichen und kleinhändlerischen Hausökonomien. Die Arbeit für den Tausch wurde von Männern an der Straßenfront betrieben und die direkte Bedarfsarbeit von Frauen an der Hofseite des Gebäudes.

Erstaunlich mag anmuten, daß es innerhalb der Herrschaftsökonomie – der aristokratischen und der patrizischen – derartige Unterschiede gab, daß die einen ihre gebrauchswirtschaftlichen Räume zum Zwecke der Repräsentation nach vorne legten, die anderen an die Rückfront. Wenn man aber »vorne« und »hinten« nicht ideologisch bewertet, sondern aus ökonomischer Rationalität erklärt, ergibt sich der Sinn. Festzuhalten ist, daß auch in den Hausstrukturen des Patriziats die enge Verzahnung beider Arbeitszwecke vorhanden war und damit auch die Relevanz der direkten Gebrauchsarbeit in Umfang und Ausstattung des Grundstücks sichtbar wurde.

Die Armen in der vorindustriellen Gesellschaft waren die Menschen, die keiner »Ökonomie des ganzen Hauses«, die ihnen ihre Existenz gesichert hätte, angehörten. Sie lebten als Tagelöhner/innen in Verschlägen, für die sie bezahlten. Die Armen, die in Stadt und Land lebten, prägten keine häuslichen Strukturen, weil sie über keine verfügten. Allein die Baracken vor den mittelalterlichen Stadtmauern setzten räumliche Zeichen ihrer Existenz. Die Definition von Armut mag angesichts der Tatsache, daß eine breite städtische Bevölkerung arm gelebt hat, verwundern. Doch diese waren Angehörige einer von anderen geführten »Ökonomie des ganzen Hauses«, gehörten ihr also an und waren dadurch existenziell gesichert und damit quasi die frühe »Arbeiterschicht«. Sie hatten somit eine andere ökonomische Basis als diejenigen, die keinem solchen Betrieb angehörten.

Frauen prägten durch ihre Arbeit räumliche Nutzungen und eigneten sich dadurch Raum an. Das meine ich sowohl konkret wie auch als Metapher, denn die Verfügung über Raum bedeutet auch, sozial-ökonomische Potentiale zu haben. Die Selbstverständlichkeit des Aufenthalts und damit der Präsenz von Frauen in Haus und Stadt verschaffte ihnen ein Verhältnis zum Raum, das nicht als restriktiv bezeichnet werden kann. Zumindest galt dies für den städtischen Raum und den dörflichen Kernraum.

Der große Umbruch zur Industriegesellschaft basierte auf der Auflösung der »Ökonomie des ganzen Hauses«, die bis dahin die primäre Wirtschaftsform bildete. Auch dieser Entwicklung wird in drei Dimensionen nachgegangen:
- in der ökonomischen Dimension mit der Trennung und anderen Organisierung von Tauscharbeit und direkter Gebrauchsarbeit,
- in der sozialen Dimension mit der damit zusammenhängenden Trennung und Ungleichgewichtung der Arbeit der Männer und der Arbeit der Frauen,
- in der räumlichen wiederum auf zwei räumlichen Ebenen:
(a) der Makroebene und damit der Monofunktionalität als Grundprinzip der industriellen Stadtstruktur sowie der temporären geschlechtsspezifischen Segregation,
(b) der Mikroebene und damit der Entwicklung zur Wohnung, zur Hausarbeit, zur Hausfrau und zur Differenzierung der Nutzungen nach innen und zur Abschließung nach außen.

Der Auflösung der alten Hausökonomie folgten wichtige ökonomische Entwicklungen, die ökonomische Trennung der Arbeit für den Tausch von der Arbeit für den direkten Gebrauch, die Zentralisierung der Arbeit für den Tausch sowie die damit verbundene unterschiedliche wirtschaftliche Organisationsform: die Herausbildung mechanischer, industrieller, unter einem Dach gefaßter Fabrikarbeit auf der einen Seite, die handwerkliche, dezentralisierte Hausarbeit in Wohnungen auf der anderen Seite. (Eigentlich hätte sich hier das Wortpaar Fabrikarbeit – Wohnungsarbeit – äquivalent zur historischen Realität – herausbilden müssen.) Diese ökonomische Entwicklung bedeutete gleichzeitig Trennung und unterschiedliche Betriebsform von Frauenarbeit und Männerarbeit, die vormals in der alten Hausökonomie noch vereint wirtschafteten. Denn nach wie vor galten die alten Kriterien der Zuständigkeiten, daß Tauscharbeit den Männern oblag, direkte Bedarfsarbeit den Frauen. Die damit eingetretene »erweiterte Stufe der geschlechtlichen Arbeitsteilung« umfaßte auch den Bereich sozialer Zuschreibungen. Sie gipfelten in »Geschlechtscharaktere«, die aus der »Natur der Geschlechter« begründet wurden. Es ging dabei nicht um ein Leitbild für die einzelne Frau, sondern um die Konstituierung der Norm für das weibliche Geschlecht. Mit der sozial-kulturellen Herausbildung polarer Geschlechtscharaktere auf der einen Seite und der Familie in Abgrenzung zur Gesellschaft auf der anderen Seite trat eine qualitativ neue Stufe der geschlechtlichen Arbeitsteilung in Kraft. Die sozialen Geschlechtsrollen entwarfen geschlechtliche Gegenwelten. Die »Bestimmung« des Mannes für außen, die der Frau für innen, die des Mannes für Weite, die der Frau für Nähe, die des Mannes für Öffentlichkeit, die der Frau für Privatheit weisen auch auf unterschiedliche geschlechtsspezifische Raumpotentiale hin.

Die Strukturen veränderten sich nach der Auflösung der alten Hausökonomie radikal. Zunächst auf dem Land mit einem neuen Typ der »Ökonomie des ganzen Hauses«, der bereits die Anfänge der Industrialisierung in sich barg. In der Hausindustrie bestand zwar noch die alte Ökonomieform fort, doch die Dominanz der Arbeit für den Tausch war so groß wie nie zuvor. Dies rührte vor allem vom Verlust subsistenzwirtschaftlicher Möglichkeiten, denn alle Arbeitsressourcen in der Hausindustrie richteten sich auf die Tauscharbeit. Die Armut hausindustrieller Lebensweise verstärkte die Abhängigkeit vom Verleger. Die Arbeit für den direkten Gebrauch beschränkte sich auf das Notwendigste zum Leben. Zur Erhaltung der wirtschaftlichen Existenz fand in der Hausindustrie eine tendenzielle Aufhebung der geschlechtlichen Arbeitsteilung statt und damit auch eine geschlechtsunspezifische häusliche Nutzung. In diesem Typ der »Ökonomie des ganzen Hauses« wurde die Raumstruktur von der Tauscharbeit geprägt. Regionale Standortverteilung und innerdörfliche Bebauung richteten sich ausschließlich nach der gewerblichen Produktion. Auch die ersten Manufakturen waren auf dem Land zu finden. Meist waren es die vormaligen Verleger, die durch weitere Zentralisierung der Tauscharbeit mehr Profit erhofften. Hier war dann jedoch die Arbeit für den Tausch getrennt von der Arbeit für den direkten Gebrauch. Während in der Hausindustrie nur bestimmte Teile der Produktion aus der alten Hausökonomie herausverlagert waren, war es nun die gesamte Produktion für den Tausch. Die zeitweise geltende tendenzielle Überschreitung geschlechtsspezifischer Arbeitsgrenzen verschwand. Wie üblich richtete sich die Aufteilung in den Fabrikdörfern nach den althergebrachten Kriterien und führte zu den Anfängen geschlechtsspezifischer Segregation. Auch von der zukünftigen räumlichen Entwicklung waren in den Fabrikdörfern erste Spuren zu finden: räumliche Konzentration der Tauscharbeit und räumliche Dezentralisation der direkten Gebrauchsarbeit.

Das Land war also der Ort, wo die Anfänge der zukünftigen Entwicklung zu finden waren:
- die Herauslösung und Zentralisierung der Arbeit für den Tausch,
- die temporäre geschlechtsspezifische Segregation und
- die räumliche Struktur der Industriegesellschaft.

Die durchgreifende Zentralisierung der gewerblichen Arbeit war jedoch ein städtischer Prozeß. Arbeitskräfte, Handel und Absatzmöglichkeiten bildeten Chancen, die genutzt wurden. Am Beispiel der frühen Industriestadt Berlin habe ich die räumliche Entwicklung anhand meiner Kriterien nachgezeichnet. Die Entwicklung Berlins ist die vieler Städte, wenn auch mit regional typischen Differenzierungen.

Die Residenzstadt beherbergte bereits eine Vielzahl dieser neuen ökonomischen Existenzformen. Der große Beamten- und Militärapparat praktizierte teilweise diese neue Lebensweise: gegen Lohn/Sold arbeiteten die Männer ökonomisch und räumlich getrennt von den für den direkten Bedarf arbeitenden Frauen. Die dezentrale Organisation der direkten Gebrauchsarbeit, der Hausarbeit, trug wesentlich zur räumlichen Expansion der Stadt bei, denn in ihrer familiären Kleinteiligkeit beanspruchte sie große Flächen. Die breite Ausdehnung der Bauten für die Hausarbeit und die Erholung, die Wohnbebauung, stellt bis heute einen wichtigen Faktor in der Stadtentwicklung dar.

Die Auflösung der alten Hausökonomie, die Trennung ihrer beiden Arbeitsbereiche und deren anschließende unterschiedliche Entwicklung – einerseits hohe räumliche Konzentration der Tauschwirtschaft, andererseits kleinteilige Dezentralität der Gebrauchswirtschaft – waren also wesentliche Bedingungen moderner Stadtstrukturen. Sie waren Voraussetzung für die starke Nachfrage nach Wohnraum, für das Geschäft mit dem Wohnraum, für die bis heute unbewältigte Verkehrsproblematik in den Städten, für die Entmischung, Monofunktionalität und viel beklagte »Unwirtlichkeit der Städte«. Dabei bildete die Art und Weise der Entwicklung der direkten Gebrauchswirtschaft eine ebenso wichtige Rolle wie die Entwicklung der Tauschwirtschaft. Falsch ist es, jene als eine zweitrangige gegenüber der Erwerbswirtschaft zu sehen. Der Übergang von den vorindustriellen Formen der Arbeit zu denjenigen in der Industriegesellschaft verlief für die Gebrauchsarbeit fast unbemerkt, denn sie blieb in ihrer alten häuslichen Form erhalten. Für die Tauscharbeit dagegen fand ein revolutionärer Umschwung statt. Genaues Hinschauen zeigt jedoch, daß auch im Inhalt der Gebrauchsarbeit sich einiges gewandelt hat und seine räumliche Entsprechung fand.

Auf der Mikroebene der Untersuchung war festzustellen, daß die Arbeitsinhalte sich von stofflich-materiellen Elementen hin zu psychisch-geistigen Elementen verändert hatten. Technisierung und Dienstleistungsgewerbe reduzierten den stofflich-materiellen Teil. Hinzu kamen die Leistungen, die ich hier verkürzt als Sozialisationsarbeit bezeichnen möchte. Wesentlicher wurden – in Korrespondenz zur Entfremdung von den Arbeitsinhalten der Erwerbswirtschaft – die immateriellen psychischen Leistungen. So hatte sich die Gebrauchsarbeit nicht verringert, jedoch in ihren Inhalten gewandelt, und es ist fraglich, ob dies zugunsten der Frauen war, denn dieser Wandel führte nicht allein dazu, daß ihre Arbeit »unfaßbar« wurde, sondern er schränkte den Arbeits- und Lebensraum der Frauen auf ein abgegrenztes räumliches Areal – die Etagenwohnung – ein.

Die ökonomische Neuorientierung der Gebrauchsarbeit nach der Auflösung der alten Hausökonomie forderte eine neue gesellschaftliche Bestimmung der Frau. Die Hausfrau war eine bis dahin unbekannte soziale Rolle. Die polare Wesensbestimmung zwischen Mann und Frau wurde anhand des Leitbildes der Hausfrau wieder zusammengefügt. Um Gegensätzlichkeit und Unvereinbarkeit doch zu vereinen, wurden Liebe, Ehe, Familie und das Heim bemüht, in denen die Frau als Hausfrau, Ehefrau und Mutter ihre Erfüllung fand.

Um diese »Quadratur des Kreises« zu vollbringen, etwas, was nicht paßt, doch passend zu machen, wird die Frau per Geschlecht und sozialer Rolle verurteilt, sich in Ehe und Familie dem Mann zu unterwerfen. Die Hausfrau ist somit ein Resultat der Polarität der Geschlechter und ihrer Zusammenführung.

Mit einer Vielzahl von Attributen wurde für das weibliche Geschlecht das Haus zu seinem Bestimmungsort und Lebensmittelpunkt und damit die andere Welt ausgeschlossen. So fügten sich die Hausarbeit, die Hausfrau und das Haus, genauer: die Wohnung, zu einem gesellschaftlichen und räumlichen Konzept zusammen, das in der Folge als allgemeines Lebenskonzept auch für die proletarischen Schichten zur Leitfigur wurde.

Zu den psychischen Elementen der Hausarbeit gesellte sich der emotional dominierte Sozialcharakter der Frau. Die Häuslichkeit in der »Ökonomie des ganzen Hauses«, wie der Namen schon sagt: die bauliche Hülle des Wirtschaftsunternehmens, wird nun zum Heim. Wohnungen bedeuten keineswegs mehr Räumlichkeiten, die zuerst für die Gebrauchsarbeit gerecht gebaut waren. An erster Stelle stand vielmehr Erholung, Repräsentation und Freizeit. Trotz der dort stattfindenden materiellen Reproduktion und der immer aufwendiger werdenden Sozialisationsarbeit verschwand die Gebrauchsarbeit aus dem gesellschaftlichen Bewußtsein.

Vergessen wurde, daß Wohnbauten vor allem Räumlichkeiten für die Gebrauchsarbeit waren und noch sind. Diese »Ideologie des Wohnens« setzte sich zunächst bei den bürgerlichen Schichten durch, wurde aber später allgemein gesellschaftlich anerkannt. Hier ist der Grund zu finden, warum die Untersuchungen zum Wohnen in ihrem inhaltlichen, theoretischen Ansatz dürftig und falsch sind.

Die Wohnung wird zum Ort geschlechtsspezifischer Nutzungsmuster, denn die Kriterien geschlechtlicher Arbeitsteilung bestanden weiter und hatten sich durch den ideologischen Überbau sogar noch verfestigt.

Insgesamt fanden zwei wesentliche Prozesse statt, die die Hausstruktur prägten:
- die Trennung von öffentlichem und privatem Raum,
- die innerhäusliche Hierarchisierung der Räume, die räumliche Ignorierung der Gebrauchswirtschaft und die Intimisierung der psychischen Hausarbeit.

Obwohl die direkte Gebrauchsarbeit im gesellschaftlichen Bewußtsein und räumlich in den Hintergrund trat, blieb sie jedoch eine räumlich gestaltende Kraft. Die Spezifik ihrer dezentralen »Betriebsform« ist bis heute für Siedlungsstrukturen und Hausbau ausschlaggebend, und obwohl sich einiges von den von mir beschriebenen Verhältnissen aus der Zeit der Hochindustrialisierung geändert hat, gelten bis heute die Kriterien der Gebrauchswirtschaft und der Tauschwirtschaft als räumliche Bestimmungsfaktoren und im Zusammenhang mit der geschlechtsspezifischen Arbeitsteilung auch als Faktoren der Raumnutzung und -verfügung.

Anmerkungen

Kapitel I.: Theoretisch-methodischer Ansatz

1 Vgl. Oakley u.a., 1974.
2 Vgl. Marx, 1969.
3 Vgl. Weber, 1972; Tönnies, 1887; Sombart, 1928; Riehl, 1855.
4 Elias, 1983, S. 70 f.
5 Elias, 1978, S. XXIII.
6 Vgl. Rosenbaum, 1982.
7 Vgl. Marx/Engels, 1971; Comte, 1956.
8 Vgl. Weber, 1972.
9 Simmel, 1903.
10 Tönnies, 1887.
11 Mumford, 1963; Sjoberg, 1960. Vgl. auch Brake, 1980; Rodenstein, 1988.
12 Vgl. Parsons, 1973.
13 Wehler, 1973, S. 16. Vgl. auch die Diskussion in der Sozialgeschichte zur Bedeutung und Abgrenzung zur Soziologie: Wehler, 1966.
14 Rosenbaum, 1978, S. 11.
15 Rosenbaum, 1978, S. 11.
16 Brunner, 1968, S. 105.
17 Weber, 1972, S. 215.
18 Weber, 1972, S. 213.
19 Vgl. Henning, 1985, S. 38.
20 Vgl. Sombart, 1928. Sombart geht ebenfalls von einem weiten Begriff der »Ökonomie des ganzen Hauses« aus, die er »Eigenwirtschaft« nennt. In neuerer Zeit haben sich die Historiker Kriedte/Medick/Schlumbohm mit der »Ökonomie des ganzen Hauses« befaßt, die sie als »strukturelle und funktionale Einheit von Arbeit, Konsum und generativer Reproduktion« definieren und die sie als »Familienwirtschaft« bezeichnen (1977, S. 91 f). Auch der französische Ethnologe Meillassoux hat sich damit befaßt und spricht von einer vorkapitalistischen »häuslichen Gesellschaft« (1976).
21 Vgl. Marx, 1969.
22 Vgl. Bosl, 1971.
23 Bloch, 1982, S. 180.
24 Ausnahmen bildeten die Städte, die außerhalb der Grundherrschaft als Marktort entstanden.
25 Vgl. Elias, 1979; Mottek, 1968.
26 Vgl. Kriedte/Medick/Schlumbohm, 1977.
27 Bennholdt-Thomsen, 1982, S. 41.
28 Vgl. Engels, 1971.
29 Vgl. Bennholdt-Thomsen, 1982; Mies, 1978; Beer, 1984; Beck-Gernsheim, 1980; Ostner, 1978; Ketsch, 1983; Wolf-Graaf, 1981; Gerhard, 1978; Wesoly, 1980; Kuhn/Schneider, 1979.
30 Ketsch, 1983, S. 82.

31 Barchewitz, 1937, S. 56.
32 Ketsch, 1983, S. 81.
33 Ennen, 1979, S. 83.
34 Wie weit die Kriterien »hausnah« und »hausfern« eine Rolle dabei spielten, daß die Tauscharbeit Männerarbeit wurde und die Arbeit für den direkten Gebrauch Frauenarbeit blieb, soll im Rahmen dieser Arbeit nicht diskutiert werden. Die Frage kann nur insoweit beantwortet werden, daß trotz vorheriger gleicher Wertigkeit beider Arbeitsbereiche für die »Ökonomie des ganzen Hauses« die Vormachtstellung des Mannes, also patriarchalische Strukturen bestanden. Aus einer anderen Sicht und aufgrund zahlreicher empirischer Studien resümiert die Anthropologin Margret Mead: »Männer mögen kochen, weben, Puppen ankleiden oder Kolibris jagen; wenn solche Tätigkeiten als geeignete Beschäftigungen für Männer angesehen werden, halten Männer und Frauen der ganzen Gesellschaft sie für wichtig. Werden dieselben Beschäftigungen von Frauen ausgeübt, werden sie für weniger wichtig angesehen.« (1958, S. 127).
35 Die Kirche spielte in diesem Drama eine besondere Rolle. Mit dem Hexenhammer (Malleus Maleficarum), einer Schrift zur Erkennung und Verfolgung von Hexen, geschrieben von Heinrich Institoris und Jacobus Sprenger im Jahre 1486/87, lieferte sie die Legitimation für die Hexenverfolgung und damit für die Verdrängung der Frauen aus dem Gesundheitsbereich und die Verdrängung dieses Bereichs aus der »Ökonomie des ganzen Hauses«. Seit dem 15. Jahrhundert wurden in den großen Städten des mittelalterlichen Mitteleuropas die »weisen Frauen« verordnungsgemäß aus ihrem ursprünglichen Bereich hinausgedrängt. Ihnen blieb der Bereich der Geburtshilfe, in dem sie aber auch an Anordnungen gebunden waren. Seit Mitte des 15. Jahrhunderts müssen sich alle Hebammen der unter Aufsicht stehenden städtischen Hebammenordnung unterwerfen. Die akademisch ausgebildeten und von der Stadt angestellten Mediziner übernehmen die Kontrolle auch über die Geburtenregelung und Geburtshilfe. Vgl. Becker u.a., 1981; Honegger, 1979; Ehrenreich/English, 1977.
36 Vgl. Ariès, 1976; Shorter, 1977; Rosenbaum, 1982.
37 Ariès, 1976, S. 460.
38 Vgl. Mitterauer, 1981, S. 83.
39 Vgl. Wensky, 1980; Ketsch, 1983; Wesoly, 1980; Stahl, 1879; Weinhold, 1897; Bücher, 1910; Behaghel, 1910; Wachendorf, 1934. Interessant ist in diesem Zusammenhang, daß dieses Thema immer dann zu einem zentralen Forschungsgegenstand wurde, wenn die Frauenbewegung gesellschaftliches Aufsehen erregte.
40 Historikerinnen und Historiker setzten sich an die Aufarbeitung der Geschichte der Frauenarbeit – genauer der Frauenerwerbsarbeit. Ihre Untersuchungen beriefen sich zunächst auf historische Arbeiten, die um die Jahrhundertwende entstanden waren. In diesen frühen Arbeiten sind vielfach Hinweise auf gewerbliche Arbeit der Frauen im Mittelalter aufgeführt. Erst jetzt wird aber in den letzten Jahren wieder daran geforscht. Die Arbeiten, die diese Fragestellung jetzt wieder behandeln und sich auf die alten Untersuchungen berufen, stellen allgemein fest, daß Frauen in Handwerk und Handel im Mittelalter ver-

treten waren. Aufgrund dessen schlossen diese Arbeiten auf eine starke ökonomische Stellung der Frauen und auf ein relativ eigenständiges Leben von ihnen in der mittelalterlichen Stadtgesellschaft.

41 Ketsch und Mitterauer ziehen aus der ausdrücklichen Benennung von Frauenarbeit in den Zunftordnungen den Schluß, daß sich die eng verzahnte »Ökonomie des ganzen Hauses« in zwei Teile aufzulösen begann, in eine »haushalterische Sphäre«, die Sphäre der Frau, und die »betriebliche Sphäre«, die Sphäre des Mannes. Vgl. Ketsch, 1983, S. 112; Mitterauer, 1979, S. 120.
42 Für Österreich schreibt Mitterauer: »Erst im Zeitalter des Merkantilismus änderten sich diese Verhältnisse. Unter Maria Theresia wurde in einer Reihe von Gewerben die Frauenarbeit ausdrücklich zugelassen.« (1979, S. 120).
43 Vgl. Wensky, 1980.
44 In diesem Zusammenhang möchte ich kurz auf das Beginentum hinweisen. Das waren Lebens- und Arbeitsgemeinschaften alleinstehender Frauen. Obwohl die Beginenbewegung eindeutig religiöse Züge trug, waren die Beginengemeinschaften nicht kirchlich institutionalisiert. Die ersten Beginengemeinschaften sind aus Flandern im 13. Jahrhundert bekannt. Das Beginentum breitete sich von den belgischen Städten aus auf Holland, das Rheinland und Nord- und Südfrankreich. Shahar sieht die Beginen aus religionshistorischer Sicht als Teil der häretischen Bewegungen des Mittelalters, während Wolf-Graaf das Beginentum eher als Möglichkeit sieht, für alleinstehende Frauen eine Arbeits- und Lebensgrundlage zu sein. Vgl. Wolf-Graaf, 1981, und Shahar, 1981. Erstaunlich ist das Ausmaß, das diese Bewegung von Frauen angenommen hatte. Neumann spricht von 1170 Beginen in Köln im Jahre 1351 und für Straßburg wurde der Anteil der Beginen im Jahre 1237 mit 2,5% angegeben. Mit der Zeit, endgültig seit dem 15. Jahrhundert, wurde ihre gewerbliche Arbeit beschränkt. Sie durften nur eine bestimmte Anzahl beispielsweise an Webstühlen aufstellen oder nur eine beschränkte Anzahl von Waren verkaufen.

Kapitel II.: Arbeit, Arbeitsteilung und räumliche Nutzung in der vorindustriellen Gesellschaft

1 Berndt, 1978, S. 104.
2 Vgl. Elias, 1979, S. 58 ff.
3 Schmoller, 1875, S. 5.
4 Abel, 1971, S. 169.
5 Vgl. Mottek, 1974; Bloch, hier zitiert nach Abel, 1971, S. 169.
6 Vgl. Lamprecht, hier angeführt nach Abel, 1971.
7 Mottek, 1974, S. 73.
8 Vgl. Henning, 1985, S. 107.
9 Abel, 1971, S. 175.
10 Henning, 1985, S. 140.
11 Brake, 1980, S. 42.

12 Weber, 1972, S. 227/228.
13 Ennen, 1979, S. 89.
14 Vgl. Planitz, 1954.
15 Planitz, 1954, S. 187 und vgl. Egli, 1962.
16 Vgl. Marx/Engels, 1969.
17 Brake, 1980, S. 50.
18 Vgl. Henning, 1985, S. 69.
19 Vgl. Brake, 1980.
20 Adam Smith, zitiert nach Marx, 1972.
21 Vgl. Mumford, 1979.
22 Kobbe, 1972, S. 249.
23 Kantzow, 1980, S. 31.
24 Mumford, 1980, S. 482.
25 Rietschel, hier zitiert nach Kantzow, 1980, S. 31.
26 Kuczynski, 1982, Bd. 1, S. 340.
27 Knittler, 1981, S. 123.
28 Bedal, 1978, S. 42.
29 Möser, hier zitiert nach Kuczynski, 1982, Bd. 1.
30 Möser, 1982, S. 143.
31 Vgl. Gläntzer, 1980.
32 Vgl. Meier-Oberist, 1956.
33 Gläntzer, 1980, S. 103.
34 Sohlee, hier zitiert nach Gläntzer, 1980, S. 103.
35 In diesen Zitaten wird der Interpretationsrahmen der historischen Hausforschung deutlich: es geht um Wohnen und Arbeit und um den jeweiligen Anteil räumlicher Nutzung und gegenständlicher Einrichtung. Die inhaltliche Bedeutung von Wohnen wird in diesen Untersuchungen nicht weiter ausgeführt. Anscheinend wird jedoch unausgesprochen vom gegenwärtigen Alltagsverständnis ausgegangen, welches Wohnen als Geselligkeit und Freizeit versteht. Diese einseitige, allein von einem Standpunkt, dem der Arbeit für den Tausch, gesehene Bedeutung durchzieht leider alle Untersuchungen zur historischen Hausforschung.
36 Vgl. die Etappen der Grundrißanlagen bei Schmidt, 1965, S. 42.
37 Das Guckloch der Bäuerin hieß das Auge Gottes.
38 Schepers, zitiert nach Gläntzer, 1980, S. 108.
39 Vgl. Engelsing, 1973; Piper, 1982.
40 Die Baustile. Historische und technische Entwicklung, in: Handbuch der Architektur, 1892, S. 41.
41 Kuczynski, 1982, Bd. 1, S. 45.
42 Roller, zitiert nach Rosenbaum, 1982, S. 147. Vgl. auch Karte von Aachen.
43 Frankfurt um 1600, 1976, S. 76/77.
44 Frankfurt um 1600, 1976, S. 49.
45 Vgl. van Winter, 1982.
46 Vgl. Kuczynski, 1982, Bd. 1, und Schmidt, 1965.
47 Vgl. Frankfurt um 1600, 1976.
48 Bücker, hier zitiert nach Schmidt, 1965, S. 39.
49 Vgl. Wiegelmann, 1967, S. 29.
50 Vgl. van Winter, 1982.

51 Elias, 1978, S. 70.
52 Rosenbaum, 1982, S. 134.
53 Mummenhoff, zitiert nach Kuczynski, 1982, Bd. 1, S. 323.
54 Mummenhoff, zitiert nach Kuczynski, 1982, Bd. 1, S. 314.
55 Vgl. Rosenbaum, 1982, S. 136.
56 Vgl. Mitterauer, 1979.
57 Vgl. Rosenbaum, 1982, S. 140.
58 Vgl. Riehl, 1855.
59 Rosenbaum, 1982, S. 145.
60 Mitgan, zitiert nach Rosenbaum, 1982, S. 146.
61 Mitterauer, 1979, S. 84.
62 Vgl. Geburtshaus von William Shakespeare in Stratford upon Avon.
63 Vgl. Ariès, 1975.
64 Rosenbaum, 1982, S. 167. Wie wenig das heutige Verhältnis zu Kindern dem entspricht, was in der mittelalterlichen Gesellschaft bis zur vereinzelten Einrichtung von Schulen im 16./17. Jahrhundert üblich war, illustrieren die Ergebnisse historischer Untersuchungen. Die Kindersterblichkeit war groß, und der Tod eines Kindes bewegte die Eltern nicht sonderlich. Oft erinnerten sie sich nicht an das Alter der Kinder oder wie viele sie hatten. Tote Kinder wurden auf die Straße geworfen, lebende Kinder ausgesetzt.
65 Vgl. Heyne, 1899, und Wurmbacher, 1932, und Schmidt, 1965.
66 Die Baustile. Historische und technische Entwicklung, in: Handbuch der Architektur, 1892, S. 77 f.
67 Heyne, 1899, S. 208.
68 Frankfurt um 1600, 1976, S. 71.
69 Vgl. Schmidt, 1965. Heyne spricht von »Lauben« (vgl. Heyne, 1899).
70 Schmidt, 1965, S. 30.
71 Schmidt, 1965, S. 30.
72 Heyne, 1899, S. 208.
73 Vgl. Piper, 1982.
74 Heyne, 1899, S. 246. Vgl. auch Wurmbacher, 1932, S. 15; Frankfurt um 1600, 1976, S. 60.
75 Vgl. Wurmbacher, 1932, S. 15.
76 Heyne, 1899, S. 251.
77 Heyne, 1899, S. 234.
78 Schmidt, 1965, S. 28.
79 Heyne, 1899, S. 245.
80 Heyne, 1899, S. 245.
81 Rosenbaum, 1982, S. 167.
82 Vgl. Mumford, 1963.
83 Vgl. Zinn, 1979.
84 Wurmbacher, 1932, S. 26.
85 Wurmbacher, 1932, S. 26.
86 Schmidt, 1965, S. 116.
87 Vgl. Schmidt, 1965, S. 88.
88 Giedeon, 1982, S. 326.
89 Schmidt, 1965, S. 104.
90 Giedeon, 1982, S. 302.

91 Es ist nicht leicht, aus den Ergebnissen der historischen Hausforschung soziale Unterschiede in der Verwendung von Hausrat zu identifizieren. Nur ab und zu wird in einem Nebensatz darauf hingewiesen, daß bestimmte Haushaltsgegenstände eher in den ärmeren Handwerkerschichten üblich waren als in den wohlhabenderen bzw. sich ihre Ausführungen unterschieden.
92 Schmidt, 1965, S. 155; Vgl. auch Wurmbacher, 1932, S. 28.
93 Die Hausforschung liefert hierfür keine Erklärung. Möglicherweise hatte Asche – von Knochen? – eine seifige Wirkung.
94 Vgl. Talk, 1983; Wurmbacher, 1932, S. 28; Schmidt, 1965, S. 158.
95 Wurmbacher, 1932, S. 28.
96 Schmidt, 1965, S. 159.
97 Schmidt, 1965, S. 163.
98 Vgl. Stefan, 1983.
99 Wurmbacher, 1932, S. 36.
100 Wurmbacher, 1932, S. 36.
101 Schmidt, 1965, S. 20.
102 Heyne, 1899, S. 213.
103 Heyne, 1899, S. 214.
104 Vgl. Wumbacher, 1932, S. 13.
105 Vgl. Schmidt, 1965, S. 42.
106 Heyne, 1899, S. 213.
107 Der baulich-räumliche Ausdruck feudal-herrschaftlicher Hausökonomien ist in wenigen Ausnahmen bis heute nachzuvollziehen. In den noch existierenden Königshäusern Europas ist die »Ökonomie des ganzen Hauses« noch präsent.
108 Elias, 1983, S. 167.
109 Elias, 1983, S. 170.
110 Vgl. Weber, 1972.
111 Meier-Oberist, 1950, S. 59.
112 Zitat nach Beuys, 1980, S. 177/178.
113 Vgl. Beuys, 1980, S. 183.
114 Müller, 1981, S. 219/220.
115 Vgl. Beuys, 1980, S. 183 ff.
116 Zeitmagazin Nr. 23, 1987, S. 28.
117 Meier-Oberist, 1956, S. 64/65.
118 Elias, 1978, S. 76.
119 Elias, 1978, S. 83.
120 Elias, 1978, S. 185 f. und S. 213 f.
121 Elias, 1983, S. 83.
122 Elias, 1983, S. 75.
123 Vgl. Ennen, 1979.
124 Beuys, 1980, S. 134.
125 Beuys, 1980, S. 138.
126 Beuys, 1980, S. 139.
127 Vgl. Piper, 1982.
128 Die Baustile. Die romanische und gotische Baukunst, 1892, S. 86.
129 Heyne, 1899, S. 228.

130 Heynes Beschreibungen bestätigen damit einmal mehr den einseitigen Blick, wenn er nur den Erbauer sieht.
131 Frankfurt um 1600, 1976, S. 15.
132 Frankfurt um 1600, 1976, S. 15; vgl. das Dreikönigshaus in Trier.
133 Vgl. Wurmbacher, 1932.
134 Heyne, 1899, S. 255.
135 Vgl. Wurmbacher, 1932, S. 20/19.
136 Vgl. Meier-Oberist, 1956, S. 91.
137 Wurmbacher, 1932, S. 21.
138 Vgl. Bürger, Bauer, Edelmann, 1987.
139 Wurmbacher, 1932, S. 24.
140 Wurmbacher, 1932, S. 24.
141 Wurmbacher, 1932, S. 41.
142 Ich stütze mich im folgenden auf zwei Arbeiten, die des Sozialhistorikers Wilhelm Abel, der versucht, Massenarmut und Hungerkrisen im vorindustriellen Europa synoptisch darzustellen, und auf die Dissertation von Thomas Fischer. Vgl. Abel, 1973, und Fischer, 1979.
143 Zu Beginn des 16. Jahrhunderts gab es nach Schätzungen nur 3 bis 4 Städte im westlichen Europa mit mehr als 100 000 Einwohnern, am Ende des Jahrhunderts waren es etwa 12. Vgl. Abel, 1973, S. 29.
144 Vgl. Frankfurt um 1600, 1976, S. 41.
145 Fischer, 1979, S. 89; vgl. auch von Müller, 1981.
146 Fischer, 1979, S. 122.
147 Piper, 1982, S. 91.
148 Im Hamburger Kirchspiel St. Nicolai waren 1491 9,2 % der Haushalte Kellerwohnungen, in Rostock waren es 1410 7,3 % und in Lübeck betrug ihr Anteil 1532 fast 13 %. In einem Fragment des Stralsunder Schloßregisters vom Beginn des 15. Jahrhunderts sind unter 295 Wohnstätten 51 Keller. Piper, 1982, S. 91; vgl. auch Abbildung bei Piper, S. 92.
149 Heyne, 1899, S. 287.
150 Zitiert nach Piper, 1982, S. 136.
151 Vgl. Aus dem Alltag der mittelalterlichen Stadt, 1983, S. 14; Heyne, 1899, S. 288.

Kapitel III.: Hausarbeit, Hausfrauen und Wohnungsbau in der Industriegesellschaft

1 Vgl. Henning, 1973; Mottek, 1964.
2 Henning, 1973, S. 23.
3 Mottek, 1953, S. 67.
4 Marx, 1969, S. 380.
5 Mottek, 1964, S. 68.
6 Vgl. Sombart, 1928; Marx, 1971.
7 Vgl. Marx, 1971.
8 Vgl. Brake, 1980.
9 Vgl. Henning, 1973.

10 Rosenbaum, 1982, S. 289.
11 Gerhard, 1978, S. 124.
12 Rosenbaum, 1982, S. 289.
13 Rosenbaum, 1982, S. 290.
14 Die Definition der bürgerlichen Familie als Gegensatz zur Gesellschaft oder – wie Rosenbaum in ihrer Kritik familiensoziologischer Ansätze zeigt – die »Familie als Gegenstruktur zur Gesellschaft« (1973) widerspricht den gängigen familienpolitischen Ansichten, die Familie als traditionellen Grundpfeiler und integrativen Bestandteil der Gesellschaft zu sehen. Für den männlichen Teil der Bevölkerung, welcher Familie komplementär zur Gesellschaft lebt und so in der Gegensätzlichkeit eine Ergänzung sieht, ist dies sicher richtig, für den weiblichen Teil der Bevölkerung gilt dies nicht. Sie erleben die Gegensätzlichkeit in vollem Maße, denn weibliche Rolle und weibliche Sozialisation verweisen sie in »ihren« Bereich und versperren den Zugang zum »anderen«.
15 Rosenbaum, 1982, S. 290.
16 Auch Tönnies entwickelte Charakterbilder, die er Antinomien nannte und die das »Temperament des Weibes durch Gesinnung, des Mannes durch Bestrebung«, den »Charakter des Weibes durch Gemüt, des Mannes durch Berechnung« und die »Denkungsart des Weibes durch Gewissen, des Mannes durch Bewußtsein« bestimmten (1963, S. 151).
17 Riehl, 1855, S. 26.
18 Riehl, 1855, S. 38.
19 Riehl, 1855, S. 38.
20 Riehl, 1855, S. 44.
21 Vgl. Weber, 1907; Bäumer, 1921.
22 Weber, 1907, S. 306.
23 Weber, 1907, S. 307.
24 Hausen, 1976, S. 367.
25 Vgl. Hausen, 1976.
26 Hausen, 1976, S. 370.
27 Vgl. Möller, 1969; Conze, 1966.
28 Gerhard, 1978, S. 76.
29 Vgl. Donzelot, 1980; Gerhard, 1978.
30 Teuteberg, 1985, S. 189.
31 Wie wichtig die räumliche Dimension ist und ihrerseits wiederum soziale Strukturen beeinflußt, zeigt auch Mitterauer in seiner Untersuchung zu den Auswirkungen der Urbanisierung auf die Familienverfassung. Vgl. Mitterauer, 1976.
32 Duden/Hausen, 1979, S. 24.
33 Vgl. Kriedte/Medik/Schlumbohm, 1977.
34 Kriedte/Medik/Schlumbohm, 1977.
35 Rosenbaum, 1982, S. 192.
36 Sax, hier zitiert nach Rosenbaum, 1982, S. 201.
37 Kriedte/Medik/Schlumbohm, 1977, S. 91.
38 Vgl. Engels, 1974, S. 408 ff.
39 Kriedte/Medik/Schlumbohm, 1977, S. 152.
40 Rosenbaum, 1982, S. 193.
41 Vgl. zur Situation in Bayern Lohr, 1985.
42 Formey, zitiert nach Kuczynski, 1982, Bd. 2.

43 Engel weist darauf hin, daß die Subsistenzwirtschaft in der Hausindustrie vom Verleger eingesetzt wurde, um den Stückpreis der Waren zu drücken, ohne die Arbeitskraft durch Hunger zu verlieren.
44 Schwarz, zitiert nach Kriedte/Medik/Schlumbohm, 1977.
45 Leben und arbeiten im Industriezeitalter, 1985, S. 195.
46 Henning, 1973, S. 116.
47 Henning, 1973, S. 142.
48 Kaufhold, zitiert nach Kuczynski, 1982, Bd. 2, S. 121.
49 Vgl. Mitterauer, 1976, S. 80.
50 Hillebrecht, 1962, S. 50.
51 Vgl. Kürvers, 1980, S. 72 ff.
52 Vgl. Kantzow, 1980.
53 Mauersberg, 1960.
54 Mauersberg, 1960, S. 78; vgl. auch Kantzow, 1980.
55 Hohorst/Kocka/Ritter, 1975, S. 45. England war der Geburtsort der städtischen Industrialisierung und im Vergleich zum kontinentalen Mitteleuropa etwa 100 Jahre voraus in dieser Entwicklung. Mumford nennt für Manchester, eine klassische Industriestadt, folgende Einwohnerzahlen: 1685 etwa 600, 1760 waren es zwischen 30 000 und 45 000, 1801 zählte Manchester 72 275 Einwohner und nur fünfzig Jahre später, also 1851, bereits 303 382. Vgl. Mumford, 1963, und Benevolo, 1971.
56 Die Kinder- und Jugendarbeit ist durch das Jugendschutzgesetz vom 30.4.1938 geregelt worden. Danach war die Erwerbsarbeit von Kindern grundsätzlich verboten. Über Frauenarbeit in der Fabrik wurde lange diskutiert und vor allem die Gruppe um Lassalle wollte die Fabrikarbeit der Frauen verbieten. Vgl. Magrit Twellmann-Schepp, 1972.
57 Liebchen, 1971, S. 282.
58 Liebchen, 1971, S. 282.
59 Vgl. auch zur expansiven Entwicklung Berlins: Schütze, 1987.
60 Hegemann, 1979, S. 52.
61 Hegemann, 1979, S. 52.
62 Tagesspiegel vom 13.11.1981 von Franz Fegeler.
63 Hegemann, 1979, S. 53.
64 Thienel, 1971, S. 116.
65 Thienel, 1971.
66 Geist/Kürvers, 1980, S. 68.
67 Thienel, 1971, S. 117. Bereits 1752 entstand eine reine Wohnsiedlung, die »Kolonie Neu-Voigtland«. Sie beherbergte aus dem Voigtland zugewanderte Bauhandwerker, die Friedrich der Große zur Realisierung seiner vielfältigen Bauvorhaben benötigte. Da Bauhandwerker immer außerhäuslich tätig waren, wie es ihr Gewerbe erforderte, bildete ihre Hausökonomie schon im Mittelalter eine gewisse Sonderform, obwohl die zünftigen Bestimmungen der Zugehörigkeit der Lehrlinge und Gesellen zum Meisterhaushalt auch hier galten.
68 Thienel, 1971.
69 Thienel, 1971, S. 123.
70 Thienel, 1971, S. 127; vgl. Bascon-Borgelt u.a., 1983.

71 Thienel, 1971, S. 123.
72 Mottek, 1968.
73 Geist/Kürvers, 1984, S. 121.
74 Geist/Kürvers, 1984, S. 121.
75 Geist/Kürvers, 1984, S. 121.
76 Geist/Kürvers, 1984, S. 147.
77 Geist/Kürvers, 1984, S. 147.
78 Vgl. Piccinato, 1983.
79 Vgl. Uhlig, 1981.
80 Vgl. zur räumlichen Entwicklung Berlins den Katalog der Ausstellung Berlin im Kartenbild, 1981. Dort sind die einzelnen Phasen der räumlichen Entwicklung Berlins und die Prägung der räumlichen Stadtstruktur durch den Wohnungsbau deutlich zu erkennen.
81 Vgl. zur Entwicklung der Verkehrswege in und um Berlin: Reichardt, 1987.
82 Vgl. Engel, 1901; Wittig, 1932; Heiß, zitiert nach Teuteberg/Wischermann, 1985.
83 Hillebrecht, 1962, S. 58.
84 Teuteberg/Wischermann, 1985, S. 48 und 360.
85 Thienel, 1971, S. 127.
86 Vgl. Teuteberg/Wiegelmann, 1972.
87 Vgl. Hirsch/Roth, 1986.
88 Das häusliche Glück, 1882.
89 Schneider, 1967, S. 135.
90 Das häusliche Glück, 1882, S. 29/30.
91 Das häusliche Glück, 1882, S. 31.
92 Neuburger, 1910, S. 162/163.
93 Das häusliche Glück, 1882, S. 49.
94 Das häusliche Glück, 1882, S. 50.
95 Meyer, 1982, S. 47.
96 Vorläufer dieser Benimmvorschriften waren die bereits im 17. Jahrhundert entstandenen Courtoisien, die Elias als empirsche Grundlage für seinen Entwurf einer Zivilisationstheorie benutzte.
97 Handbuch des guten Tones und der feinen Sitte, 1977, S. 52.
98 Heyl, 1910.
99 Davidis, o.J.
100 Neuburger, 1910, S. 136.
101 Das häusliche Glück, 1882, S. 28.
102 Das häusliche Glück, 1882, S. 8.
103 Ebert-Stockinger, 1929.
104 Ebert-Stockinger, 1929, S. 21.
105 Vgl. Pestalozzi, 1976; Fröbel, 1913.
106 Ariès, 1976.
107 Neuburger, 1910, S. 14/15.
108 Doch diese Konstante behauptet nicht nur Minna Neuburger, sie prägt bis heute unerschütterlich die Interpretation der Menschheitsgeschichte über alle Epochen hinweg, man betrachte nur einmal volkskundliche Darstellungen der Höhlenmenschen vor der Seßhaftwerdung: stets hocken die Frauen um das Feuer, bereiten das Essen zu und kümmern sich um die Kinder, während die

Männer nach Tieren jagen oder konstruktiv am Bau von Hütten oder Flößen tätig sind.
109 Weber, 1907, S. 309.
110 Vgl. Rosenbaum, 1982, S. 282 f.
111 Meyers Konversationslexikon, 1876, S. 133.
112 Simmel, 1911, S. 84.
113 Simmel, 1911, S. 84.
114 Weiß, 1890, S. 289 f.
115 Simmel, 1911, S. 103/104.
116 Simmel, 1911, S. 280.
117 Simmel, 1911, S. 286.
118 Simmel, 1911, S. 314/315.
119 Mann und Weib, 1890, Bd. 1, S. 290/291. Vgl. auch Koßmann, 1890, Bd. 3.
120 Meyers Konversationslexikon, 1876, S.135.
121 Vgl. u.a. Braun, 1901; Schirmacher, 1906.
122 Walser, 1987, S. 75/76.
123 Vgl. Walser, 1987.
124 Donzelot, 1979, S. 52/53.
125 Vgl. Kocka, 1979, S. 126.
126 Bröcker, 1908, S. 1485.
127 Teuteberg, 1985, S. 1.
128 Die ersten asiatischen Siedlungen mit längerer Dauer fingen 800 vor u.Z. an.
129 Barbey, 1984, S. 77.
130 Rosenbaum, 1982, S. 369.
131 Mohrmann, 1985, S. 90.
132 Mohrmann, 1985, S. 90.
133 Vgl. Ebert-Stockinger, 1929; Neuburger, 1910; Das häusliche Glück, 1882.
134 Teuteberg/Wischermann, 1985, S. 293.
135 Hävernick, zitiert nach Teuteberg/Wischermann, 1985, S. 294.
136 Lindecke, hier zitiert nach Teuteberg/Wischermann, 1985, S. 298/299.
137 Wie dieses Lebensbild auch von staatlicher Seite propagiert wurde, zeigt Donzelot in seiner Untersuchung. »Die Strategie der Familiarisierung der unteren Schichten in der zweiten Hälfte des 19. Jahrhunderts stützt sich also in erster Linie auf die Frau und fügt noch eine Reihe von Werkzeugen und Verbündeten hinzu: Volkserziehung, Unterweisung in häuslicher Hygiene, Anlegen von Kleingärten, Sonntagsruhe (Familienruhetag im Gegensatz zum Montag, der traditionell für Saufgelage herhielt). Das wichtigste Werkzeug indes, das man ihr gibt, ist die Sozialwohnung.« Und diese Sozialwohnung für die unteren Schichten der Bevölkerung wurde nach seinen Recherchen nach folgenden Prinzipien gebaut: »Einen Raum einrichten, der groß genug ist, um hygienisch zu sein, klein genug, damit nur die Familie ihn bewohnen kann, und so unterteilt, daß die Eltern die Kinder überwachen können.« Donzelot, 1879, S. 53.
138 Vgl. Hufeisensiedlung von Bruno Taut in Berlin-Britz; May, Die Römerstadt in Frankfurt; vgl. Das neue Frankfurt/Die neue Stadt, Jahrgänge 1926–1933.
139 Barbey, 1984, S. 82.
140 Barbey, 1984.
141 Vgl. Abschnitt: Vom Mieten der Wohnung, in: Neuburger, 1910.

Literaturverzeichnis

»Aachen«, Merianheft, Monatshefte der Städte und Landschaften, Hamburg 1. XXXIC.
Abel, Wilhelm (1971), Landwirtschaft 900–1350, in: Aubin, Hermann und Zorn, Wolfgang (Hrsg.), Handbuch der deutschen Wirtschafts- und Sozialgeschichte, Bd. 1, Stuttgart.
Abel, Wilhelm (1973), Massenarmut und Hungerkrisen im vorindustriellen Europa, Hamburg und Berlin.
Albrecht, Rainer/August, Dankwart/Bormann, Winfried/Dyckhoff, Claus/Wahl-Terlinden, Ulla (1977), Verkehrsbedingungen von benachteiligten Bevölkerungsgruppen als Leitgröße für eine zielorientierte Stadt- und Verkehrsplanung, Berichte des Instituts für Zukunftsforschung, Berlin.
Anderson, Nels (1923), The Hobo, The Sociology of the Homeless Man, Chicago/London.
Andritzky, Walter/Wahl-Terlinden, Ulla (1978), Mitwirkung von Bürgerinitiativen an der Umweltpolitik, Bericht Nr. 6, hrsg. v. Umweltbundesamt, Berlin.
Ariés, Philippe (1976), Geschichte der Kindheit, München und Wien.
Asmus, Gesine (Hrsg.) (1982), Hinterhof, Keller und Mansarde, Reinbek bei Hamburg.
Aus dem Alltag der mittelalterlichen Stadt. Handbuch zur Sonderausstellung, in: Hefte des Focke-Museums Nr. 62, Bremen 1983.
Bäumer, Gertrud (1921), Fichte und sein Werk, Berlin.
Barbey, Gilles (1984), WohnHaft. Essay über die innere Geschichte der Massenwohnung, Braunschweig/Wiesbaden.
Barchewitz, Jutta (1937), Von der Wirtschaftstätigkeit der Frau in der vorgeschichtlichen Zeit bis zur Entfaltung der Stadtwirtschaft. Breslauer Historische Forschungen, Heft 3, Breslau.
Bascon-Borgelt, Christiane u.a. (1983), In der Luisenstadt, hrsg. v. d. Bauausstellung Berlin, Berlin.
Beck-Gernsheim, Elisabeth (1980), Das halbierte Leben. Männerwelt Beruf – Frauenwelt Familie, Frankfurt.
Becker, Gabriele/Bovenschen, Silvia/Brackert, Helmut u.a. (1981), Aus der Zeit der Verzweiflung. Zur Genese und Aktualität des Hexenbildes, Frankfurt/M.
Becker, Heidede/Keim, K.Dieter (Hrsg.) (1977), Gropiusstadt – Soziale Verhältnisse am Stadtrand, Stuttgart/Berlin/Köln/Mainz.
Bedal, Konrad (1978), Historische Hausforschung, Münster.

Beer, Ursula (1984), Theorien geschlechtlicher Arbeitsteilung, Frankfurt/New York.
Behaghel, Wilhelm (1910), Die gewerbliche Stellung der Fau im mittelalterlichen Köln, Berlin.
Benevolo, Leonardo (1984), Die Geschichte der Stadt, Frankfurt/New York.
Benevolo, Leonardo (1971), Die sozialen Ursprünge des modernen Städtebaus, Gütersloh.
Bennholdt-Thomsen, Veronika (1982), Zur Bestimmung der geschlechtlichen Arbeitsteilung im Kapitalismus, in: Beiträge zur Frauenforschung am 21. Deutschen Soziologentag, hrsg. v. d. Sektion Frauenforschung in den Sozialwissenschaften in der DGS, München.
Berlin, Berlin. Materialien zur Geschichte der Stadt. Publikation im Rahmen der Ausstellung im Martin-Gropius-Bau, Berlin 1987.
Berlin im Kartenbild. Zur Entwicklung der Stadt 1650–1850, Ausstellungskatalog. Staatsbibliothek Preußischer Kulturbesitz Berlin, Berlin 1981.
Berlin: Von der Residenzstadt zur Industriemetropole (1981), Bd. 1, TU Berlin, Berlin.
Berndt, Heide (1978), Die Natur der Stadt, Frankfurt/M.
Beuys, Barbara (1980), Familienleben in Deutschland, Reinbek bei Hamburg.
Bloch, Marc (1982), Die Feudalgesellschaft, Frankfurt/M./Berlin/Wien.
Blücher, V., Graf (1972), Stichwort Wohnsoziologie, in: Bernsdorf, Wilhelm (Hrsg.), Wörterbuch der Soziologie, Frankfurt/M.
Bosl, Karl (1978), Europa im Mittelalter, Bayreuth.
Bosl, Karl (1957), Freiheit und Unfreiheit. Zur Entwicklung der Unterschichten in Deutschland und Frankreich während des Mittelalters, in: Vierteljahrsschrift für Sozial- und Wirtschaftsgeschichte Nr. 44.
Bosl, Karl (1971), Gesellschaftsentwicklung 800–1350, in: Handbuch der deutschen Wirtschafts- und Sozialgeschichte, hrsg. v. Aubin, Hermann und Zorn, Wolfgang, Stuttgart.
Borst, Arno (1982), Lebensformen im Mittelalter, Frankfurt/M./Berlin/Wien.
Brake, Klaus (1980), Zum Verhältnis von Stadt und Land, Köln.
Braun, Lily (1901), Frauenarbeit und Hauswirschaft, Berlin.
Brede, Helmut/Kohaupt, Bernhard/Kujath, Hans-Joachim (1975), Ökonomische und politische Determinanten der Wohnungsversorgung, Frankfurt/M.
Brede, Helmut/Dietrich, Barbara/Kohaupt, Bernhard (1976), Politische Ökonomie des Bodens und Wohnungsfrage, Frankfurt/M.

Bröcker, Paul (1908), Die Arbeiterwohnung in der Mietskaserne, Sozialistische Monatshefte 12.
Bücher, Karl (1910), Die Frauenfrage im Mittelalter, 2. erweiterte Auflage, Tübingen.
Bückmann, Walter/Terlinden, Ulla (1979), Stadt und Umwelt. Theoretische Grundlagen eines UVP-Modells zur synoptischen Erfassung von Umweltbelastungsfaktoren, Berlin.
Bürger, Bauer, Edelmann. Berlin im Mittelalter, Ausstellungskatalog, Berlin 1987.
Büttner, Horst/Meißner, Günter (1981), Bürgerhäuser in Europa, Stuttgart/Berlin/Köln/Mainz.
Castells, Manuel (1977), Die kapitalistische Stadt, Hamburg/West-Berlin.
Comte, Auguste (1956), Rede über den Geist des Positivismus, hrsg.v. Iring Fetscher, Hamburg
Conze, Werner (1966), Vom »Pöbel« zum »Proletariat«, in: Wehler, Hans-Ulrich (Hrsg.), Moderne deutsche Sozialgeschichte, Köln/Berlin.
Das häusliche Glück. Vollständiger Haushaltungsunterricht nebst Anleitung zum Kochen für Arbeiterfrauen, hrsg.v. einer Commission des Verbandes »Arbeiterwohl«, M.-Gladbach und Leipzig 1882, neu hrsg. v. Richard Blank, o.J.
Das neue Frankfurt/Die neue Stadt, Frankfurt/M., Jahrgänge 1926–1933.
Davidis, Henriette, Praktisches Kochbuch für die gewöhnliche und feinere Küche, Regensburg o.J.
Der goße Duden (1963), Etymologie, Stichwort: Wohnen, Mannheim.
Die Baustile. Historische und technische Entwicklung, in: Handbuch der Architektur, 2. Teil, 4 Bd., 1. Heft, Darmstadt 1892.
Die Baustile. Die romanische und gotische Baukunst, in: Handbuch der Architektur, 2. Teil, 4. Bd., 2. Heft, Darmstadt 1892.
Dörhöfer, Kerstin/Keckstein, Veronika/Rabenschlag, Anne/Terlinden, Ulla (1984), Frauenspezifische Belange in Architektur und Stadtplanung am Beispiel Südliche Friedrichstadt-Berlin, hrsg.v. Bauausstellung Berlin GmbH, Berlin.
Dörhöfer, Kerstin/Terlinden, Ulla (Hrsg.) (1987), Verbaute Räume. Auswirkungen von Architektur und Stadtplanung auf das Leben von Frauen, Köln.
Donzelot, Jacques (1980), Die Ordnung der Familie, Frankfurt/M.
dtv-Atlas zur Baukunst, Bd. 2, München 1981.
Duden, Barbara/Hausen, Karin (1979), Gesellschaftliche Arbeit – Geschlechtsspezifische Arbeitsteilung, in: Kuhn, Annette/Schneider, Gerhard (Hrsg.), Frauen in der Geschichte, Düsseldorf.

Ebert-Stockinger, Clara (1929), Das Buch der Hausfrau. Eine neuzeitliche Haushaltungskunde, Zürich/Leipzig/Wien.
Egli, Ernst (1962), Geschichte des Städtebaus, 2 Bde., Erlenbach-Zürich/Stuttgart.
Ehrenreich, Barbara/English, Deidre (1977), Hexen, Hebammen und Krankenschwestern, München.
Eisenbart, Constanze Liselotte (1962), Kleiderordnungen der deutschen Städte zwischen 1350 und 1700. Ein Beitrag zur Kulturgeschichte des deutschen Bürgertums, Göttingen.
Elias, Norbert (1978), Über den Prozeß der Zivilisation. Soziogenetische und psychogenetische Untersuchungen. Wandlungen des Verhaltens in den weltlichen Oberschichten des Abendlandes, 1. Bd., Frankfurt/M.
Elias, Norbert (1979), Über den Prozeß der Zivilisation. Soziogenetische und psychogenetische Untersuchungen. Wandlungen der Gesellschaft. Entwurf zu einer Theorie der Zivilisation, 2. Bd., Frankfurt/M.
Elias, Norbert (1983), Die höfische Gesellschaft. Untersuchungen zur Soziologie des Königtums und der höfischen Aristokratie, Frankfurt/M.
Engel, Eduard in: Der Tag v. 22.9.1901.
Engels, Friedrich (1971), Der Ursprung der Familie, des Privateigentums und des Staats, in: MEW, Ausgewählte Schriften, Bd. 2, Berlin.
Engels, Friedrich (1974), Lage der arbeitenden Klasse in England, MEW, Bd. 2, Berlin.
Engelsing, Rolf (1973), Zur Sozialgeschichte deutscher Mittel- und Unterschichten, Göttingen.
Ennen, Edith (1979), Die europäische Stadt im Mittelalter, Göttingen.
Ennen, Edith (1984), Frauen im Mittelalter. Frauenleben von der Spätantike bis zum Beginn der Neuzeit, München.
Essen und Trinken, Jg. 1985, Nr. 4.
Fischer, Thomas (1979), Städtische Armut und Armenfürsorge im 15. und 16. Jahrhundert, Göttingen.
Frankfurt um 1600. Alltagsleben in der Stadt. Ausstellungskatalog des Historischen Museums Frankfurt, Frankfurt/M. 1976.
Frauenalltag und Frauenbewegung 1890–1980. Ausstellungskatalog des Historischen Museums Frankfurt, Frankfurt/M. 1981.
Friedrichs, Jürgen (1977), Stadtanalyse. Soziale und räumliche Organisation der Gesellschaft, Reinbek bei Hamburg.
Fröbel, Friedrich (1913), Menschenerziehung, hrsg.v. Zimmermann, Hans, Leipzig.

Gans, Herbert J. (1967), Levittowners. Ways of Life and Politics in a New Suburban Community, Vintage.
Geist, Johann Friedrich/Kürvers, Klaus (1980), Das Berliner Mietshaus 1740–1862, München.
Geist, Johann Friedrich/Kürvers, Klaus (1984), Das Berliner Mietshaus 1862–1945, München.
Gerhard, Ute (1978), Verhältnisse und Verhinderungen. Frauenarbeit, Familie und Rechte der Frauen im 19. Jahrhundert, Frankfurt/M.
Giedeon, Siegfried (1982), Die Herrschaft der Mechanisierung, Frankfurt/M.
Gläntzer, Volker (1980), Ländliches Wohnen vor der Industrialisierung, München.
Glaser, Hermann (1981), Maschinenwelt und Alltagsleben, Frankfurt/M.
Göpel, Marie Lise (Hrsg.)(1986), Frauenalltag durch die Jahrhunderte. Ein Bilder-Lesebuch, München.
Griep, Hans-Günther (1976), Die Entwicklung des Bürgerhauses in Norddeutschland, in: Häuser und Höfe der handeltreibenden Bevölkerung im Ostseegebiet und im Norden vor 1500. Beiträge zur Geschichte und Soziologie des Wohnens, Visby.
Habicht, W. (1980), Dorf und Bauernhaus im deutschsprachigen Lothringen und Saarland, Saarbrücken.
Handbuch des guten Tons und der feinen Sitte von Konstanze von Franken, 23. Aufl. 1900, neu hrsg. v. Werner Brede, München 1977.
Häußermann, Hartmut/Siebel, Walter, Krise der Stadtentwicklung? Tendenzen der Stadtentwicklung und Optionen der Kommunalpolitik. Vortrag auf dem 22. Deutschen Soziologentag in Dortmund am 12.10.1985.
Häußermann, Hartmut/Siebel, Walter (1986), Die Polarisierung der Großstadtentwicklung im Süd-Nord-Gefälle, in: Friedrichs, Jürgen u.a. (Hrsg.), Süd-Nord-Gefälle in der Bundesrepublik, Opladen.
Hartmann, Willi, Die baulich-räumliche Entwicklung Monschau's vor dem Hintergrund wirtschaftlicher, politischer und sozialer Wandlungen, Seminararbeit an der FH Aachen, WS 1984/85.
Hausen, Karin (1976), Die Polarisierung der »Geschlechtscharaktere« – Eine Spiegelung der Dissoziation von Erwerbs- und Familienleben, in: Conze, Werner (Hrsg.), Sozialgeschichte der Familie in der Neuzeit Europas, Stuttgart.
Hegemann, Werner (1979), Das steinerne Berlin, Braunschweig/Wiesbaden.

Heil, Karolus (1971), Kommunikation und Entfremdung. Menschen am Stadtrand – Legende und Wirklichkeit. Eine vergleichende Studie in einem Altbauquartier und in einer neuen Großsiedlung in München, Stuttgart/Bern.
Henning, Friedrich-Wilhelm (1985), Das vorindustrielle Deutschland 800–1800, Paderborn/München/Zürich.
Henning, Friedrich-Wilhelm (1973), Die Industrialisierung in Deutschland 1800–1914, Paderborn/München/Wien/Zürich.
Herlyn, Ulfert (1970), Wohnen im Hochhaus, Stuttgart/Bern.
Heyl, Hedwig (1910), ABC der Küche, 10. verbesserte Auflage, 51stes bis 63stes Tausend, Berlin.
Heyne, Moritz (1901), Das deutsche Nahrungswesen von den ältesten geschichtlichen Zeiten bis zum 16. Jahrhundert, Leipzig.
Heyne, Moritz (1899), Das deutsche Wohnungswesen von den ältesten geschichtlichen Zeiten bis zum 16. Jahrhundert, Leipzig.
Heyne, Moritz (1903), Körperpflege und Kleidung bei den Deutschen von den ältesten geschichtlichen Zeiten bis ins 16. Jahrhundert, Leipzig.
Hillebrecht, Rudolf (1962), Städtebau und Stadtentwicklung, in: Archiv für Kommunalwissenschaften, 1. Jg., Köln.
Hirsch, Joachim/Roth, Roland (1986), Das neue Gesicht des Kapitalismus, Hamburg.
Hohorst, Gerd/Kocka, Jürgen/Ritter, Gerhard (1975), Sozialgeschichtliches Arbeitsbuch. Materialien zur Statistik des Kaiserreiches 1870–1914, München.
Honegger, Claudia (Hrsg.)(1979), Die Hexen der Neuzeit. Studien zur Sozialgeschichte eines kulturellen Deutungsmusters, Frankfurt/M.
Hubbard, William H. (1976), Forschungen zur städtischen Haushaltsstruktur am Ende des 19. Jahrhunderts. Das Grazhaus-Projekt, in: Conze, Werner (Hrsg.), Sozialgeschichte der Familie in der Neuzeit Europas, Stuttgart.
Informationen zur Ausstellung des Kreisheimatmuseums Gifhorn, Bde. II und IV, Gifhorn 1983.
Kanacher, Ursula (1986), Wohnstrukturen als Anzeiger gesellschaftlicher Strukturen. Diss.phil., Universität Bochum.
Kantzow, Wolfgang (1980), Sozialgeschichte der deutschen Städte und ihres Boden- und Baurechts bis 1918, Frankfurt/New York.
Ketsch, Peter (1983), Frauen im Mittelalter, Bde. 1 und 2, hrsg. v. Annette Kuhn, Düsseldorf.
Klages, Helmut (1968), Der Nachbarschaftsgedanke und die nachbarliche Wirklichkeit in der Großstadt, Stuttgart/Berlin/Köln/Mainz.

Knittler, Herbert (1981), Architektur und gesellschaftliche Bedürfnisse in vorindustrieller Zeit, in: Beiträge zur historischen Sozialkunde, Nr. 11, Wien.

Kobbe, Bernd (1972), Kurkölnische Stadtgründungen im 13. und 14. Jahrhundert. Untersuchung der Planmäßigkeit des Gründungsvorganges, Ing.Diss., RWTH Aachen.

Kocka, Jürgen (1979), Einführung und Auswertung zum Abschnitt: Situation am Arbeitsplatz, in: Conze, Werner/Engelhardt, Ulrich (Hrsg.), Arbeiter im Industrialisierungsprozeß. Herkunft, Lage und Verhalten, Stuttgart.

Koßmann, Elisabeth (1890), Die Frau als Hausfrau, in: Mann und Weib (1890), a.a.O.

Kriedte, Peter/Medik, Hans/Schlumbohm, Jürgen (1977), Industrialisierung vor der Industrialisierung, Göttingen.

Krönert, Walter (1979), Entwicklungsformen städtischer Mietwohnungen, in: Die alte Stadt. Zeitschrift für Stadtgeschichte, Stadtsoziologie und Denkmalpflege, Nr. 4.

Kuczynski, Jürgen (1982), Geschichte des Alltags des deutschen Volkes, 1600–1650, Bd. 1, Köln.

Kuczynski, Jürgen (1982), Geschichte des Alltags des deutschen Volkes, 1650–1810, Bd. 2, Köln.

Kürth, Herbert/Kutschmer, Aribert (1964), Baustilfibel, Berlin.

Kuhn, Annette/Schneider, Gerhard (Hrsg.)(1985), Frauen in der Geschichte, Düsseldorf.

Leben und Arbeiten im Industriezeitalter. Ausstellung zur Wirtschafts- und Sozialgeschichte Bayerns seit 1850. Katalog zur Ausstellung des Germanischen Nationalmuseums in Zusammenarbeit mit dem Centrum Industriekultur der Stadt Nürnberg, Stuttgart 1985.

Liebchen, Günter (1971), Zu den Lebensbedingungen der unteren Schichten im Berlin des Vormärz, in: Büsch, Otto (Hrsg.), Untersuchungen zur Geschichte der frühen Industrialisierung vornehmlich im Wirtschaftsraum Berlin/Brandenburg, Berlin.

Lofland, Lyn H. (1975), The »Thereness« of Women: A selective Review of Urban Sociology, in: Millmann, Marcia/Moss Kanter, Rosbeth (eds.), Another Voice. Feminist Perspectives on Social Life and Social Science, New York.

Lohr, Otto (1985), Hausindustrie, in: Leben und Arbeiten im Industriezeitalter ... (1985), a.a.O.

Lynd, Robert and Helen (1929), Middletown. A Study in Contemporary American Culture, New York.

Lynd, Robert and *Helen* (1937), Middletown in Transition. A study in Cultural Conflicts, New York.
Mackensen, Rainer/Papalekas, Johannes/Pfeil, Elisabeth/Schütte, Wolfgang/Burckhardt, Lucius (1959), Daseinsformen der Großstadt. Typische Formen sozialer Existenz in Stadtmitte, Vorstadt und Gürtel der industriellen Großstadt, Tübingen.
Mann und Weib. Ihre Beziehungen zueinander und zum Kulturleben der Gegenwart, volkstümlich dargestellt und herausgegeben von Prof. Dr. R. Koßmann (Berlin) und Priv. Doz. Dr. Jul Weiß (Wien), 3 Bde., Stuttgart/Berlin/Leipzig 1890.
Marx, Karl (1969), Das Kapital, Bd. 1, MEW Bd. 23, Berlin.
Marx, Karl (1971), Theorien über den Mehrwert, MEW, Bd. 26, Teil 1-3, Berlin.
Marx, Karl/Engels, Friedrich (1971), Ausgewählte Schriften in zwei Bänden, Berlin.
Marx, Karl/Engels, Friedrich (1969), Die deutsche Ideologie, in: MEW, Bd. 3, Berlin.
Mauersberg, Hans (1960), Wirtschafts- und Sozialgeschichte zentraleuropäischer Städte in neuerer Zeit, Göttingen.
Mead, Margaret (1958), Mann und Weib, Hamburg.
Meckseper, Cord (1972), Stadtplanung und Sozialstruktur in der deutschen Stadt des Mittelalters, in: Stadtbauwelt Nr. 33, Berlin.
Meier-Oberist, Edmund (1956), Kulturgeschichte des Wohnens, Hamburg.
Meillasseux, Claude (1976), »Die wilden Früchte der Frau«. Über häusliche Produktion und kapitalistische Wirtschaft, Frankfurt/M.
Meyer-Ehlers, Grete (1971), Raumprogramme und Bewohnererfahrungen, Stuttgart/Bern.
Meyer-Ehlers, Grete (1968), Wohnung und Familie, Stuttgart.
Meyer, Sibylle (1982), Das Theater mit der Hausarbeit. Bürgerliche Repräsentation in der Familie der wilhelminischen Zeit, Frankfurt/M.
Meyers Konversationslexikon, 3. Aufl., Leipzig 1976.
Mies, Maria (1978), Gesellschaftliche Ursprünge der geschlechtlichen Arbeitsteilung, in: Beiträge zur feministischen Theorie und Praxis, Nr. 3, München.
Mitterauer, Michael (1979), Auswirkungen von Urbanisierung und Frühindustrialisierung auf die Familienverfassung an Beispielen des österreichischen Raumes, in: Conze, Werner (Hrsg.), Sozialgeschichte der Familie in der Neuzeit Europas, Stuttgart.
Mitterauer, Michael (1981), Geschlechtsspezifische Arbeitsteilung in vorindustrieller Zeit, in: Beitr. zur histor. Sozialkunde, Nr. 11, Wien.

Mitterauer, Michael (1979), Grundtypen alteuropäischer Sozialformen, Stuttgart und Bad Cannstatt.
Möller, Helmut (1969), Die kleinbürgerliche Familie im 18. Jahrhundert, Berlin.
Mohrmann, Ruth-E. (1985), Wohnkultur städtischer und ländlicher Sozialgruppen im 19. Jahrhundert: Das Herzogtum Braunschweig als Beispiel, in: Teuteberg, Hans J. (Hrsg.), Homo habitans, Münster.
Mollat, Michel (1984), Die Armen im Mittelalter. Die Armut – Strafe Gottes oder christliches Ideal?, München.
Mottek, Hans (1968), Wirtschaftsgeschichte Deutschlands, Bd. 1, 2. Aufl., Berlin.
Mottek, Hans (1964), Wirtschaftsgeschichte Deutschlands, Bd. 2, Berlin.
von Müller, Adriaan (1981), Edelmann, Bürger, Bauer, Bettelmann. Berlin im Mittelalter, Frankfurt/M./Berlin/Wien.
Müller, Heidi (1981), Dienstbare Geister. Leben und Arbeitswelt städtischer Dienstboten, Berlin.
Mumford, Lewis (1963), Die Stadt. Geschichte und Ausblick, Köln/Berlin.
Niethammer, Lutz (Hrsg.)(1979), Wohnen im Wandel. Beiträge zur Geschichte des Alltags in der bürgerlichern Gesellschaft, Wuppertal.
Neuburger, Minna (Hrsg.) (1910), Ich kann wirtschaften. Das Buch von der billigen, praktischen und gesunden Führung des Hauswesens, Berlin und Wien.
Oakley, Ann (1974), Womans Work. The Housewife, Past and Present, New York.
Ostner, Ilona (1978), Beruf und Hausarbeit, Frankfurt/New York.
Park, Robert E. (1974), Die Stadt als räumliche Struktur und als sittliche Ordnung, in: Atteslander, Peter (Hrsg.), Materialien zur Siedlungssoziologie, Köln.
Parsons, Talcott (1973), Beiträge zur soziologischen Theorie, Darmstadt und Neuwied.
Pestalozzi, Johann Heinrich (1976), Grundlehre über Mensch, Staat, Erziehung, Stuttgart.
Pfeil, Elisabeth (1965), Die Familie im Gefüge der Großstadt, Hamburg.
Piccinato, Giorgio (1983), Städtebau in Deutschland 1871–1914. Genese einer wissenschaftlichen Disziplin, Braunschweig/Wiesbaden.
Piper, Ernst (1982), Der Stadtplan als Grundriß der Gesellschaft. Topographie und Sozialstruktur in Augsburg und Florenz um 1500, Frankfurt/New York.

Planitz, Hans (1954), Die deutsche Stadt im Mittelalter, Graz und Köln.
Radicke, Dieter (1983), Öffentlicher Nahverkehr und Stadterweiterung. Die Anfänge einer Entwicklung, beobachtet am Beispiel Berlin zwischen 1850–1875, in: Fehl, Gerhard/Rodriquez-Lores, Juan (Hrsg.), Stadterweiterungen 1800–1875, Hamburg.
Reichardt, Hans D. (1987), Daten und Bilder zum Reisen nach Berlin, Berlin.
Reulicke, Jürgen (1985), Geschichte der Urbanisierung in Deutschland, Frankfurt/M.
Riehl, Wilhelm H. (1855), Die Naturgeschichte des Volkes, 3. Bd. Die Familie, Stuttgart und Augsburg.
Rodenstein, Marianne (1988), »Mehr Licht, mehr Luft!« Gesundheitskonzepte des Städtebaus seit 1750, Frankfurt/New York.
Rosenbaum, Heidi (1973), Familie als Gegenstruktur zur Gesellschaft, Stuttgart.
Rosenbaum, Heidi (1982), Formen der Familie. Untersuchungen zum Zusammenhang von Familienverhältnissen, Sozialstruktur und sozialem Wandel in der deutschen Gesellschaft des 19. Jahrhunderts, Frankfurt/M.
Rosenbaum, Heidi (1978), Seminar: Familie und Gesellschaftsstruktur. Materialien zu den sozioökonomischen Bedingungen von Familienformen, Frankfurt/M.
Schirmacher, Kaethe (1906), Die Frauenarbeit im Hause, ihre ökonomische, rechtliche und soziale Wirkung, Leipzig.
Schmidt, Maria (1965), Das Wohnungswesen der Stadt Münster im 17. Jahrhundert, Münster.
Schmoller, Gustav (1875), Straßburgs Blüte und volkswirtschaftliche Revolution im 13. Jahrhundert, Straßburg.
Schneider, Lothar (1967), Der Arbeiterhaushalt im 18. und 19. Jahrhundert, Berlin.
Schöller, Peter (1967), Die deutschen Städte, in: Geographische Zeitschrift, hrsg.v. Kolb, A./Meyen, E./Otremba, E./Plewe, E./Schott, C./Pfeifer, G., Wiesbaden.
Schöneberg auf dem Weg nach Berlin, hrsg.v. Bezirksamt Schöneberg zu Berlin, Berlin 1987.
Schütze, Karl-Robert (1987), 1848–1888. Auf dem Weg zur Weltstadt, in: 750 Jahre Architektur und Städtebau in Berlin. Ausstellungskatalog, hrsg.v. Kleihues, J.P., Stuttgart.
Schwonke, Martin/Herlyn, Ulfert (1967), Wolfsburg. Soziologische Analyse einer jungen Industriestadt, Stuttgart.
Shahar, Shulamith (1981), Die Frau im Mittelalter, Königstein/Taunus.

Shorter, Edvard (1977), Die Geburt der modernen Familie, Reinbek b. Hamburg.
Sieder, Reinhard (1981), Hausarbeit oder: die »andere Seite« der Lohnarbeit, in: Beiträge zur historischen Sozialkunde, Nr. 11, Wien.
Silbermann, Alphons (1963), Vom Wohnen der Deutschen, Köln und Opladen.
Simmel, Georg (1903), Die Großstädte und das Geistesleben, Jahrbuch der Gehe-Stiftung, Bd. 10, Dresden.
Simmel, Georg (1911), Philosophische Kultur, Leipzig.
Sjoberg, Gideon (1960), The Preindustrial City, New York/London.
Sombart, Werner (1928), Der moderne Kapitalismus. Das europäische Wirschaftsleben im Zeitalter des Frühkapitalismus, Bde. I und II, München und Leipzig.
Stadt im Wandel, Ausstellungskatalog, 4 Bde., Kunst und Kultur des Bürgertums in Norddeutschland 1150–1650, hrsg.v. Cord Meckseper, Stuttgart-Bad Cannstatt 1985.
Stahl, Friedrich Wilhelm (1879), Das deutsche Handwerk, Bd. 1, Gießen.
Stefan, Hans-Georg (1983), Die mittelalterliche Keramik in Norddeutschland (1200–1500), in: Aus dem Alltag der mittelalterlichen Stadt. Handbuch zur Sonderausstellung, in: Hefte des Focke-Museums, Nr. 62, Bremen.
Talk, Alfred (1983), Hausgeräte aus Holz, in: Aus dem Alltag der mittelalterlichen Stadt. Handbuch zur Sonderausstellung, in: Hefte des Focke-Museums, Nr. 62, Bremen.
Terlinden, Ulla (1980), Baulich-räumliche HERRschaft – Bedingungen und Veränderungen, in: Beiträge zur feministischen Theorie und Praxis Nr. 4, Frauen – Räume – Architektur – Umwelt, hrsg.v. Sozialwissenschaftliche Forschung und Praxis für Frauen e.V., München.
Terlinden, Ulla (1985), Die Wohnung als Arbeitsplatz. Von der »alten« Hauswirtschaft zum »modernen« Haushalt, in: Brakenhoff, Barbara/Kämper, Jutta (Hrsg.), Vom Umgang mit einem Ärgernis. Frauenblicke auf Stadtveränderung, Berlin.
Terlinden, Ulla (1984), Von der »Wirtschaft des ganzen Hauses« zu »Arbeiten und Wohnen« in der Stadt, in: Werk und Zeit, hrsg.v. Deutschen Werkbund e.V., Nr. 3.
Teuteberg, Hans J. (Hrsg.)(1985), Homo habitans. Zur Sozialgeschichte des ländlichen und städtischen Wohnens in der Neuzeit. Studien zur Geschichte des Alltags, Bd. 4, Münster.

Teuteberg, Hans J./Borscheid, Peter (Hrsg.), Studien zur Geschichte des Alltags, Bde. 1-4, Münster 1983-1986.
Teuteberg, Hans J./Wiegelmann, Günther (1972), Der Wandel der Nahrungsmittelgewohnheiten unter dem Einfluß der Industrialisierung, Göttingen.
Teuteberg, Hans J./Wischermann, Clemens (1985), Wohnalltag in Deutschland 1850-1914. Bilder – Daten – Dokumente, Münster.
Thienel, Ingrid (1971), Industrialisierung und Städtewachstum. Der Wandel der Hauptsiedlungsformen in der Umgebung Berlins 1800-1850, in: Büsch, Otto (Hrsg.), Untersuchungen zur frühen Industrialisierung vornehmlich im Wirtschaftsraum Berlin/Brandenburg, Berlin.
Thienel, Ingrid (1973), Städtewachstum im Industrialisierungsprozeß des 19. Jahrhunderts. Das Berliner Beispiel, Veröffentlichungen der Historischen Kommission zu Berlin, Bd. 39, Berlin.
Tönnies, Ferdinand (1963), Gemeinschaft und Gesellschaft. Grundbegriffe der reinen Soziologie, Darmstadt (1. Aufl. 1887).
Twellmann-Schepp, Magrit (1972), Die deutsche Frauenbewegung. Ihre Anfänge und erste Entwicklung 1843-1889, Meisenheim.
Uhlig, Günter (1981), Kollektivmodell »Einküchenhaus«, Wohnreform und Architekturdebatte zwischen Frauenbewegung und Funktionalismus 1800-1933, Gießen.
Wachendorf, Helmut (1934), Die wirtschaftliche Stellung der Frau in den Städte des späten Mittelalters, Hamburg.
Walser, Karin (1987), Der Zug in die Stadt. Berliner Dienstmädchen um 1900, in: Anselm, Sigrun/Beck, Barbara (Hrsg.), Triumpf und Scheitern in der Metropole, Berlin.
Weber, Marianne (1907), Ehefrau und Mutter in der Rechtsentwicklung, Tübingen.
Weber, Max (1972), Wirtschaft und Gesellschaft. Grundriß der verstehenden Soziologie. Studienausgabe, 5. revidierte Auflage, Tübingen.
Weber-Kellermann, Ingeborg (1977), Die deutsche Familie. Versuch einer Sozialgeschichte, Frankfurt/M.
Weber-Kellermann, Ingeborg (1976), Die Familie. Geschichte, Geschichten und Bilder, Frankfurt/M.
Weeber, Rotraut (1971), Eine neue Wohnumwelt. Beziehungen der Bewohner eines Neubaugebiets am Stadtrand zu ihrer sozialen und räumliche Umwelt, Stuttgart/Bern.
Wehler, Hans-Ulrich (1973), Geschichte als historische Sozialwissenschaft, Frankfurt/M.

Wehler, Hans-Ulrich (Hrsg.)(1966), Moderne Sozialgeschichte, Köln/Berlin.
Weinhold, Karl (1897), Die deutschen Frauen im Mittelalter, 2 Bde., Wien.
Weiß, Jul (1890), Das Gefühlsleben des Weibes, in: Mann und Weib. Ihre Beziehungen zueinander und zum Kulturleben der Gegenwart, volkstümlich dargestellt und herausgegeben von Prof. Dr. R. Koßmann (Berlin) und Priv. Doz. Dr. Jul Weiß (Wien), Stuttgart/Berlin/Leipzig.
Wensky, Margarethe E. (1980), Die Stellung der Frau in der Stadtkölnischen Wirtschaft im Spätmittelalter, Köln und Wien.
Wesoly, Kurt (1980), Der weibliche Bevölkerungsanteil in spätmittelalterlichen und frühneuzeitlichen Städten und die Betätigung von Frauen im zünftigen Handwerk, in: Zeitschrift für die Geschichte des Oberrheins, 128. Bd., Stuttgart.
Whyte, W.F. (1943), Street Corner Society, The Social Structure of an Italian Slum, Chicago/London.
Wiegelmann, G. (1967), Alltags- und Festspeisen, Marburg.
van Winter, Johanna Maria (1982), Ernährung im spätmittelalterlichen Hanseraum, in: Aus dem Alltag der mittelalterlichen Stadt. Handbuch zur Sonderausstellung, in: Hefte des Focke-Museums, Nr. 62, Bremen.
Wolf-Graaf, Anke (1983), Die verborgene Geschichte der Frauenarbeit. Eine Bildchronik, Weinheim und Basel.
Wolf-Graaf, Anke (1981), Frauenarbeit im Abseits, München.
Wurmbacher, Edith (1932), Das deutsche Wohnungs- und Kleiderwesen des Kölner Bürgertums um die Wende des Mittelalters, Bonn.
Zapf, Katrin/Heil, Karolus/Rudolph, Justus (1969), Stadt am Stadtrand. Eine vergleichende Untersuchung in vier Münchner Neubausiedlungen, Frankfurt/M.
Zeitmagazin Nr. 23, 1987.
Zinn, Hermann (1979), Entstehung und Wandel bürgerlicher Wohngewohnheiten und Wohnstrukturen, in: Niethammer, Lutz (Hrsg.), Wohnen im Wandel, Wuppertal.